Future

Future

機智購物生活

THE DAY THE WORLD STOPS SHOPPING

How Ending Consumerism Saves the Environment and Ourselves

如果我們不再過度消費，會發生什麼事？
一場走遍全球，改寫政經、
生態與心理的永續消費反思

詹姆斯·麥金諾
J. B. MacKinnon——著

Geraldine Lee——譯

「真正的貧窮之人並非擁有太少，而是貪心不足。」

It is not the man who has too little, but the man who craves more, that is poor.

——**古羅馬哲學家，塞內卡**（Seneca）

「耶穌於是對眾人說：『你們要謹慎自守，免去一切的貪心，因為人的生命不在乎家道豐富。』」

Then he said to the crowd,"Take care to guard against all greed, for though one may be rich, one's life does not consist of possessions."

——**《路加福音》12:15**

「地球可以滿足所有人的需要，但無法滿足所有人的貪欲。」

Earth provides enough to satisfy every man's need, but not every man's greed.

——**聖雄甘地**（Mahatma Gandhi）

「一個消費社會不可能知道如何善待世界……消費心態會將舉目所及之物都夷為廢墟。」

A consumers'society cannot possibly know how to take care of a world… the attitude of consumption spells ruin to everything it touches.

——**德國哲學家，漢娜・鄂蘭**（Hannah Arendt）

「人們被淹沒在物品之中，卻往往不知道自己為何有此需求；雖然眾人一窩蜂地嘗試，但你終究無法與一輛凱迪拉克做愛。」

People are drowning in things. They don't even know what they want them for. They are actually useless. You can't make love to a Cadillac, though everyone appears to be trying to.

—— **美國作家，詹姆斯．鮑德溫**（James Baldwin）

「在消費社會中，不可避免地會出現兩種奴隸：一種為成癮所困，另一種則為嫉妒所困。」

In a consumer society there are inevitably two kinds of slaves: the prisoners of addiction and the prisoners of envy.

—— **奧地利哲學家，伊凡．伊里奇**（Ivan Illich）

「我鼓勵所有人出門消費。」

I encourage you all to go shopping more.

—— **美國總統，小布希**（George W. Bush）

目錄 CONTENTS

各界推薦 08
序／難以自拔 14

《第一部》初變

1 取捨之間 34
2 公平原則 49
3 時光倒流 62
4 逆轉暖化 77
5 夜幕再臨 90

《第二部》崩塌

6 停止成長 104
7 返璞歸真 116
8 廣告變身 132
9 迅速適應 145
10 人心思變 158

《第三部》
調適
11 惜福愛物 170
12 放慢時尚 183
13 百年老店 199
14 身分轉換 216
15 關掉冷氣 229
16 金錢陷阱 242
《第四部》
轉型
17 拯救鯨魚 258
18 簡單生活 272
19 網路購物 285
20 人口縮減 296
21 十五萬年之後 313
終章／開始行動 324
謝辭 333
參考書目 336

各界推薦

消費是一個和人類社會離不開的行為，常常在不知不覺中，我們會去消費許多其實沒那麼必要的東西，如何能「機智地購物」變成一個很多人人生中的課題。

我們常常說我們沒有選擇，但是其實我們的生活中就是不斷地在做選擇。

例如今天想要買一個環保水瓶，我們可以選擇雖然價錢更高、但是品質更堅固耐摔的瓶子，也許它可以就這麼陪伴自己好幾年。結果因為圖便宜買了一個不耐摔的便宜貨，使用幾次之後因為不勘使用而讓它成為一個地球難以消化的垃圾，然後因為需要水瓶，我們又再度因為價錢因素買了劣質品，結果不斷地陷入迴圈。

而「做適當的選擇買一個環保水瓶」能牽涉到的也許比你想得更多：當你一開始就選擇了耐用又實用的瓶子，未來的你不再需要煩惱、一次次比較再去購買新的產品。而當你不用再去為這些瑣事煩惱時，你能對生活品質的關注是不是就更多了呢？

「你的消費決定你的未來。」這是一句我很常和學生講的話，我們每一次的消費都在對未來做選擇，即便只是一個小小的行為，它背後都可能牽涉很大的能量。對自己好一點、但是也要對這個星球好一點。

畢竟，我們只有一個地球。

——Erica（小島日常工作室創辦人）

「停止購物」？老實說：這太困難了！

雖然不願意被「物質主義」綁架，也盡量努力往綠色消費前進。但似乎還是不夠，世界仍然瘋狂地消耗自然資源，經濟成長卻消退，貧富差距更大，我們的生活陷在無敵難解的問題中。這到底是怎麼回事？

我們常常依循舊有習慣無意識購物。閱讀這本書，可以提高平時對消費的覺察，慎重地重新思考生活的一切。或許沒辦法立即地拋棄消費文化，但至少要面對過度消耗的事實。地球是否能永續發展，個人的選擇將轉變這一切。

——**林冠廷**（台客劇場導演）

活在快速方便的現代社會，環保是不少人難以拿捏的光譜。我們無法做到不消費、不消耗，然而，過度消耗的現狀也絕非合理。那個平衡點究竟在哪裡呢？或許透過本書的思想實驗，我們可以找到前行的方向。

——**黃之揚**（RE-THINK台灣重新思考環境教育協會創辦人暨執行長）

「如果全球消費減少二五％，世界會變成什麼樣？」作者認為，這大約是回到十年前的全球消費水準——讀者請別誤會，群體減少消費不是一種「倒退」，而是更進步的社會型態：人們會更滿足、更健康，也更自由。本書表面上爬梳消費文化的歷史，實際上卻描繪了令人心動的未來願景，如果你也對拚命賺錢買東西的循環感到厭倦，不妨一起參加這場思想實驗。

——**羅允佳**（看守台灣協會主編、原住民文化教育工作者）

這本書罕見地組合了強烈的環保論點和輕鬆活潑的思想實驗。作者提出令人信服的案例，讓我們知道自己現在必須減少消費。用麥金諾的話來說，「綠色消費主義」不僅是購買對生態無害的東西或回收垃圾，而是減少消費，讓我們一開始就不需要回收利用這些過度消費。你會想買這本書，而讀完它之後，就不會想要再多買什麼了。

——**艾莉莎．奎特**（Alissa Quar）／**《被壓榨的一代》**（*Squeezed And Branded*）**作者**

剖析文明核心的困境——魯莽的增長為搖搖欲墜的地球帶來負擔。作者麥金諾在這本引人入勝又精彩絕倫的作品中，深入研究我們消費背後的真相，並展示驚人的洞察力、豐富的知識和智慧，以及來自世界各地的有趣故事。這本書邏輯清晰、文字優雅，是我讀過最重要又寫得最好的書之一。

——**隆納．萊特**（Ronald Wright）／**《失控的進步》**（*A Short History Of Progress*）**作者**

在市面上充斥的極簡生活書籍中，這本書理所當然地脫穎而出！因為它不僅以其特殊的好奇心、人性和極其精闢的理解，帶領地球上的你我理解過度消費背後的真相與影響，以及又該如何應對。

——**法蘭克・川特曼**（Frank Trentmann）／**《爆買帝國》**（*Empire Of Things*）**作者**

這是個深具啟發意義的思想實驗，要求你我想像目前看來無法想像的事情；這也是一則充滿精美文字和嚴格研究的啟示；這更是一場非凡的創意之旅，提前讓我們知道迫在眉睫的問題點。這本書滿是對未來的期望，以及需要你我深刻思考的議題。既謙遜又不說教，是能鼓舞你我、激勵人心的作品。我一翻開就放不下。

——**喬爾・巴肯**（Joel Bakan）／**《企業的性格與命運》**（*The Corporation And The New Corporation*）**作者**

經過充分的研究和深具啟發性的分析，為人類帶來希望和樂觀的未來。

——**柯克斯書評**（**重點書評**）（*Kirkus Reviews, Starred Review*）

本書經過大量研究，還能大量刺激讀者的眼界，激勵我們改變自己的購買習慣。

——**出版者周刊**（*Publishers Weekly*）

序／難以自拔

We must stop shopping but we can't stop shopping

時值正午，位於非洲西南部納米比亞的喀拉哈里沙漠陽光炙烈，空氣溫度異常炎熱，似乎每一次呼吸都會把肺給燙熟。一旁還有看起來惡意滿滿的尖利灌木叢四處蔓延，好像隨時會刺傷並割破皮膚、揪住衣服讓人舉步維艱。與金紅沙粒顏色相同的泥土屋上鋪著茅草，零星座落在不遠處。但以目前的高溫而言，小屋還是太遙遠了，絕對不會想步行過去。

人類進入二十一世紀已然二十年，眼前這個場景卻因為幾乎沒有任何「物品」而顯得令人難忘：幾把被紫外線曬到脆化的塑膠椅、年輕獵人身上褪色的衣衫、低矮煤炭爐上架著一片三角形廢鐵，上面放著一把破舊的茶壺，而獵人的弓和箭袋靠在沒有門板的大門邊。

年長的獵人坐在瘦小歪斜的樹下，但樹蔭實在太小，僅能勉強容納兩個人膝碰膝地擠在一起乘涼。獵人名叫 G‡kao，對於外地人來說非常難發音。字符‡代表一種直硬且稜角分明的聲音，舌頭要在門牙後方的硬顎邊緣彈一下才發得出來，但外地人發出來通常比較像「吉特考」（Gitkao）——如果這樣詮釋可以幫助你記住這個名字，他一定會原諒你的發音。你也可以在腦中描繪他的長相：他有修剪整齊的灰色山羊鬍、經常帶笑而非憂心忡忡的臉，以及屬於長跑運動員的精瘦肌肉。

「我們現在主要吃叢林裡的食物。」吉特考告訴我。政府僱員偶爾來發放糧食，每個家庭會收到兩大袋玉米粉。政府偶爾會給予小額現金補助，人們也可以製作手工藝品賺錢，自己出售或委託他人藉由騎馬或步行，把藝品帶到約四十公里外的楚姆奎村販賣。整座村莊只有一條街，但儼然是這個地區的物資集散地。然而吉特考所在的登瑰村，人們卻必須依靠在沙漠中狩獵和採集維生。

「我注意到其他村莊的某些男人並不打獵，甚至沒有狩獵工具。從日出到日落，他們都待在自己的房子裡。但在這個村子裡，人們還在狩獵，未來也會一直繼續下去。」吉特考說，「如果有一天不再能這樣悠閒度日，你必須有能力自己活下去。」

當然，登瑰村並非完全不受現代世界影響：吉特考坐的是藍色塑膠椅、身上穿的（包括閃亮的美洲西部風皮帶扣）是在楚姆奎的二手服裝攤上買的（事實上，許多捐贈給非洲的衣物是被商人出售或燒毀，而不是贈送給有需要的人）。但今晚吉特考的晚餐是野菜燉大旋角羚羊肉。他不用槍打獵，而是用椴木製成的弓。他從羚羊脊骨取筋作為弓弦；用硬直的空心高莖草製作箭桿，並從地裡挖出甲蟲幼蟲，壓碎後為箭矢塗毒（編按：大部分甲蟲是無毒的，非洲南部以狩獵採集為生的原住民族，會利用特殊的箭毒甲蟲〔Diamphidia〕作為箭毒，其毒性可與毒蛇匹敵）；箭袋的材料則是來自傘刺金合歡肥厚根部的堅硬樹皮。他將樹根挖出後切開，然後烘烤到用手輕輕一拍就能剝離。有時吉特考會製作一些較小的箭袋和無毒的箭，賣給少數出現在該地區的遊客。對他來說，製箭工藝與在市場上可以賣到多少錢無關，而是他日常生活的方式和手段。

吉特考會說自己是「朱卡瓦西」（Ju|'hoansi/Jukwansi）的一員。在他的語言中，這指的是「真實之人」，多數外在世界的人則稱他們為喀拉哈里沙漠的布須曼人（Bushmen，意為「叢林人」）或桑人（San），且往往是在《國家地理雜誌》的特輯或經典喜劇電影《上帝也瘋狂》（*The Gods Must Be Crazy*）中看到他們，並聽到那不尋常的「嘖音語言」（click language。譯註。嘖音泛指口腔內任何一個發聲部位發出的吸氣聲，漢語裡表達厭惡所發出的「嘖」聲也可視為嘖音的一種）。這些稱呼的歷史沿革一直存有爭論，但正如英國人類學家暨作家舒茲曼（James Suzman）所言：「對這群人來說，重點不在於別人如何稱呼他們，而是別人如何對待他們。」

一九六四年，二十多歲的加拿大人類學家波爾謝．李（Richard B. Lee）研究朱卡瓦西人超過一年，其成果後來被譽為二十世紀科學中最重要的研究之一。抵達喀拉哈里沙漠之初，這位人類學家和所有外來者一樣，將狩獵和採集視為艱苦絕望的生存掙扎，一種更接近野生動物而非當代人類的發展階段。

李決定實際檢視這些假設。他花了一個月準確記錄朱卡瓦西人如何分配自己的時間，再花一個月計算他們攝取的總卡路里。他發現原始的狩獵採集生活，實際上可能是一種極為良好的生活方式。從某些角度來看，甚至可能優於工業化國家的生活。

首先，值得注意的是，朱卡瓦西人並沒有很努力工作：他們平均每周花費約三十小時獲取食物和處理生活雜務，如烹飪和撿拾柴火等等；當時所謂「人類史上第一個豐裕社會」——也就是美國——人民每周工作三十一小時，回家後還必須分擔平均二十二小時的家務。更令人吃驚的是，李觀察到最勤奮的獵人托馬（ǂOma/Toma）每周工作三十二小時，與今日動輒長達六十小時的工時相差甚遠。另外，還有一件事值得注意：大多數年長者和二十歲以下的朱卡瓦西人通常完全不參與打獵或採集工作。

難道這些人不會飢餓或營養不良嗎？根據李的觀察，完全不會。朱卡瓦西人所食用的食物，對於他們的體型和活動量來說已然足夠。除了狩獵野味，他們也食用各種野生植物。詢問他們為何從未發展農業時，一位朱卡瓦西人告訴李：「天底下長了這麼多曼傑提果仁（manketti nuts。譯註。西南非特有樹種，其果實富含蛋白質與油脂），為什麼還要花力氣種植呢？」

想過這種相對輕鬆的生活，當然也必須有所取捨。

李生活於一個充滿披頭四狂熱與新福特野馬跑車的世界，對於他這個外來者而言，最明顯的取捨就是朱卡瓦西人幾乎不擁有任何物品：男人們擁有幾件獸皮製成的衣服、幾條毛毯（喀拉哈里地區的氣溫有時可以降到〇度以下）、一些狩獵裝備，也許還有某種簡單的手工樂器；婦女們則擁有衣服、掘土工具和幾件由木頭、種子和鴕鳥蛋殼製成的飾品。

這種生活方式在歷史上維持了這麼久，顯示出非洲南部的朱卡瓦西人和周邊相關部族是世界上最成功的採集狩獵者。沒有人確切知道當初自己所屬的智人物種究竟在非洲哪一區經歷演化，但可以肯定的是，智人不久後就出現在非洲南部，而這裡是人類大家庭一分為二的地方：其中一組向北旅行，最終成為非洲農民、歐洲水手、中國商人和矽谷風險投資家；另一群人（其中包括朱卡瓦西人的祖先）則留在原地，並在過去的十五萬年裡，持續尋找在這塊土地上的最佳生活方式。

在世人始料未及之處發現非凡安逸生活的人不只李一個，世界各個角落都陸續傳出類似的目擊報告。作為一個物種，智人存在的時間裡，有十分之九都以狩獵採集的方式度過。環顧一九六〇年代，李和其他研究人員並不認為自己的文化可以如狩獵採集般持久。當時正在進行核武軍備競賽、世界人口快速增長、地球環境岌岌可危。科學家們越來越憂慮稱之為「溫室效應」的現象，可能會改變地球的氣候；人類學家則和今天許多人一樣自我懷疑：人類在文化演化的過程中轉錯了彎，而這個錯誤的選擇導致數千年後，我們生活在一個充滿自動貓砂盆、美白牙刷、《倉庫淘寶大戰》（*Storage Wars*。譯註。美國真人實境秀，職業買家和團隊需在短時間內估算待清理倉庫的價值，並付款買下所有物品後再轉手賣出有價值的東西），以及其他超現實發明物的世界裡。

李於一九六六年在芝加哥的研討會上發表研究，另一位人類學家薩林斯（Marshall Sahlins）予以回應：「你仔細想想就知道，這是人類的原初豐裕社會（The original Affluent Society）。」人類似乎可以採取兩條截然不同的道路，以滿足每個人的需求：生產很多，或需求很少。薩林斯說，朱卡瓦西人和其他狩獵採集文化發展成「足而不富」的社會，這種生活方式幾乎可說是沒有需求，因此很容易從周圍的環境中得到物質滿足（美國文豪梭羅正是追隨了朱卡瓦西人的腳步。他曾說：「我透過減少自己的需求使自己變得富有。」）。薩林斯注意到，狩獵採集者需要多少食物和材料就收集多少，並不會進一步努力累積資源。因此，他非常想知道以「低於產能」的方式生活帶給人們的深層意義：與無止盡追逐金錢和財產相比，這種克制的生產方式可以使人們更充實、更滿足嗎？科學家們一致認為這是個難以回答的問題，其原因簡單又粗暴。他們在會議紀錄中寫道：「我們剩餘的時間不多。很快地，世界上將不再有獵人可供我們學習。」

不過狩獵採集者倒沒有真的消失。儘管他們的土地和文化遭到無情的攻擊，他們還是撐了過來。

登瑰村是朱卡瓦西人的村莊之一，位於一條長長的沙質小徑盡頭，四周被沙漠環繞。據說在這裡，人們的「狩獵精神」仍然很強盛。人們往往以為吉特考一直是狩獵採集者，在全球化的壓迫下堅持著自己的生活方式，但事實並非如此。他曾在南非軍隊服役過一段時間，後來也在楚姆奎村為政府工作，賺取金錢以便在商店裡消費；他看過電視、開過車、吃過從世界各地進口的食物，也見證了手機的問世。然而在他看來，這樣的生活方式總歸是不確定、不穩定、脆弱的，因為幾乎得完全依賴個人無法控制的力量。

所以他對自己喊停，選擇拋棄這種生活方式。

「我一直想要回歸到古老的知識中，這是我的夢想。」吉特考說，「於是我回到村子裡。我會永遠留下來，並以打獵為生。」

我們明知該停止購物，卻停不下來

我們是否可能某天也選擇拋棄消費文化？去探索「低產能的深層意義」，而不是沉浸在收入和支出的周期中忙碌不休、陷入社交媒體和真人秀赤裸直白的社會地位競爭，並讓衣服、汽車、工具和娛樂的生產系統對地球進行種種破壞？越來越多人相信，未來我們會過著更簡單的生活。不是因為人們深刻地覺醒，就是我們的文明在其自身的重量壓迫下土崩瓦解。吉特考回歸到幾乎沒有物質需求與欲望的生活，而他的選擇也同時點燃了我們的希望和恐懼：一方面，我們身上的古老靈魂可能渴望著簡單的生活；另一方面，這麼做等於直接回到石器時代。

在二十一世紀，一個關鍵的困境浮上檯面：**我們明知該停止購物，卻怎麼也停不下來。**根據聯合國國際資源專家會議的說法，在千禧年來臨之際，「消費」悄然超過「人口」，成為最大的環境挑戰。當我們談到氣候變化、物種滅絕、水資源枯竭、毒物汙染、濫伐森林和其他環境危機時，「人均消費量」比「總人口數」更為重要。富裕國家的人均消費是貧窮國家的十三倍，因此就環境影響而言，這表示在美國或加拿大、英國或西歐等富裕國家生下一個孩子，就相當於在孟加拉、海地或尚比亞等貧窮國家生下十三個孩子。

幾十年來，從石油到寶石，從礫石到黃金等各種主要自然資源的消費量持續成長，我們消耗地球資源的速度是其再生速度的一．七倍。如果大家都用美國人的方式消費，這個速度還會再快上五倍。這就像我們每年都花光自己的薪水，再從計畫留給孩子的積蓄中拿出一半以上的錢後全部揮霍殆盡。若按照這個速度發展，二〇五〇年的資源使用量，會是二十一世紀初期的三倍。

雖然時至今日，許多地方禁止使用塑膠袋與塑膠吸管，但塑膠原料的總體產量卻同時突飛猛進，其成長速度是全球經濟成長的兩倍有餘。今天地球上所有人一年購買的衣服總量高達五千萬噸，一顆同樣質量的小行星若是撞擊地球，將可以把任何一座主要城市變成廢墟，並引發全球性的地震。僅僅在過去二十年，每人平均購買的衣物就增加了六〇%以上，衣服壽命卻縮短了將近一半。即使你可能會懷疑這些貪婪的消費數字是否準確，但這並不是重點，因為即使數字與真實狀況可能有一定的差距，我們仍面臨一場全球危機。

美國人每年在電子設備上的總支出超過兩千五百億美元，個人護理產品則是一千四百億美元、珠寶和手錶七百五十億美元、家用電器六百億美元、行李箱三百億美元。世界上多數人曾經認為美國人是喜歡瘋狂購物的土豪，但這個刻板印象已經不再符合現狀，因為卡達、巴林和阿拉伯聯合大公國等石油輸出國家及盧森堡的人均消費量已經超過美國；歐盟消費者的總體支出幾乎與美國消費者一樣多；加拿大人的生活方式在地球上留下的碳足跡更與美國人不相上下；而中國三分之二的人口承認自己擁有的衣服超過生活所需

世界銀行的一份報告中提到，即使是世界上最貧窮國家的公民消費習慣，也是購買自己「想要購買」的東西，而不是自己「需要」的東西。事實上，全球四十五億低收入人口是個巨大的消費市場，他們每年的消費總額超過五兆美元。

我們想要更大的流理台、更大的床、更大的衣櫥。技術圈（Technosphere）——人類所建造和生產的一切，也就是我們的物品——現在的重量估計超過地球上所有生物重量的總和，如果將其均勻地分配在地球表面，那麼每平方公尺會有一堆五十公斤的物品：想像一下，這上頭有一台小電視、一顆鳳梨、一台烤麵包機、一雙鞋、一個混凝土塊、一個汽車輪胎、足夠一名美國人吃上一年的起司，還有一隻吉娃娃。

這甚至還不包括那些被扔掉的東西。若我們將美國和加拿大一年的垃圾產量裝上卡車，這些卡車排列起來可以繞赤道十二圈。美國人過去丟棄的東西比歐洲人要多，但德國和荷蘭等國正迎頭趕上。

今日，法國一般家庭丟棄的垃圾量甚至是一九七〇年時的四倍。全世界大約有五分之一的食物最終被扔進垃圾桶，而值得注意的是，這個現象在貧窮國家和在富裕國家中是一樣的。貓狗過去常常幫助我們處理剩餘的食物，但今天牠們擁有自己的消費品，從床到玩具、衣服，再到種種「寵物科技」產品——僅僅在美國，寵物消費市場的價值就超過一百六十億美元。我們的寵物也生產出自己的垃圾。

然而人類回應上述問題的方式並不是「減少消費」，竟然是嘗試「綠化消費」。全世界一致將重點放在以電動車取代化石燃料車，以風能和太陽能取代煤炭發電來為手機充電，而有機食品、無毒油漆、回收重組的電腦、節能電視、節水洗碗機等產品隨處可見。

如果沒有這些科技進展，我們享受的商品和服務的確會對環境造成更嚴重的危害，然而「綠化消費主義」卻無法減少世界上任何地區的消費量。時任聯合國環境規劃署（UN Environment Programme）副執行董事的姆蘇亞（Joyce Msuya）在二〇一九年曾表示：「人類對自然資源的需求，不管在任何時間點或任何收入水準上，都不曾減少。」事實上，自二〇〇〇年以來，總體利用效率下降了，提取資源的速度卻在加快。

但我們依然觀察到一些正面的跡象：過去二十年，世界爆炸式消耗自然資源時，最富有的國家只占很小的一部分——在各種環保技術的加持下，地球上最富有的消費者們的確放慢了腳步，然而截至目前為止，這些消費者對環境造成的損害依舊是最大的，因為他們仍然是世界上消費量最大的群體，消費速度也持續上升。**然而產業為綠化消費者的物欲所做的一切努力，都跟不上消費成長的速度，因此堅持「綠化消費」已然不合時宜，甚至可說是荒謬。如果我們想減少消費所帶來的危害，為什麼不**

乾脆……減少消費呢？

人類試圖減少二氧化碳等溫室氣體排放量的種種努力，最能夠證明「減少消費」才是解決問題的正途。

各種國際協議、投資綠能科技數十億美元，以及再生能源供應的顯著成長等，至今都沒有減少進入地球大氣層的年度碳排放量，是因為這些努力的成果，全都與全球性的消費成長相互抵消。根據截至目前為止的所有歷史紀錄，唯有在經濟嚴重衰退期——換句話說，就是當世界停止購物時——全球溫室氣體排放量才能有所下降。二〇二〇年初，新冠病毒大流行的封城期間，隨著商店被迫歇業，大多數國家減少了五分之一到四分之一的碳汙染；原先在減少碳排放日程表上落後數年的國家，一夕之間超前了數年。想當然耳，這個好現象並沒有持續下去（在全球經濟開始恢復「正常」僅一個月後，中國就刷新了碳排放紀錄），但停止購物對氣候變化造成的正面影響，其速度和規模不容忽視。

可是我們就是無法停止購物啊！二十一世紀的核心價值之一是「購買」，迄今為止我們也一直被教導：購買是公民義務。

二〇〇一年，九一一襲擊事件發生於紐約和華盛頓特區的第九天，時任美國總統的小布希在美國國會發表了一場向全世界轉播的演講。他在演講中要求人們慷慨、冷靜、寬容、耐心，然後他說：「我要求你們繼續相信並參與美國的經濟。」這個時刻鮮明地留在人們心中，雖然小布希並未明說，但大家都記得他告訴一個飽受創傷的國家「快去消費」——因此人們開始認為，在九一一事件所開啟的恐怖攻擊時代裡，購買新床單或重新裝修房屋是益國益民的善舉。小布希從未說出口的「快去消費」，自此與他曾說出口的所有名言一樣廣為人知。

小布希的發言令人震驚，因為在人類歷史大半的時間裡，我們都對消費心存疑慮。所有主要宗教和政治派別的道德領袖都告誡我們，要避免受到物質主義的誘惑、被消費文化束縛（本書開頭幾頁的引言中，大可加上孔子、富蘭克林、梭羅、弗瑞丹〔Betty Friedan。譯註。美國作家，近代女權運動的重要角色〕、赫胥黎〔Aldous Huxley。譯註。英國作家，晚年被學術圈認為是現代思想的領導者〕、金恩、凱因斯、愛特伍〔Margaret Atwood。譯註。加拿大詩人、小說家，也是女權主義者、社會活動家〕、查克．D〔Chuck D。譯註。美國饒舌歌手，音樂內容以政治性和批評美國媒體而聞名〕和其他人的金句）。就連常被稱為「資本主義之父」的十八世紀蘇格蘭經濟學家亞當．斯密（Adam Smith）也認為物質主義是一種惡行而非美德，並嚴厲譴責所謂的「玩物愛好者」（lover of toys），認為他們「貪得無厭、追求華而不實的廉價物品」，更進一步指出這些東西「並非成年人該有的物質目標，更像是無知幼童的消遣玩具」。**即使真正能夠克制物欲的人寥寥無幾，少買東西卻一直是我們該追求的目標。**

反消費主義者提出兩個主要論點：首先，對金錢和物質的熱愛會誘發我們本性中較壞的那一面，例如貪婪、虛榮、嫉妒和浪費；其次，我們花在思考金錢和物質上的每一分鐘，原本都可以用來服務社會、追求知識或豐富自己的精神生活，為人類做出貢獻。

大約五十年前，有些針對消費文化的指控開始廣泛引起大眾的警覺，其中一項可以用一句迷因總結：「你不簡單活，我活得不簡單。」（Live simply, so that others might simply live.）**若我們超額消耗應得的資源配額，等於是將自己的富足建立在他人的貧困之上**。而近日減少「過度消費」的呼籲變得更加急迫，因為人類開始意識到自己正在砍伐古老的森林以製造衛生紙、用隨手丟棄的塑膠包裝害死海鷗、在河川上建築大壩進行水力發電好在電視上觀看重播。而最重要的是，大量燃燒化石燃料正使氣候陷入混亂。

然而在九一一事件之後，人們長期以來對消費主義懷抱的不安似乎消失無蹤。這次恐怖攻擊造成美國至少六百億美元的經濟損失，並流失超過五十萬個工作機會，其中大部分的損失並不是恐怖分子造成的，而是美國和世界各地民眾突然喪失的購物熱情。在這種情況下，很容易會認為：不購物會帶來清晰且迫在眉睫的危險。正如小布希當時的發言：「如果你不站在我們這邊，就是站在恐怖分子那邊。」

小布希的那場演講改變了所有人談論消費的方式。自此每當消費者的熱情減退到某種低潮時，各國領導人都會直言不諱地要求民眾「快去購物」——好像消費不是一種選擇，而是一種必須（小布希後來確實在二〇〇六年告訴美國人「快去消費」，因為當時的經濟狀況暗示了即將到來的經濟大蕭條）。二〇二〇年的新冠病毒在全球流行，引發各國消費支出史無前例地大幅下降。很快地，各種社論開始探討為了保持「經濟開放」，可以接受多少死亡人數。此時購物早已不再是休閒或消遣，而是阻止文明衰落的唯一手段——而我們已經對這種說法司空見慣。

停止購物所造成的危機在人們眼前生動上演：拉下大門的商業街、空蕩蕩的機場、停業的餐廳，以及數百萬人失業或面臨破產。但不可否認的是，在新冠疫情封城期間，洛杉磯和倫敦上空出現迷人的藍天、北京和德里則品味到許久未有的清新空氣，這也是有史以來溫室氣體汙染下降幅度最大的一次。海龜和鱷魚重新出現在以往充滿觀光客的熱帶海灘，地殼活動在人類日常喧囂不再後明顯減少。這一切都使我們不得不面對這個尖銳的問題：將經濟恢復到「正常狀況」究竟要付出什麼代價？

事實證明，人們一直因消費而感到焦慮。我們是否透過購物和消費來彌補與替代某些缺憾？沉浸在物品堆中是否會讓我們無法專注在重要想法、感受和人際關係上？在無法購物的這一小段期間裡，人們開始動手創作、加強人際連結、沉靜下來思索自我，以填補無法購物留下的空白，並因此賦予「停止消費」一層新的意義。數百萬人親身感受得花上十年進行幸福價值研究才能獲得的結論：我們的收入和消費並不會為生活增添太多幸福感（正如朋友在隔離期間寫給我的：「停止購物一段時間後，就不會再想念它了。」）。當然，公平分配地球資源的問題尚未解決，億萬富翁在自己的大型遊艇上隔離，有些人則因為疫情一夜之間變得一貧如洗，為了獲取慈善機構分發的生活物資，不得不加入群聚的行列。

減緩消費顯然會嚴重影響經濟，但也唯有如此，才有機會在必要的短時間內阻止全球暖化。事實上，氣候變化只是一系列問題的一部分，消費文化加劇了許多人類社會的弊端，即使最謹慎的專家也預言，消費主義可能導致政治動盪或大規模的生命損失。

我們明知必須停止購物，卻停不下來，「消費者的困境」已經簡化為：人類是否可以繼續在地球上生存。

我們真能走入機智購物生活嗎？

如果突然聽見前人告誡我們該簡單生活，整個世界就會在某天停止購物……這就是本書中進行的思想實驗，起始於我自己面對消費者困境的那個當下。我和今天許多人一樣，開始思考自己的消費習慣如何導致氣候變化、森林破壞、海洋塑膠汙染、以及許多使世界變得不宜人居的生態危機。我知道「停止消費」會是個選項，但要是所有人都停止消費就會導致全球經濟崩潰，又怎麼可能停止呢？我想要知道人們是否有辦法擺脫這種思維困境，因此需要認真地把這個場景一路推演到最後。

我將從頭開始探討：當世界停止購物，接下來的幾個小時和幾天會發生什麼事？我們該如何消解自己的物欲？誰受到的影響最大，誰受到的影響最小？地球是否開始自我療癒？如果是的話，恢復的速度有多快？

從這個出發點開始，我將探索看似不可避免的經濟崩潰，並發現人們如何在災難中自我調適。與記憶中類似的經濟危機不同，這個思想實驗最終的結局並不是「大家盡責地重返購物中心」。一切正好相反，隨著一天不消費，到數周、數月不購物，我們的行為模式改變、開始圍繞著新的優先事項，並為已經失去消費欲望的全球文化找到不同的商業模式。

本書最後將探討這種新的生活方式可能會在幾十年甚至幾百、幾千年裡造成的演變。我們起初可能會無所適從，而後能想像與自然一起復甦，最終過上比想像中還要簡單的生活。

然而「停止購物」究竟是什麼意思？有時我們會說要去「買點東西」，表示要出去購買生活必需品，如食物、清潔劑、學校用品，當然還有衛生紙；有時我們則說要「出門逛街」，通常意味著我們要去尋找自己根本不需要的商品。

今天，多數人的社會和經濟生活主要圍繞著消費打轉：我們是所謂的「消費者」。然而日常對話中的「消費者」，通常是將購物作為消遣、喜歡花錢在衣服、玩具、廉價飾品、假期、美食等方面的人；「消費者文化」則是每天如雨後春筍般湧現的廣告、特賣、商業趨勢、速食、快時尚、當紅娛樂和時下的流行熱銷品，以及我們對這一切所投入的關注。

因為這是個思想實驗，所以我將事情設定得簡單一些：世界停止購物的那一天，全球的消費支出將下降二五%——這個數字可說是有點保守，因為消費者的胃口非常巨大，從黑色星期五的購物狂潮，到海洋上無止盡四處漂流的寶特瓶就可見一斑。事實上，將全球消費減少四分之一，只不過是讓時光倒流到大約十年前的消費水準而已。當我開始撰寫這本書時，這個想法聽起來不過是種荒誕不經的猜測——離現實如此遙遠，以至於許多希望能就此議題和我討論的人，甚至根本拒絕思考這件事發生的可能性。

然而它確實發生了。

一種新型冠狀病毒在中國出現，幾周內，我們原本規模龐大的收入支出、逛街購物、出門旅行和外出用餐等集體行為模式瞬間分崩離析。美國的家庭支出在兩個月內下降近二〇%；疫情重災戶的行業如旅遊業等，收入跌幅近八〇%；中國國內市場零售額至少下降五分之一；歐洲許多國家的個人消費下降近三分之一——平常用來購物的四千五百億美元，現在只能堆在銀行裡。一夕之間，世界停止購物時消費支出下降二五%的假設，似乎找到了合理性：這個數字小到可以發生，同時大到足以動搖消費世界。

我將這本書稱為「思想實驗」，不表示它是本科幻小說。你或許可以把它視為一本富有想像力的報導文學：透過確定存在的人、地點和時間，來建構探索一個不真實的場景。

縱觀古今，歷史上有許多人，有時是整個國家曾經大幅度減緩消費，而背後通常是出於衝擊性的原因：戰爭、經濟衰退、災難。但歷史上也出現過反對物質主義的運動，以及普遍懷疑消費文化的時刻，甚至曾有一整個時代嚴格遵守每周在安息日（Sabbath。譯註。猶太教每周一天的休息日，是神完成創世後的休息日）停止商業活動的生活方式。今日有學者認真探討停止購物的可能性，將其以電腦模型模擬，並從外太空進行研究，觀察對鯨魚、對我們的情緒和對地球大氣層的影響；也有企業家和社會活動家，正在為有朝一日購物量可能大減的世界，設計新產品、新企業模型和新的生活方式。

從喀拉哈里沙漠到芬蘭，從厄瓜多到日本、美國，我發現**消費文化的逆流正來勢洶洶地湧動，川流不息地告訴人們：我們可以用一種不同的方式生活**——而我想這股逆流最終會席捲大多數人。

剛開始寫這本書的時候，我並不知道自己能夠從中找到什麼。我想像的內容無非是幾種相互辯論不休的觀點、叨叨絮絮教導人們如何擺脫消費者困境，或根本找不到任何出路。但在深入研究本書中幾個跨越時空的例子之後，我發現無論何時何地，一旦人類停止購物，世界就會反覆出現某一些特定的場景，而這提供了足夠的線索，讓我能夠根據過去和現在的這些輪廓，勾勒出一個停止購物的世界會是什麼樣貌。

如果可能停止購物，剩下的就是個人選擇的問題：我們想要停止購物嗎？停止購物後生活會更糟，還是更好？

第一部

初變

First Days

01

取捨之間

What we give up and what we hang on to

最先意識到世界已經停止消費的，將是一群平常冷靜從容的年輕人。他們是全球服飾零售業的門市店員，正對自己的飯碗感到焦慮，因為他們赫然發現自己離預定的每日銷售業績，尚有一大段悲慘的距離。

舉例來說，以牛仔褲聞名的時尚品牌 Levi's 在全球擁有近三千家商店，門市足跡從亞塞拜然到摩爾多瓦、再到尚比亞。但世界停止購物的這天，幾乎每間店裡購買商品的人數、購買的商品數量、進店人數、購物時間都急遽下降。這不表示停止購物的那天，地球上沒有任何人需要一條新牛仔褲。但絕大多數人並不需要，因為他們的衣櫃中已經有一條、三條，甚至五十條牛仔褲。

因此營業時間結束時，緊張的店經理將情況報告給已經嗅到不對勁的地區經理，地區經理再將消息轉發給對業績不滿意的區域主管，後者致電公司的副總裁。不到十八小時，Levi's 三位全球地區總裁會分別在新加坡、布魯塞爾，以及舊金山辦公室中，收到世界停止購物這天的數據警報。

Levi's 全球產品創新副總裁迪林傑（Paul Dillinger）是少數能夠預見這一天的人物之一，因為這是他工作的一部分：在堆滿樣品布的總部辦公室，思考世界末日的情景。他將這份工作稱為「末日設計概念」。南非開普敦在二〇一七年宣布水資源可能即將用罄時，迪林傑看到機會，得以觀察未來資源稀缺時世界可能的樣貌。他開發了一項可成為時尚宣言的設計：一件牛仔夾克，兩個特別設計的口袋，一個用來裝水瓶，另一個用來裝手槍。

沒錯，迪林傑並非典型的公司副總裁。我當時坐在Levi's的會議室，和他討論世界停止購物的那一天，一切將如何從一家跨國服裝公司展開。那天他穿著黑色帽T、腳上套著黑色運動鞋、頭上戴頂黑色毛線帽，帽簷下的那對耳朵微微外翻，使我想起他那位臭名昭著的叔公——大蕭條時期的銀行劫匪迪林傑（John Dillinger。譯註。曾針對至少二十四間銀行、四間警察局規畫搶案，並兩度越獄，是美國都會傳奇之一）。當然，他也穿著自家品牌的牛仔褲，而且為了節約世界水資源已經好幾年沒洗了（他都用伏特加來稍微替這條褲子「提提神」）。迪林傑思維敏捷又帶有恰到好處的古怪，幾乎可以想像他小時候就是那種在家裡自學、一邊讀《馬克思入門》一邊讀《資本主義入門》，還同時彈得一手好琴的天才。

世界資源研究所（World Resources Institute，WRI）認為消費行為是人類「董事會上的新大象」——這個問題大到出售種種物品的公司根本不想提，因為他們害怕「拉特納效應」（Ratner moment）。二十年前，一位名叫拉特納（Gerald Ratner）的英國珠寶商因一番發言而聲名掃地：他說自己店裡的雕花醒酒瓶、玻璃杯和托盤能這麼便宜，是因為這些商品「根本都是廢物」。拉特納隨後在憤怒民眾的逼迫下離開公司，失去年薪八十萬美元的工作，成為大眾口中的「廢物先生」（不過風波平息後，他再度成為成功的珠寶商）。這對其他企業來說是個警世故事：在消費文化中，絕不能承認自己販售的東西可能不值得消費者購買。

因此，迪林傑的做法是極為罕見的。他曾公開宣稱服飾產業「推動了不必要的消費」，並認為公司最大的威脅不是人們停止購買衣物，而是人們對褲子、襯衫、裙子和夾克的需求不斷成長，地球總有一天會無法再提供製造服飾所需的水、石油和棉花。在冠狀病毒迸發數年前，迪林傑已經在腦海中設想，如果特別嚴重的經濟衰退或全球流行病導致服裝需求下降，一切會怎麼展開。他得出的結論是：銷售額終究會恢復正常，然後再繼續攀升。

當然，這不會發生在「世界停止購物的那一天」，因為消費欲望本身早已消失，而且不會捲土重來。「世界停止購物一周，將造成消費市場震盪。」迪林傑說，「一個月不購物，這個行業就會分崩離析。」

我們生來就是消費者

停止購物最明顯的問題是：我們幾乎不曾真的停止。一旦我們停止購物，要面對的是古老且棘手的「需求」與「欲望」問題——到底該購買什麼、放棄什麼？

近年來，歷史學家和人類學家試圖在歷史中劃出一條清晰的界線，找出人類何時首次成為「消費者」，但這根本做不到。消費文化的心理基礎是物質主義，或是以財富、財產和社會地位為中心的價值觀和信念。**比起任何人格特質，個人心中物質主義的強弱更能預測他將成為什麼樣的消費者**。雖然多數人認為物質主義者對金錢、自我形象和事物極度痴迷，既貪婪膚淺又愛炫耀，但我們多多少少都算是物質主義者。因為人類進化過程中，物質主義促使我們滿足自己的物質需求、保持自己在群體中的地位。物質主義可以說是人性的重要成分。

人類與物質主義相關的每一種行為，都可以追溯到遠古時代。

我們的祖先早在一百五十萬年前、人類尚未進化成智人之前，就已經學會在石斧等工具上添加個人風格，暗示未來的人類，會藉由「消費選擇」與「所有物」來表達自我。即便是在原始的採集狩獵社會中，幾乎沒有財產的人仍會與他人比較自己的財產；大約四千年前，崛起於中美洲的瑪雅人開始對自己的財物產生強大依戀，並為物品注入意義，甚至認為物品有自己的意識（在瑪雅創世神話中，被虐待的物品，如鍋子、烤餅盤、狗、火雞，甚至是房子都會群起反抗第一批出現的人類祖先）；大約五百年前，中國最富裕的商業省分中，所謂的「時樣」（也就是當下的流行款式）已經定期出現變化風潮，甚至吹進村莊之中。

十七世紀早期，土耳其伊斯坦堡有一萬多家商店和攤位；早在工業革命的大規模生產使生活用品變得更加便宜之前，一般英國家庭的廚房裡就已經裝滿陶器、鏡子、鐘錶、刀叉和各種特製餐具；一八〇〇年代，也就是亞馬遜購物網站出現的兩世紀前，東非尚吉巴或大溪地島的富裕消費者，可以翻閱商品目錄並下單購買全世界的商品；第一次世界大戰時，歐洲人想購買「椅子」這樣的基本生活用品，有數千種設計可供選擇；今天，我們被各種購物廣告包圍，甚至連購物習慣都被摸得一清二楚，但在「咆哮的二〇年代」期間（Roaring Twenties。譯註。在一九二〇年代，西方世界十年間經濟繁榮，社會、藝術和文化多元綻放，民眾也發展出旺盛的消費需求與欲望），商品行銷支出至今仍占美國經濟百分比的歷史頂峰。

歷史似乎在說著，我們並沒有「成為」消費者，我們生來就是消費者。人類的經濟生活可能會因瘟疫、世界大戰、殖民主義等力量被打亂，但大多數人在地球的每個角落裡，都在累積更多東西。

然而「人類一直在消費」的想法，讓我們替自己當前異常的消費行為找到藉口，也忽略了兩者在規模上的巨大差異。即便狩獵採集者和購物者心態相近，也不表示他們都對消費主義有所貢獻。從第二次世界大戰結束時的美國開始，較富裕國家的家庭支出開始迅速上升。自一九六五年起，美國的消費額如火箭升空般攀升，購物熱潮適逢「大加速」（Great Acceleration），世界人口、整體財富、都市化程度、資源開發和環境汙染全面升級。直到此時，人們才開始理解到「消費社會」正擴展到全球，而在這個社會中，我們首先必須是消費者，必須賺錢並消費。

這股新熱情的首次考驗是在一九七三年。當時中東石油生產國不滿美國在中東地區的政策，因此決定對美國實施禁運，造成世界主要經濟體史上最大的衝擊。在一場電視演講中，尼克森總統將石油危機與美國的消費主義聯繫起來：「地球今日的能源正在耗盡，因為我們的經濟持續成長。過去曾視為『奢侈品』的東西，現在卻成了『必需品』。」雖然卡特總統一九七七年上任時，石油禁運制裁已經落幕，但原油供應仍然吃緊。卡特身穿米色毛衣，坐在柴火前要求美國人「適度犧牲並學會節儉」

的鮮明形象幾乎定義了整個時代。後來他發表了一則更為譴責的聲明：「有太多人崇尚自我放縱和消費，讓一個人的身分不再由其行為定義，而是其擁有的物品。」

當時，無論左派或右派的總統都要求美國人停止購物。一九七〇年代初期，日益興起的環保運動舉辦了第一個「地球日」，呼籲人們選擇更簡單的生活方式。這場活動引起兩千萬人響應——他們驚訝消費產生的廢物居然嚴重汙染河流，以至於河流起火燃燒（譯註：俄亥俄州境內的凱霍加河〔Cuyahoga River〕因工廠排放廢水，導致河面長期被油汙覆蓋，因而起火高達十三次）；汙染物居然將雨水變成酸液，灑落在全國高速公路上。在能源危機期間，大家爭論著應該犧牲什麼物品，來減少美國對外國石油的依賴：應該禁止聖誕燈飾嗎？應該禁止政府官員駕駛豪華轎車嗎？應該禁止印地五百（Indianapolis 500。譯註。美國最重要及最負盛名的汽車賽事之一，參賽汽車繞行場地約兩百圈〔五百英里〕以爭取冠軍）嗎？（戴通納五百〔Daytona 500〕倒是暫時減少到四百五十英里）

研究一九七〇年代石油危機的普林斯頓大學歷史學家賈克布斯（Meg Jacobs）告訴我：「這是美國史上第一次提出削減開支，是『美國心態』的徹底轉變。」

然而美國人卻在整整十年中持續「增加」家庭支出。前能源部長施萊辛格（James Schlesinger）反思這種難以動搖的消費習慣時提到：「請記住，我們談論的是美國人民的習慣。倫理學者可能認為應該大力譴責這些習慣，人民卻覺得消費令人滿足。」

停止購物時，什麼會先被放棄？

到了二〇〇九年，經歷過二戰、越戰、一九六〇年代的社會動盪、石油衝擊、環保主義興起，以及十一次經濟衰退，美國消費者終於放下錢包。自七十一年前的經濟大蕭條以來，這次的金融海嘯讓美國人的消費總額首次實際下降，其他國家的人民也減少購物，展現出人們如何獨立於戰爭或流行病等災難性事件的影響，好好區分需求和欲望。

經濟學家很久以前就發現，有些東西顯然不屬於生存必需品，我們卻仍視為不可或缺。典型的例子像是咖啡、酒精這樣的每日樂趣（或是癮頭），或是電力和汽油這樣對我們生活至關重要的資源。這些被稱為「必需品」，被描述為人們最不願意放棄購買的東西。

然而正如四輪驅動車「悍馬」（Hummer）的經典廣告詞：「需要，是個非常主觀的詞」。在消費文化中，我們能透過購買的物品表達自己的價值觀和身分；我們能利用所有物不斷表明自己既是社會的一分子，也是與社會保持距離的獨特個體。這些信號是種語言，而且無論有意識與否，生活在消費社會中的你我都非常熟悉這種語言。信號過於明顯時，我們往往會特別注意：開著超大型卡車的和善男人、堆滿鍍金雕像的暴發戶別墅。

時至今日，「人們都是消費殭屍、無意識地遵從廣告購買」的想法不再符合實情。想像一下有點神祕卻已經不罕見的情形：購物者去逛商場卻空手而歸。假設我們今天想要一條藍色牛仔褲，它很百搭（根據人類學家米勒〔Daniel Miller〕的估計，地球上有一半的人每天都穿著牛仔褲）、舒適、耐用，而且通常價格合理。然而除此之外，我們希望藉由牛仔褲傳達出更多訊息，告訴人們自己喜歡嘻哈音樂還是鄉村音樂、比較叛逆還是順從、偏好「動手」還是「動腦」等等。米勒在《消費及其後果》（*Consumption and Its Consequences*）中寫道：「購物者非常瞭解自己。面對貨架上大量的消費品，儘管手機上有廣告、社交媒體上有意見領袖、賣場裡有數百種可挑選的款式，如果找不到一條滿意的褲子，很可能就一條都不買。」

「你需要一切」並不等於「一切你都需要」。收藏瓷娃娃、購買專為探索峽谷而設計的鞋子、每天去麥當勞報到，這些消費對某些人來說，是在生活變糟前會繼續買單的東西。精細的美國家庭支出統計數據顯示，在金融海嘯期間，生活變得艱難時，美國人會以某種特定邏輯劃分欲望與需求。

這些美國人首先決定放棄什麼？印第安納州的埃爾克哈特提供了明確的答案。

埃爾克哈特是世界休閒車之都，也稱為「拖車城」，美國製造的休閒房車有高達八成都在這裡生產——旅行房車、篷車、露營車、豪華休旅車「陸地遊艇」等等。這使得埃爾克哈特成為消費者對經濟的信心預警系統。一九七三年的能源危機中，人們停止購買休閒房車。一位房車製造業高層主管說，整個產業「就像被人按掉開關一樣」。四個月後，隨著危機緩解，房車需求卻增加到「製造速度趕不上需求」。埃爾克哈特提前一年多預警金融海嘯（休閒車銷量曾在一周內下降了八〇%），因此談到停止購物時，休閒房車將會是首先被放棄的物品。

順帶一提，房車市場證明有時可有可無的東西，在其他時候可能是不可或缺的。在新冠病毒大流行期間，許多人想要旅行又想避開餐廳、飯店和飛機等共享空間，因此基本要價超過十萬美元的休閒房車需求暴增。

除了休閒房車，金融海嘯時期銷量最容易減少的商品是越野車；緊隨其後的是運動型多用途車和輕便客貨兩用車，銷量下降了近三分之一；其次是休閒飛機、摩托車和休閒船；再來是汽車。經濟衰退時期美國人在這些事物上的花費減少了二五％。這個現象基本上很直觀，因為大多數人在這類型的大筆消費上，往往會讓現有設備多撐幾年，才需要購買替代品。這份清單的下一項是地毯。

自此開始，清單上出現了更多日常用品。美國人在珠寶、花卉、室內植物、樂器和家具上削減了一五％至二〇％的支出；在教科書、冰箱和洗衣機等主要家電、快遞服務、機票、工具和硬體設備、手錶、運動器材（其中包括槍枝，但其需求在疫情期間再度攀升）、炊具和餐具等物品上，削減了一〇％至一五％的花費。在亞利桑那州鳳凰城擁有數十年經驗的商業房地產經紀人澤爾（Alan Zell），回憶起那些用木板封上、關門大吉的商店時說道：「沒錯，沒錯。那些就是你可能並不需要花費的額外支出。」

某些商品和服務（家用電話、底片、影片出租店）的銷量在此之前早已下滑，金融海嘯只不過是伸出了小指頭，將它們推入歷史的垃圾桶。然而若要說人們在這段時間全面削減開支，倒也不太準確，因為金融海嘯其實使「必需品」的定義變得更廣泛。電視銷量暴增，因為人們紛紛轉向更新、更大的平板電視，人們在手機、個人電腦、數位工具和網路連線上的花費，每一年都持續攀升。雖然在外用餐的支出下降，但也僅僅下降了六％；而在許多國家中，外出用餐早已不再是種奢侈，而是現代生活中不可少的一部分。美甲店則開發出價格合理的奢侈服務，在經濟危機中自成一格。澤爾會提到金融海嘯的嚴重性，部分是因為美甲業者也受到了影響：「通常美甲是不受影響的產業，往往可以平順地在危機中前進。」

金融海嘯結束十年後，我們仍然可以從鳳凰城的高空俯瞰到經濟衰退的痕跡：就像刮鬍刀片沾上衛生紙，土黃色的城市周圍，散布著原本該是大型商店的空白方塊。光是鳳凰城的商業廣場和購物中心就倒了十三家寢具店，然而當地人很快就遺忘這些廢棄空間原本的用途，因為摘去招牌之後，電路城、寢具百貨、Kmart 等所有建築看起來都一模一樣，在索諾蘭沙漠的陽光下漸漸泛白。這些閒置的建築，象徵著美國人決定在生活中拋棄的非必需物品。

然而即使是巨大的經濟衰退，也只為「停止購物」提供粗略的輪廓。**在典型的經濟低迷時期，很多人並不是少買東西，而是買更便宜的東西**；更富有的人繼續自由消費，最貧窮的人甚至削減基本需求。總體而言，在金融海嘯期間，美國人的家庭支出僅下降三．五％——這離終結消費主義可還有一大段距離。

世界真正停止購物的那一天，情況會有所不同。雖然削減的必需品可能會與金融海嘯時相似，但支出下降的幅度，將更接近新冠病毒導致全球封城時的情況。雖然我們會減少購買必需品，但也可能反為購買一些傳統上被認為與消費文化無關的物品，如自行車、麵包機、園藝手套等。總而言之，如果將全球消費主義減少四分之一，那麼幾乎所有物品的購買量都會隨之減少。

停止購物時，誰會先遭殃？

迪林傑說，在世界停止購物大約四十八小時後，服飾和時尚產業將不再對消費者抱有信心。屆時衝擊波將往新的方向蔓延，影響數以千萬計的人。

全球服飾貿易總額高達一・三兆美元。如果所謂的「時尚王國」是個真正的國家，那麼它將是世界第十五大經濟體，僱用大約相當於美國總人口的全球勞動力。僅棉花產業就為八十個國家中的二・五億人提供工資，約占世界人口的三％。Levi's 每年使用的棉花不到世界產量的一％，但若將其銷售額減半（消費金額下降時，服飾業往往比整體消費受到的打擊更大），將導致全球大約一百二十五萬人的收入減少。其中，受衝擊者還包括身為世界第三大棉花生產國的美國。

Levi's 每年會從十六個國家的棉紡廠購買布料，其中包括各大服裝品牌標籤上的製造地──中國、印度、孟加拉──有時也會遠至巴林、賴索托和尼加拉瓜。若算上染色、縫紉和其他製造產品原材料的工廠，Levi's 的供應商名單上總共有五百多間公司，大多都僱用數千名員工。Levi's 計畫大幅削減產量的消息將傳至上游公司，遠至柬埔寨金邊、墨西哥瓜達拉哈拉，以及加州科默斯。

迪林傑談到：「降低生產的訊息，多久才會傳到拉鍊製造商和紡織廠？工廠能多快把消息送到他們的棉花採購商手裡？那些採購商可能正在與某處的棉花田洽談收購事宜。但是棉花田將是產業鏈裡最後一個得到消息的，消息到達時棉花可能早已經種下去了，對吧？」

諷刺的是，不斷推出廉價新款式的快時尚服裝廠商，能比傳統公司更靈活地做出反應。某些品牌可以在數周內完成設計、製造並銷售，並且同樣快速地停止循環。對於像Levi's這種運轉步調較慢的公司，要完成現有訂單並裝上新加坡和上海等大型港口的貨輪，通常需要幾個月的時間。「我們不會停下海運，讓貨物泡在水裡。所以貨物確實會進港，然後造成嚴重的庫存問題。」在Levi's的倉庫裡，未售出的牛仔褲和其他服裝會在世界停止購物之後開始堆積如山。

類似的漣漪幾乎席捲所有行業。智慧型手機是現代必需品，但在消費能力較低的世界中，更多人會在換新手機之前，至少再用一至兩年。那麼誰會受到影響呢？針對iPhone供應鏈的研究指出，從加州的設計師到荷蘭的軟體開發商，再到日本的相機技術公司和中國的製造商，受影響者多達二十國、近八百家企業，這還不包括手機原材料的開採和加工，其中包含十九種化學元素，從熟悉的金、鉛和銅等金屬，到釔和鐠等稀土礦物。

在一九七〇年代的能源危機中，卡車司機（當時的主要貨物運輸系統）被稱為美國消費減緩的「第一批受害者」。今天，受害者將是亞馬遜。

亞馬遜位於華盛頓州西雅圖的總部，本身就形成繁榮的商業中心。在典型的西雅圖雨天，這裡擠滿了人，從工程師到快遞員，所有人都高高興興地拿著看起來很極權主義的亞馬遜白橙雙色雨傘。光在西雅圖，該公司就投資了數百億美元建設辦公室，其員工大軍則將口袋裡的金錢投向咖啡店、精釀啤酒廠、全素食品、健身房和各種企業。

新冠疫情期間，隨著購物行動轉移到網路上，亞馬遜的事業蓬勃發展。但這一切最終是由家庭消費所驅動，因此世界停止購物的那一刻起，白橙雙色的雨傘將開始一支支收起。二〇一〇年送貨到家服務在紐約成長了四倍，因此當線上訂單下降二五％，表示每天會減少三十七萬五千個包裹。美國最嚴重的交通壅塞幾乎能因此在一夜之間緩解，曼哈頓最擁擠地區的行車速度，多年來將首次超過慢跑者的速度。

然而**截至目前為止，停止購物後最嚴重的混亂和損失，將落在較貧窮國家的人們身上**，因為他們製造現在世界上大部分的產品，並提供許多服務。住在休斯頓的人權倡導者拉博維茨（Sarah Labowitz）多年來一直致力於改善這些工人的工作條件。二〇一三年孟加拉熱那大廈發生倒塌事故，導致超過一千人死亡，其中多是為英國、西班牙、義大利、美國、加拿大等地品牌製作服裝的工人。拉博維茨在災後訪問當地，詢問製衣工人們是否想要向西方消費者傳達什麼訊息。她說：「他們會喊著『拜託繼續下單！』」工人們當然想要更好的勞動法規，但他們最怕發薪水的公司倒閉。

迪林傑的思緒此時轉向其他國家：以暴力伊斯蘭原教旨主義者（Islamic fundamentalist。編按。指嚴格遵循《古蘭經》，期望重建理想文明體系的人）吸引大量追隨者的國家、以服飾業為國內主要經濟貢獻者的國家。減緩消費造成的衝擊，通常會從富裕國家轉移到較貧窮的國家，但還是有反彈的風險。迪林傑說：「當西方消費的資金停止流入土耳其、埃及、突尼西亞、巴基斯坦等國，我們都該擔心接下來會發生什麼事情。實際上，在那些對西方消費國反感的地區，購物買到的是當地的政治穩定。」

停止購物和國際恐怖活動鵲起之間，僅有一線之隔。小布希的話此時倒是顯得具有預言性：如果你不站在我們這邊，就是站在恐怖分子那邊。

衣櫃裡的消費者困境

不過，倒是有個不會遭受「停止購物打擊」的地方——你的衣櫃。

如果一天不購物會怎麼樣？

「沒人會光著屁股跑來跑去。」迪林傑說。

那一周呢？

「也不會有問題。」

若是一個月呢？一個月足以讓一些人的身體（例如孕婦或成長中的孩子）發生足夠的變化，因此需要添購新的東西。

「但整體來說，大家都還是有得穿。」在這麼短的時間內，時尚並不會發生根本性的變化。迪林傑喜歡向人們展示一九九〇年代《歡樂單身派對》（*Seinfeld*）與二〇一〇年代《摩登家庭》（*Modern Family*）的劇照。雖然這兩檔節目相隔二十年，但完全可以相互調換演員的裝束，卻幾乎看不出有什麼改變。迪林傑表示，即使世界人口攀升至一百億甚至更多，只要修改目前的衣服，就可以在不購物的情況下，讓每個人都有衣服穿。「我們早已擁有需要的一切，你的衣櫃裡裝滿了這些材料。」

迪林傑的想法獲得實際數據的支持：二〇一六年，全球管理諮詢公司麥肯錫的報告指出：十件衣服中，有六件會在製成後的一年內，進入垃圾場或焚化爐。這些衣服只有一小部分是因為賣不出去而報廢，大多數都是人們購買後扔掉的、收到但不喜歡的、活動分發促銷的，或是因為聖派翠克節需要穿上綠色而購買的（譯註：天主教與英國聖公會爲紀念愛爾蘭主教聖派翠克，會在每年三月十七日當天著綠色衣服、配戴三葉草或綠色飾物）。我們越來越常因為一件衣服價格便宜而購買，卻沒有考慮過換季時會不會把它們留下來。

話說回來，今天許多衣服都不耐穿：穿戴幾小時，襪子和緊身衣鬆了、襯衫鈕扣掉了、褲子裂開、毛衣起毛球，清洗幾次就縮水、穿幾次就出現微小又神祕的破洞（網路不時在討論這些破洞：衣櫥裡是有飛蛾還是蟲子嗎？不不，這些想法都過時了。事實上，今天的超薄織物只要與皮帶或桌面等物品摩擦後，就很容易造成破洞）。周轉率最高的衣服是容易弄髒的白色廉價T恤，在二手店也不好賣，因為沒有人願意穿你那件便宜又骯髒的二手白T。

想像一下：若你每年購買十件衣服，再減掉一年內平均會丟掉的六件，最終會留下四件。現在，再想像新的場景：你每年購買的服裝數量減半，也就是一年五件，但依然留下四件，等於只丟掉一件。

這就是消費者的困境縮影：只消費原本數量一半的衣物，對世界經濟就會造成小行星撞擊般的效果，但你的衣櫥甚至還沒開始減量。

02 / 公平原則

We don't shop equally, so we won't stop equally

在Levi's總部以南六千公里處，帕茲（Fernanda Paez）穿過厄瓜多首都基多陽光炙烈的正午街道，笑著說：「我不是真的窮，但也不有錢。我買東西花的錢跟大家差不多。」在世界停止購物的那一天，帕茲的消費方式使她的地位舉足輕重。

帕茲是一名運將，也就是所謂的計程車司機，無論對厄瓜多或任何地方的女性來說，這都是份特別的工作。我們見面時，帕茲開著一輛很普通的黃色雪佛蘭愛唯歐家用二手轎車，短短兩年半就累積了十萬公里。帕茲一邊告訴我這件事，一邊在駕駛座上挪動，試圖讓自己坐得更挺。帕茲個子不高，又瘦又輕，看起來比實際三十多歲的年齡還要年輕一些。儘管如此，她身上卻帶著一種堅韌。當她透過太陽眼鏡的邊緣看人時，通常是想強調些什麼。

「是的，我家裡有一台電視，」帕茲說，「但我沒辦法讓每間房裡都有電視。」

你應該聽說過，如果地球上每個人都像一般美國人生活，我們將會需要五個地球的資源，才能維持這種生活方式。這裡的問題顯而易見：我們沒有五個地球，我們只有一個。

近二十年來，全球生態足跡網絡（Global Footprint Network）這個非營利組織，一直不斷計算與調整這些數據。他們首先將地球以公頃為單位劃分（一公頃比足球場稍微大一些），計算每一公頃平均能為人類提供的生物生產力（biologically productivity）。這些地塊被稱為「全球公頃」（global hectares）。如果平均分配給全人類，每人將得到一．六公頃。可以將這想像為平等共享世界土地和水資源後，每個人可以獲得的配額。當然，現實世界並不是這樣分配的。

談論停止購物時，**除了「需求」和「欲望」，還有另一種方式可以界定消費的合理性：我們的消費是否超出了地球的承受能力**。

根據全球生態足跡網絡的調查，現在每人平均消耗二．七全球公頃的產能，這是「生態足跡」（ecological footprint）的規模，比地球長期所能提供的資源要多了一．七倍（所謂的「生態足跡」與大多數全球數據一樣，是粗略的指標，科學家們稱其為「人類自然資源需求的最低參考值」）。如果全人類的生活方式都跟一般美國人相同，我們會需要多少個地球呢？研究人員從一般美國人消費需求的全球公頃數目開始計算：美國人均生態足跡為八全球公頃，由於這是全球每人可用全球公頃資源的五倍，由此可知，我們將需要五個行星的資源才能維持一個「美國星球」。

以其他國家進行相同的計算，就能清楚呈現全球消費現狀有多麼不平等。

假設我們都像阿富汗的普通公民一樣生活（這是世界上最貧窮的國家之一），可以將地球縮小一半，但仍然有足夠的資源維持每個人的生活水準；如果我們都像一般中國人一樣生活，會需要比兩個地球稍微多一些的資源；如果我們採用西班牙人、英國人或紐西蘭人的生活方式，大約需要兩個半地球；如果我們生活在義大利星球、德國星球或荷蘭星球，將需要三個地球；而選擇俄羅斯、芬蘭或挪威星球生活，則需要三個半地球；若要享受瑞典、韓國、澳大利亞或加拿大的生活方式，需要四個地球。如果我們生活在厄瓜多星球上，我們只需要一個地球——那顆實際存在的地球。

厄瓜多的生活方式被認為是「可全球複製的」，這表示所有人都可以像帕茲這樣的厄瓜多人一樣消費，而不會將自然資源消耗殆盡。因此，厄瓜多的生活方式有時也稱為「一個地球的生活」。

這種生活方式的樣貌是什麼？或者說，不是想像未來可能會存在的風力飛機或羽衣甘藍製成的衣服，而是「現在、此時此刻」，可以讓地球永續的消費標準是什麼？我們該怎麼生活？

一個地球的生活方式

厄瓜多的首都基多靜靜地窩在綿延的安地斯山脈間，像是落在沙拉碗裡的食材。從這裡開車到帕茲居住的卡拉普哥需要半個小時。這個行政區的範圍橫跨基多周圍的山峰，並包含一座在世界中線上的陡峭山谷。赤道將地球分割為南北兩個半球，恰恰經過厄瓜多首都北面，讓此地因被赤道分割而得名（譯註：厄瓜多於一八〇九年脫離西班牙統治，宣布獨立，因爲赤道橫貫國境，便以赤道的西班牙文「ecuador」爲國名）。帕茲居住的街區破舊無比，到處都是塗鴉，城鎮中央有一條布滿小商店的主要街道，店家們總是把自己店門口那片殘破的人行道掃得一塵不染。

「這裡的人們為了生存而掙扎著，但並沒有受苦。」帕茲說。

她的生活輪廓對我們來說似乎不算陌生：她有一位伴侶亨利、兩個孩子（一個男孩、一個女孩，她後來又生了一個男孩），和一隻名叫洛基的雪納瑞犬。所有人住在她公婆擁有的蜜瓜色小公寓樓上，公婆則住在樓下。家裡每個人都吃得飽，全家人都喜歡足球主題運動服，這樣的衣著在歐洲或北美繁華地區以外的地方，都不會顯得格格不入。

然而帕茲的生活方式，似乎並不適合許多生活在富裕國家的人：她的公寓沒有熱水，全家只有一台電熱水器供淋浴時使用；孩子們共用一間臥室，每天領取一．五美元的零用錢（厄瓜多使用美元作為貨幣）；她有冰箱和洗衣機，但沒有烘乾機，他們把衣服掛在陽台上晾乾；聖誕節時，亨利上班的工廠（這間工廠為通用汽車製造座椅）發的獎金不是錢，而是近一年份的米、糖和食用油；全家只有一台桌上型電腦，家裡只有大人拿手機。帕茲說：「科技已經是生活中不可或缺的了，所以家裡還是要有那些東西。」雖然他們的生活預算很緊，但也不是沒有購買奢侈品的空間。帕茲擁有三十雙鞋。

帕茲一家人很少去餐廳吃飯，閒暇時全家會一起踢足球或與家人朋友聚會。儘管當地有車的人不多，但帕茲的家人有時能坐她的計程車去國家公園遊覽，或者從近三千公尺高的卡拉普哥陡降到太平洋沿岸海灘遊玩。不過他們家沒有任何人坐過飛機。

厄瓜多大部分地區的生活方式都是這樣：類似富裕國家，但顯然是「縮小版」。厄瓜多並不會給人「第三世界」的感覺，雖然貧困顯而易見（尤其是在城市貧民窟），但中產階級生活的廣度也不容忽視：人們空閒時進行馬拉松訓練、一家人外出吃中國菜、馬路上有許多嶄新的人行道（當地一位男士對我說：「我們擁有南美洲最好的高速公路，但沒有最好的司機。」）、廁所裡有抽水馬桶、電燈會亮。

然而，即使是四星級飯店的浴室裡，也只提供一小片肥皂和一瓶眼藥水大小的洗髮精；空調在這裡很少見；食物很有飽足感也很好吃，但裡面沒有多少肉；街邊攤販使用金屬餐具與陶瓷餐盤，而不是免洗碗盤。一般來說，商店、餐館、咖啡館和酒吧都不特別繁忙，周末待在家的人很多，而且除了最富裕的社群，很少見到任何厄瓜多人說自己喜歡將「購物」當作生活消遣；在基多，如果說自己要步行到鎮上，他們會笑著說：「啊，就像個在地的基多人一樣。」

聯合國將世界上的國家以「人類發展指數」（Human Development Index。譯註。根據平均壽命、受教育年限、人均國民總所得三項指標計算得出，用以衡量各國社會經濟發展程度的標準，可分爲極高、高、中、低四種等級）劃分。截至二〇一八年，在六十二個「人類發展極高度發達」的國家中（這份名單包括常想到的經濟高度發展國家，以及許多沒想到的國家，如智利、哈薩克和馬來西亞等），沒有一個國家的消費水準落在「一個地球」的標準上。不過其中還是有一些好消息：有些達到「高度人類發展」的國家，正過著「一個地球」的生活方式，厄瓜多就是其中之一。

毫無疑問，「極高度發達」和「高度發達」之間的差距很巨大。對於許多發展極高的國家公民來說，若向厄瓜多的平均生活水準靠攏，教育與壽命總共會減少五年。

不過，若是以國家為單位相比較，有時差異會縮小：美國人的壽命僅比厄瓜多人長兩年；加拿大是個「極高度發達」的國家，但受教育的年限僅超過厄瓜多一年。雖然厄瓜多的收入不平等程度高於大多數「極高度發達」的國家，包括整個歐盟，其結構卻與美國相似。事實上，其收入不平等的程度甚至低於美國部分州和地區（例如波多黎各自由邦或華盛頓特區等）。

根據最新統計，世界上有九個國家既具有「高發達」水準，又處於（或非常接近）「一個地球」的生活方式：古巴、斯里蘭卡、亞美尼亞、多明尼加、菲律賓、牙買加、印尼、埃及和厄瓜多。這些國家有個共同點：人均收入都遠低於富裕國家。根據世界銀行的數據，若將厄瓜多一般人的平均購買力換算成美元，他們的收入相當於一萬一千五百美元的美國人，然而美國的人均收入卻超過六萬五千美元。

購買力較低的人，就不太會付錢在商品和服務上。講得直白一點：貧窮的人可沒有過度消費的問題。世界上至少有五十三個國家的人均消費量等於或低於一個地球的水準，而這些國家的人口總和卻占全球人口的近半數（一個印度星球只需要地球資源量的四分之三，如果我們都像東北非貧困國家厄利垂亞的居民一樣生活，人類就可以在一個只比月球大一點的世界上生存）。

因此，令人不安的事實隱隱浮現：根據生態足跡來衡量，**世界停止購物的那一天，全球富裕地區的消費必須大幅削減**。但與此同時，世界上卻有數十億人未曾真正開始購物。有些人僅消費自己的公平分額，許多人的消費量甚至不足，癡癡等待著能夠滿足基本需求的那一天到來。

曾經合乎家庭預算的生活

即使在最富裕的國家中，也有消費合於或低於「一個地球」水準的人。他們並非提倡全素飲食、熱愛騎腳踏車上下班的都市人，而是收入非常有限的人。

位於華盛頓特區的經濟政策研究所（Economic Policy Institute）研究美國各地的生活成本，以確定一個家庭需要多少收入才能達到「合宜且足夠的生活水準」，並將這個數額稱為「家庭預算」。

該研究所的資深經濟學家古爾德（Elise Gould）告訴我：「這並不是貧困。這個國家中有數以百萬計的人，過著每月收支打平的生活，『家庭預算』的計算反映了這種生活方式。」

在美國，一個合於「家庭預算」的家庭，其支出比平均低二五％——以這個思想實驗而言，他們實際上已經停止購物。然而他們不僅能夠生存，還能參與社會和經濟生活。如研究消費者的先驅威爾（Caroline Ware）在一九四〇年代所說，這些人已經實現「經濟公民責任」。他們可能沒有最新的iPhone，但家裡的成年人會擁有手機；如果他們在都市，可能住在公寓裡；如果在鄉下，大概會是幢不大的房子。古爾德說：「他們通常會有一台電視、一張餐桌，家裡也有空間舒適地放張沙發，絕不是家徒四壁的樣子。」

對於帕茲一家人來說，他們非常熟悉這些合於「家庭預算」的生活；對美國人來說，帕茲在厄瓜多的生活也跟自己的日常無異。一個合於「家庭預算」的家庭中，孩子們至少會有一間獨立於父母的臥室，家中會有一台電腦和一輛汽車；冰箱和櫥櫃裡擺滿了食物（但可能不是有機食品，因為必須跟著超市優惠走），但全家人很少在餐廳用餐；衣服跟不上最新流行，但也並不過時。

「他們冬天可以購買保暖的衣物、日常生活中有鞋子穿，但這些與流行無關。」古爾德說。美國有五三％的人很少或從不搭飛機旅行，其中多半是這些合於預算的家庭。接近家庭預算標準的地方包括佛羅里達州的德芬阿克泉、田納西州的弗倫茲維爾和幾乎整個堪薩斯州，但這些是遊客從不造訪的地方。而在城市中（底特律和休士頓，而不是紐約或洛杉磯），大約一半的美國人消費等於或低於家庭預算。

經歷過二十世紀的人們，對於這種生活方式也不陌生：上餐廳用餐是罕見的享受，弟妹從兄姐那裡繼承穿過的舊衣、度假地點總是離家很近、商業節奏緩慢，往往不在平常日花錢——今天，大多數還活著的人，應該都還記得當年曾經有過這樣的「正常生活」。

根據全球生態足跡網絡的研究，**人類仍以「一個地球」的水準生活的最後一年，大約落在一九七〇年**，不過那時較富裕的國家早已進入過度消費狀態。一九四〇年至六〇年代之間的某個時候，美國的平均生活方式已超過全球人類應有的消耗量，英國、加拿大、德國和大多數其他富裕國家也是如此。也有一些國家較晚跨越這條線，例如西班牙、義大利和日本約在一九六〇年代中期超標，韓國則直到一九七九年才越線。

我們可以這樣思考：今天美國的人口比一九七〇年多出六〇％，但經過通貨膨脹調整後，整體消費支出卻上漲了四〇〇％，與一九六五年相比更是成長了近五〇〇％。我們只需要將時鐘倒轉至X世代（Generation X。譯註。一九六四年至一九八〇年出生的人，爲嬰兒潮世代之後的世代），就可以擺脫這顆星球上的爆炸消費。

現在，評斷「經濟公民」的標準不斷提高。我們越來越常在餐廳吃飯、為更多場合購買合適的鞋子。新冠疫情促使人們打造家具齊全的「戶外房間」，某些情況下，這些房間還配有大螢幕電視。我們也不斷購買更新、更大的汽車，自二〇〇〇年以來，全球每年的SUV汽車銷量翻了一倍。除此之外，二十年前幾乎不存在的全新消費領域也不斷地被開發出來：所有東西都可以送貨到府、隨著美食主義而不斷擴充的廚房器具，以及為了斷捨離而大量出現的收納系列產品。消費不僅體現在服裝上，居家用品、家具，甚至是房間大小與牆壁數量等房屋格局的流行周期都加快了。許多人為了工作、娛樂和家族搭飛機的次數，與本世紀初的菁英人士（外交官、電影明星、政治家、教皇等）一樣多；即使是合乎「家庭預算」的家庭中，也可能充斥著以刷爆的信用卡和各式貸款購買的便宜商店貨品。我們消耗的比從前多上許多，一切卻似乎沒什麼改變。

可以忍受過去的消費方式、甚至覺得那樣更好的人，因而深受厄瓜多吸引。我在此地遇到芬奇（Bruce Finch），他從前住在德州奧斯汀，現在則住在厄瓜多的科塔卡奇，這是一個位於火山腳下安靜而繁忙的小鎮，距離基多約兩小時車程。芬奇一頭銀髮、下巴方正、頭戴一頂巴拿馬草帽、穿著T恤和短褲，一副典型老美的打扮。讓他搬來厄瓜多的原因，與其說是當地的吸引力，還不如說是美國的排斥力。芬奇告訴我，他離開的部分原因是「政治正確及伴隨而來的所有廢話」，但更讓他惱火的是美國人的生活方式。美國是他的祖國，然而他卻覺得極其陌生，反而在厄瓜多找到了原本的生活樣態。

「這裡讓我回到從前。我在德州南部一個小社區裡長大，鄰里間彼此認識，知道街角雜貨店老闆的名字。那種感覺非常美好，跟現在這裡的生活方式一樣。在奧斯汀的生活卻完全相反，你不認識任何人，而且必須駕駛那輛該死的車才能去雜貨店買菜。在這裡，一切生活所需都用步行解決，我因此瘦了十三多公斤！我會瘦下來不是因為努力減肥，只是因為我過著一種不同的生活。」

芬奇在科塔卡奇市中心的一間公寓裡定居，沒有再回美國的打算。

「這裡的人基本上都是快樂的人，」他說，「沒有美國人擁有的那一大堆東西。然而美國人就是喜歡追求物品，是物質主義者。這裡的人可完全不一樣，他們當然也喜歡物品，但擁有與否並不會影響他們靈魂的安足。」

消費額成長了，那幸福感呢？

「人們經常在無知的情況下說，墨西哥人是滿足的、快樂的。『他們什麼都不想要。』這句話描述的顯然不是墨西哥人的幸福，而是說話者的不幸。」

八十年前，史坦貝克（John Steinbeck。譯註。一九六二年諾貝爾文學獎得主，作品多描寫大蕭條時期的平民階級及移工生活）在墨西哥加利福尼亞灣漫長的開闊水道上航行。根據他的文字紀錄，他遇到一些當地人，而他們似乎認為能獲得一艘獨木舟、一把魚叉、一條褲子、一件襯衫和一頂帽子，就代表自己萬事俱備。史坦貝克不敢相信自己的觀察：這些人真的幸福嗎？

長期以來，許多崇尚物質主義的狂躁西方人會前往較貧窮的國家旅遊，並讚嘆當地人簡單、幸福的生活，但渡假回家後，真正放棄物質主義的人少之又少。今天，我們有全球性的調查報告，可以更客觀地討論這個問題。當我造訪厄瓜多時，它在「自我幸福度調查」上排名全球第五十位，這個名次低於大多數富裕國家，但高於科威特、韓國、日本和俄羅斯等國。

厄瓜多和許多其他發展中國家的亮點在於，人們在永續消費水準上創造幸福。快樂星球指數（Happy Planet Index）由英國新經濟學基金會（New Economics Foundation）所編制，綜合世界各國自我幸福度評比、預期壽命、貧富不均和生態足跡等評分項目。按照這些標準來計算，厄瓜多是全球排名前十的國家，而大多數高度發展的國家甚至未進入前二十名，在評測的一百四十國中，美國屈居第一百零八位，加拿大則蹲在第八十五位。事實上，世界上最富裕的國家有個共同的效率問題：人們揮霍式地消費，卻無法將大部分的消費轉化為快樂。美國的消費額在過去十五年裡成長了二五％，這份成長是否帶來了二五％的幸福感？或者說，它是否真能帶來任何一丁點幸福？

二〇一〇年代，厄瓜多有位任期約五年的「幸福部長」埃勒斯（Freddy Ehlers）——至少國際媒體這麼稱呼他，也有人稱他為「美好生活部長」或「幸福國務卿」。每次在電視上出現時，他幾乎都戴著一頂標誌性的巴拿馬帽（雖名為巴拿馬帽，但每個厄瓜多人都會糾正你：巴拿馬帽實際上是在厄瓜多發明的）。埃勒斯認為「美好生活」並不意味著「生活得更好」，對他來說，所謂的「更好」是非常西方文化的一個概念。

「如果你使用『更好』這個詞，表示必須與某些東西進行比較。」埃勒斯坐在會議室裡對我說。他的部會辦公室位於廢棄的機場，整體景象有些令人毛骨悚然。「那你拿什麼比？我想活得比我爺爺好、我想活得比我爸爸好、我想過得比我哥哥好、比我的鄰居更好——人們尤其喜歡與鄰居比較。我想活得比二十年前、十年前、五年前更好。**我們不建議大家生活得『更好』，因為這個『更好』正在摧毀地球；我們提議大家『好好生活』**。」

埃勒斯是個爭議性人物。他簽署文件時不是簽上自己的名字，而是畫上一棵微笑的樹；他會說服訪客（包括厄瓜多軍隊上校），在午餐時間與他一起禪修。「貧窮不是誰擁有得少，誰擁有得多。貧窮是越來越想要，而且永遠不會滿足於你所擁有的東西。」埃勒斯說。這個點子很難讓人買單，因為他們國家有很多人買不起生活必需品，但每天都在電視上看到富人的生活方式。新政府上任的第一天，埃勒斯就遭到解僱。厄瓜多的人民並不認為他們有「好好生活」。

不過計程車司機帕茲是個例外。「我認為我們確實有『好好生活』。」她說。

帕茲還小的時候，她的家人住在基多的一個汽車保養廠裡，並負責看守工廠。這裡顯然不是孩子最安全的遊樂場。九歲那年，帕茲爬上一輛廢棄巴士後座，然後就跟所有孩子一樣：她摔了下來，因骨盆骨折臥床六個月。她的父母利用這段時間在卡拉普哥蓋了一幢房子，當時那裡還是個鄉下地方。帕茲一家的新房子裡沒水也沒電，但她說，那是一個非常安靜的好地方。

「人們過去常說，誰會來卡拉普哥住？這種鳥不拉屎的地方誰會來住？但你看！」她指著社區入口，那裡現在隨時隨地都有人等著要搭乘巴士和計程車開上泛美公路（Pan-American Highway。譯註。貫穿整個美洲大陸的公路系統，北起阿拉斯加，南至智利火地島），或在十元雜貨小店裡閒逛。「我們在卡拉普哥一無所缺。」

雖然這麼說，但帕茲和丈夫亨利還是在附近的囊底路（譯註：道路盡頭為圓環狀，專供車輛迴轉，常見於美國住宅區）上購買了一處空地，計畫在那裡建造一個新家。「我想我們不會蓋太大的房子，」帕茲說，「因為孩子們會長大離開，他們的空房間會讓家顯得太大。」儘管規模不大，這幢未來的新家仍將是卡拉普哥為數不多的獨幢房屋之一。帕茲和家人們正在成為高於平均消費水準的厄瓜多人，因此在世界停止購物的那天到來時，他們也不得不減少一點消費。

當世界停止購物的那天，會有近八十億個不同的故事跨越整個地球上演。在世界上較貧窮的地區，大多數家庭幾乎不會改變日常習慣，少數小康公民則急遽減少消費；在富裕的世界，情況則正好相反，只有少數人不會注意到差異，大多數人則身陷變革的洪流。

這將是一個巨大的衝擊，大到幾乎可以扭曲時空。

03

時光倒流

It's not that time turns weird, it's a different kind of time

「花園城邦廣場」的停車場可以容納一萬一千輛汽車。在這個巨大的購物中心裡，你可以買到任何想要的東西，從麥當勞的超值套餐到豪華的特斯拉，不一而足。在停止購物的這一天，這裡的停車場幾乎淨空，遠遠望去只剩下一片圍繞著商場的石墨色瀝青空地。孩子們在大門緊閉的梅西百貨前打街頭曲棍球，藍松鴉在廣場中鳴叫，一旁六線道的高速公路上，久久才會有輛金龜車駛過。世界寂靜、安寧，有種末日的氣息，與新冠疫情期間的封城場景類似。購物中心竟然關門大吉？這世界一定發生了什麼嚴重的事情。

「這種景象在美國曾經司空見慣。」《安息日世界》（*The Sabbath World*）作者舒萊維茨（Judith Shulevitz）告訴我。花園城邦廣場位於紐澤西博根郡，這裡是至今仍然禁止商店在星期日營業的最後一個美國行政區。

先前提過，人們幾乎不曾主動選擇停止購物，但博根郡每周都停止購物一次。順道一提，這裡不是某些遺世孤立且維持十七世紀生活方式的宗教飛地（enclave。譯註。某個地理區內，有一塊隸屬他人的領土。梵蒂岡、過去的西柏林、直布羅陀等都是）。事實恰恰相反：博根郡隔著哈德遜河與紐約市相望，從時代廣場坐車半小時就可以抵達。為什麼這裡持續著星期日關閉商店的法律？

「帕拉姆斯鎮。」康蒂羅（Paul Contillo）說：「這就是我能給你的答案：帕拉姆斯鎮，以及這裡發生的種種事情。」

帕拉姆斯鎮是博根郡的經濟中心，而康蒂羅是博根郡的傳奇人物。現年九十多歲的他滿頭白髮、一雙藍眼睛，身上帶著貴族氣質，可說是電影中的羅馬元老翻版，他也確實曾經擔任該地區大部分的政治職位。一九五五年，當他剛從布魯克林搬到博根郡時，帕拉姆斯只是一個農村小鎮。「我們的後院裡有鹿、有狐狸。」人們在博根郡中心地帶（如附近的哈肯薩克）購物。今日帕拉姆斯鎮上則充滿了林蔭街道、白色殖民時期的房屋，以及龐大的購物廣場、暢貨中心和大型商店。

從一九五〇年代開始，帕拉姆斯附近的高速公路沿線上，吸引紐約購物者的折扣商店像毒蕈般一顆顆冒出，博根郡也成為首批以購物中心為特色的新市鎮規劃區之一。

因為害怕日後必須每周工作七天才能與大型商場競爭，當地商店因此與教會團體、擔心交通擁塞的居民，組成一個遊說團體，搶在第一家購物商場開張前通過「藍色法律」，限制當地商店在星期日營業（根據歷史學家的說法，之所以稱為「藍色法律」，其傳統可能源於早期清教徒移民者用來印刷安息日教規的紙張顏色，或來自清教徒那個時代的慣用俚語）。

到一九五七年底，帕拉姆斯擁有全美最大的購物中心，這確實大大影響了當地的小型零售商。三年內，哈肯薩克大街上一〇％的企業倒閉，因此紐澤西州議會決定讓該州的每個郡縣舉行「藍色法律」

公投，決定是否禁止在星期日銷售服裝、家具、電器和建築材料。該州一半以上的郡縣選擇通過，其中包括博根郡（這裡幾乎禁止所有商店在周日營業），美國由此開始逐漸成為當時地球上最遵守安息日規則的國家。一九六〇年代，除阿拉斯加外，每個州都有某種形式的星期日關門規則。現在很難想像當時這麼做的激進之處，這對現代人來說很過時，但如果明天就開始實施，人們的購物時間將立即減少一五％。

時至今日，只有博根郡保留一整套「藍色法律」。但這不是為了反對消費文化的興起，而是單純順其自然的習慣。

每個星期中有六天，博根郡（尤其是帕拉姆斯鎮）是個超現代的商品集市，特賣、飾品、潮流、時尚，各種吸引眼球的新商品和新科技爭奇鬥豔。在富麗堂皇的購物中心裡，地板閃閃發光，你踩過的靴子印很快就會被清潔工擦抹乾淨。但每周裡有一天，這些事物會停止運轉。康蒂羅說，在黨派、宗教和文化方面，星期日禁止營業的措施很受歡迎，大家當天早上會待在自己家中放鬆。「這是家庭日。」他說。人們可以聚在一起吃飯、聊天、喝酒、運動，或者一起去澤西海岸走走。「或者什麼都不做。」

這是種反消費主義的行為嗎？

「我們有種不同的說法，」康蒂羅回答，「我們稱其為『生活品質』。」

曾經，我們的生活不是只有工作和消費

當人們停止購物時，會改做什麼呢？基本上，在新冠病毒疫情迸發，使消費主義陷入停滯之前，我們已經忘記自己還有別的事情可做。一整個世代以來，我們持續生活在隨時可以購物的經濟環境中，全年營業的商店和餐館也越來越多。即使你住在充滿異國情調、還未被消費文化滲透的地方（如不丹或南極洲）你還是可以在手機上看電影，或者花兩千三百美元上網購買一個可用程式操作的智慧型蓮蓬頭。就像游泳時身旁的水流，隨時隨地買東西的能力自然到我們很快就忘了其他生活方式。

但這種生活方式既新穎又獨特。三十年前，在全球最富裕的國家中，星期日不營業是很普遍的現象。很多人都曾在空蕩蕩的購物中心停車場裡學開車，或在商店關閉的市中心閒晃。**在世界停止購物的那一天，重新喚醒了一種懷舊（甚至可說是古老）的時間建構方式，原來生活不是只有工作和消費**。這個變化將為個人生活的轉變闢開一條新道。

即使是最古老的人類文明，也享受經濟生活中的休息日。但是每周劃出一天實際工作的休息時間好騰出空間給精神工作，這個想法則始於猶太人安息日。以色列人詩人比亞利克（Chaim Nachman Bialik）稱之為「希伯來精神最輝煌的創造」。在這個文化傳統中，安息日是停止創造的日子、一個應該停下來「感覺變化」的日子，是早期對商業生活無時無刻忙碌不休的抵制行動，也就是與我們所理解的時代相抗衡。

猶太人的安息日主要在星期六，但全球大部分地區的安息日是星期日。這個傳統始於一千七百年

前，當時的羅馬皇帝君士坦丁是名基督徒，因此下令禁止在星期日進行公務和製造，自此之後，星期日就擁有了多采多姿的樣貌，成為音樂與盛宴和飲酒的日子、道德純潔的日子（騎馬狂飆之類的行為可能會被逮捕甚至處以鞭刑），也成為在電視上觀看體育賽事的日子。然而無論每個時代的習慣為何，星期日總是停止工作和購物的日子。

在一九四〇年代後期，一個名為「群眾觀察」（Mass Observation）的社會研究組織著手調查英國人在安息日的作息。這項研究有其時代意義，因為倫敦的酒吧、公共交通、博物館、電影院、游泳池等娛樂設施已經開始在星期日營業，不過餐廳和咖啡店等多數地方仍然關閉，並且禁止有組織的體育活動。在倫敦以外，星期日幾乎完全沒有活動；在蘇格蘭，即使是公園裡的兒童鞦韆也無法使用。這一景象七十年來未曾再見，卻在疫情封城期間重現，體育場被黃色的「警告」膠帶環繞封閉。

幾十年來，基督教一直沒有主導英國的安息日。「群眾觀察」的街訪顯示，會在星期日上教堂的人，每二十人中只有三人（比去酒吧的人還少，甚至不到待在花園的人的一半）。這個現象與疫情封城的另一個相似之處是，大多數人根本沒有離開家。如果可以這樣說的話，星期日的主要「活動」不是追求快樂，而是追求漫無目的。

大家在星期日探親訪友、賴床或午睡、玩撲克牌、喝茶、做點零碎的小事情、寫信，或者從星期六晚上的宿醉中恢復過來；一些人會與朋友一起去探訪老人或殘疾人士；若是遇上好天氣（這在氣候變遷前的英國可不常見），人們會成群結隊地出遊至公園、海灘和鄉村。尤其是年輕人，還可以騎上一整天的腳踏車，從倫敦到濱海紹森德往返一百四十公里。以今天的健身標準來看，這似乎是不可能的任務。當時人們善於自娛自樂：倫敦的哈默史密斯區在二戰期間被德國炸彈炸毀幾座房屋，俱樂部的青年車手們就地建造一條自行車賽道，戴著頭盔、穿上膠靴和所謂的「假皮護甲」，在賽道上激烈地爭奪榮耀。

「群眾觀察」引用一位十五歲青少年的話，總結當時英國整體對星期日的態度：「沒發生什麼特別的事情，但我不會覺得無聊。」社會上有三分之二的人喜歡星期日的這種生活方式，而且絕大多數都不對這一天抱有負面感受。在這份調查出爐的幾年前，兩位被關押在新加坡樟宜戰俘營的英國士兵，譜寫了一首關於倫敦星期日的思鄉歌曲，列出各種無法進行的娛樂活動，以及所有不能做的事情。歌詞寫道：「這可能聽起來有些荒謬，但我們喜歡這樣的時光。」

星期日不僅僅是將生活音量調低而已。這天是不同的日子，是我們沉思改變的日子。正如「群眾觀察」所說，星期日是場「報紙閱讀狂歡日」，十分之九的人在這天至少閱讀一份報紙，超過四分之一的人閱讀三份甚至更多。他們的閱讀方式也與平日不同。在繁忙的工作周間，人們主要關注每日新聞，但在星期日則讀得更加深入（人們會閱讀比較長的文章，讓自己的星期天有點事情可談），但也讀得更加膚淺（內容多半是娛樂新聞、八卦和醜聞）。星期日也是廣播節目的熱門時段。

人們會在星期日吃些不同的食物，準備更盛大、更精緻的飯菜。因此家庭主婦往往對這天抱有矛盾心理，因為這些盛宴增加了她們的工作量；人們在星期日的穿著也不一樣，無論是否上教堂，都穿上「最好的周日服裝」；這天甚至連喝酒的方式都有所不同，在酒吧裡喝啤酒的速度比平常要慢得多。這得出一個結論：**星期日的人們是不同的**。在英國某個鋼鐵小鎮上，一名警察在一周內的變化，恰巧能充分說明：

「一位五十多歲的警官，每天中午都會來到酒吧喝兩、三杯苦啤酒——沒人請他喝酒，他也不請別人。但在星期日中午，他會一連喝上九杯——有人請他，然後輪到他時也請上一圈。這樣的景象每周日固定上演。」

非商業時間的經濟影響力

「群眾觀察」報告中提到，有些人非常擅長運用這種特別的時間。然而新冠疫情封城期間，我們才意識到，當生活不再充斥著通勤、工作、購物、旅行、上餐廳吃飯和其他吸引注意力的事物時，許多人的心中會油然升起一種接近恐懼的感覺。媒體立刻大張旗鼓地宣傳種種自我提升的辦法，鼓吹人們用更平坦的肚子、井然有序的衣櫥、學會自製荷蘭醬的證書以及流利的外語，來擺脫封城期間社交上的孤立。如果回歸到安息日最初的概念，也就是不進行任何活動（當時就算想烤一條酸種麵包都是違規的），那麼疫情封城最初幾周的黃金標準就是——什麼都不做。很多人曾經渴望得到這樣的時間，但機會真的落在手中時卻又無法確實把握。

有時人們會用「時間飢荒」（time famine）形容二十一世紀這種永無止盡的忙碌感。這種感覺的核心其實是個矛盾的現象。嚴格來說，這幾十年來，每個家庭投入工作和家務的平均時數幾乎沒有變化，但問題在於，現代人努力填滿自己的每個空閒時刻。如果過去英國人們會在安息日外出閒逛，是因為他們沒有其他事情可做。今天我們可以去喝杯咖啡、上餐廳跟朋友聚餐、去水上公園玩、在大街小巷的精品店購物、參加跳傘課程，或走進當地劇院看上一齣《推銷員之死》（*Death of a Salesman*）。另外還有一些比較老派的消遣，如針線活、園藝、遛狗和出門社交。現在，我們的空閒時間幾乎都給了智慧型手機。但如果運用得當，智慧型手機與洗衣機一樣，可以成為替我們節省時間的設備。在科技的幫助下，我們擁有前所未見的能力，得以快速組織生活，但不是讓我們在更短的時間內完成相同數量的事情，而是在同樣的時間裡完成更多事情。正如人類學家卡普蘭（David Kaplan）在千禧年來臨之際曾提到：「**在這樣的社會中，『成為消費者』本身就是一種工作**。」

無論是出於個人的職涯野心，還是雇主的強制要求，或是因為低薪工作帶來的經濟壓力，許多人確實缺乏閒暇時間。沒有待辦事項、徐緩從容且真正空閒的時光，才是我們真正需要卻難以企及的。這些空白時光會讓時間膨脹，使生活似乎有種悠遊的餘裕，而非緊張且充滿壓力。由於新冠疫情，數百萬人開始第一次在自家度過數周，因此讓我們與時間關係有了變化。一時之間，所有人都在談論時間變得多麼難以捉摸。有時它像風中的葉片轉瞬飄去，有時卻像裂開的傷口漫長難忍。其實問題不僅在於熟悉的模式和時間表被打亂，真正讓人手足無措的是，我們正在處理一種完全不同的時間：非商業時間。

美國最高法院反覆辯論與挑戰有關星期日營業一事。其中，一九六一年出現最重要的法律決定。馬里蘭州一家百貨公司員工因爲在星期日販售一個資料夾、一罐地板蠟、一把訂書機與訂書針及一架玩具潛艇而遭罰款。被告辯稱，星期日禁止營業的法律將基督教的教義強加於人民，造成他們的經濟損失。然而法院不同意這種說法，首席大法官沃倫（Earl Warren）在其判決書中寫道，禁止星期日營業不是要保護宗教安息日，而是維持一種已融入世俗的多元文化社會特殊氛圍。

「國家力求將某一天與其他日子區分開來，以作為休息、舒緩、娛樂和安寧的一天——一個家庭和社區成員都有機會一起度過並享受的日子、一個相對安靜且與日常喧擾的商業活動脫節的日子、一個可以拜訪工作日無法見面的朋友和親戚的日子。」法院如此宣布。美國決定將這個特殊的日子訂在星期日。法院維持星期日的營業禁令，是為了保障所有人都享有這種自由。

一九四九年在英國接受「群眾觀察」調查的人們，對當時安息日的理解與美國法院宣告大致相同。當年甚至有場流行運動提倡「驚世駭俗」的休假方式，讓不同的人休不同的假（也就是我們今天的制度）。還有人呼籲「點亮星期日」，讓人們有更多機會享受畫廊、電影院、體育館、咖啡館、餐廳甚至購物的樂趣。然而這卻立即彰顯出此提案的困境，「群眾觀察」的報告這麼寫道：「如果滿足了人們對『更美好』星期日的要求，是否會發展為一半的人工作來娛樂另一半的人？我們要的是什麼？」

人們的非商業時間自此受到嚴重威脅：用作家勞倫斯（D.H. Lawrence）的話來說，我們失去了「舊式生活的二元性」。川特曼（Frank Trentmann）在著作《爆買帝國》（*Empire of Things*）中描述，一個多世紀以來，世界上最富裕經濟體中的人民默默同意了一項「巧妙的契約」：每周有六天被不斷加速的商業文化所支配，但有一天要完全拒絕這種文化。今天，難以想像星期日不能租輛腳踏車、買杯拿鐵咖啡，或是不能在居家修繕材料行花上三個小時，決定要為自己的豪華衣帽間塗上什麼顏色的油漆：亞麻白好嗎？還是法式馬卡龍色？一九八〇年代，帕拉姆斯曾試圖禁止在星期日運行電腦，這在今天聽起來簡直荒唐。但核心問題不是宗教虔誠，讓人芒刺在背的事實是：**每一項新的商業活動，都迫使非商業時間（也就是幾乎沒有人工作或消費的時間）消失**。

「群眾觀察」的受訪者也預料到人類最持久的現代流行病——孤獨。

當時人們的星期日通常與其他人一起度過。在一九四九年的英國，一年有五十二個星期日及其他節日，每個認識或不認識的人，這些時間除了看一大堆報紙之外沒有其他活動。一位六十六歲的道路清潔工實際上並不喜歡星期日，他認為這天很無聊，但仍然強烈反對錯開休息日。「這會比星期日更糟，」他說，「會讓我們與所有人都失去聯繫。」

錯開每個人的休假時間並「點亮」星期日，直接永無止境地延長了商業時間。當然，人們在自己的休假時間裡，依然多多少少會睡午覺、散步或玩撲克牌，但關鍵在於，這些活動都依照個人的時間表進行（而非群體）。商店多半在感恩節、聖誕節、平日晚上歇業，紐約曾經風行「三杯馬丁尼午餐」（Three-martini lunch。譯註。紐約一九六〇年代在商業人士之間盛行的午餐形式，當時工作日步調緩慢，讓人們可以在午餐時享受酒精飲料），倫敦人也曾習慣在工作日下午喝上一品脫的啤酒。但這些抵制持續不斷生產和消費的行為，都在歷史中逐漸消失。在以色列，現在的安息日是一周中最繁忙的購物日；西班牙政客們已經廢除星期日禁止營業的法律，也取消該國暫停工作和商業活動的每日午休習慣（譯註：西班牙、義大利等國商店，傳統上會在下午兩點至四點之間關門休息，有些店家至今仍遵守這項傳統）；歷史上曾執行安息日的地方如英國、德國和法國，現在放寬主要城市的星期日購物限制，禁止營業的條款幾乎不復存在。幾年前，當德國最高法院決定維持「藍色法律」時，各種政治傾向的媒體都為之鼓掌。一家報紙社論寫道：「星期日之所以為星期日，就是因為這天與其他日子不同，這是讓社會同步的一天。」然而法院的裁決也僅限制商店連續三周以上在星期日營業。

事實上，早就出現徹底打擊星期日禁止營業的行為。一九九四年八月十一日，費城一名男子在新罕布夏爾州納舒厄的網路購物中心，訂購一張史汀的音樂專輯《十個故事》（*Ten Summoner's Tales*）——這是世界上第一宗已知的網路商店零售交易，《紐約時報》以「購物者請注意：網路不歇業」為標題，報導此歷史性事件。

博根郡的「藍色法律」也經常遭受攻擊，最近的一位對手是在「寶寶反斗城」（Babies "R" Us）中決定揭竿而起的霍恩（Mitch Horn）：連續三個星期日，他都必須從博根郡的住家開四十五分鐘的車，到鄰近的哈德森郡購買家中所需的育兒用品。事實上，他家不到五分鐘的距離內就有一家「寶寶反斗城」，但他只能在周一到周六進去購物，而在美國其他任何郡縣中，他都可以在星期日合法地買到育兒用品。

「這完全是自由的問題，」霍恩告訴我，「人們應該有權在自己選擇的任何一天、任何時間出售和購買商品。」

而他也的確發現藍色法律開始備受挑戰。某個星期日，他在星巴克喝咖啡時（咖啡店可以營業），突然看見一名員工從貨架上取下一件物品。

他問那位員工：「那是法式濾壓壺嗎？有人真的要在今天買這個東西？」

「是的。」對方回答。

「那是烹飪用品，」霍恩滿意地告訴我，「照理講是被禁止的交易。」

像霍恩這種試圖抹去最後一絲寧靜的行為，很容易激起敵意。正如生物學家所說，博根郡的安息日就像是瀕臨滅絕物種的最後遺孤。然而霍恩只是想要世界上大多數人已經擁有的東西，他會這樣做與其他地方推翻安息日的理由相同：商業時間的快速進展，讓人們難以忍受非商業時間。隨著雙薪家庭成為常態、日常工時漸漸延長到夜間，以及出現其他非標準工作時間，星期日無法購物會讓生活極不方便。當「消費」成為「公民生活」的同義詞，「娛樂性購物」便隨即出現。在購物中心度過一天，就像在教堂或棒球場待上一天，都成了某種形式的家庭出遊。

在「群眾觀察」受訪者對安息日的評論中，有兩點值得注意：

首先，似乎沒有人（或者至少沒有足夠的人）抱怨星期日關門帶來的不便。儘管當時的人也常描述自己的生活「瘋狂匆忙」，但好像每個人都認為七天中有六天能購物就夠了；其次，似乎沒有人關心星期日禁止營業會對企業銷售數據或英國經濟產生什麼影響。**此後的大量研究也未能證明，星期日禁止營業會產生任何明顯的經濟影響**。

博根郡是紐澤西州最富有的郡之一，也在美國零售業下單量排名前十。或許英國公民透過經驗理解到這一點，也可能是每周走出商業時間一次，提供了必要的距離，讓他們意識到「**經濟潛能最大化」，並非生活唯一且不可或缺的意義**。

停止購物，重塑世界的時間

在新冠疫情迸發前，認為安息日早已過時且不再通行是很合理的。但我們不禁好奇：過去的人們每周有漫長的一整天，可以在自己的頭腦中打轉，他們的生活會因此比我們更加豐富嗎？我們現在是否缺少對自己和自身行為的反思？我們是不是成為不體貼且毫無價值的人？這些問題難以回答，因為那種「星期日的感覺」似乎已然一去不復返。即使大家重新對非商業時間有了興趣，卻無止盡地追求目標和抱負，導致心神渙散而無法獨處，或無法窩在壁爐邊與人長談生活的意義。

「我們好像再也回不去了，至少我很難想像。」早在疫情之前，我第一次與作家舒萊維茨見面時她就告訴我，「這是安息日即將在世上消失前，我非常絕望的一次呼籲。」

雖然安息日從來都不容易遵守，但我們也發現它很難真正消失。早在新冠疫情之前，人們就開始抵制舒萊維茨所觀察到的「忙碌的價值化」（valorization of busyness），但只在自己的生活和家庭中（而不是在整個社會層面上）進行改變，**而諷刺的是，多數人還是以消費抵制商業社會**：水療、冥想靜修、到渡假村放鬆一下、整理房間好丟棄不要的物品，當然還有毒品、酒精等。

歷史學家施大衛（David Shi）的著作《簡單生活》（*The Simple Life*）追溯美國建國至今對物質主義生活方式的種種抵制，並將「忙碌」列為消費文化的核心問題。他認為：「金錢、財產或活動本身與簡單生活並不相違背，但對金錢的熱愛、對財產的渴望，以及活動造成的忙碌，則會破壞這份簡單。」

隨著疫情隔離期從幾天延長為幾周，許多人離開了忙碌的監獄，不再需要追求成就、不再需要任務一個接一個做，就像過去享受安息日的人們一樣，許多人不僅學會活得更簡單，還知道該怎麼做得更少。直到這個時候，「時間」才開始變得寬闊、緩慢，不再是一個需要填補的無盡空洞，而當我們達到這個狀態，奇蹟隨之發生：生命本身開始變得更源遠流長。

封城一個月後，我盡己所能在自己的人際網絡中廣泛調查，訪問親密的朋友與近乎陌生的人，發現人們漸漸疲於追求生產力，反而開始更留意時間本身。一位受訪者用最簡單的言詞描述這種變化：「我比過去注意到更多事情。」另一位則說：「我們有機會以此生可能不會再經歷的方式，真正留意並享受春天。」許多評論似乎與七十年前「群眾觀察」所描述的失落世界相呼應。一位女士寫道：「看看現在人們如何重新得以與他人深入探討某些話題。這很有趣，讓我想起漫長的跨國火車旅程，以及期間與人互動的深度。」一些人則完全自發地將封城描述為一種安息日。

新冠疫情蔓延以來，看到像博根郡星期日停車場般幾乎空無一人的高速公路和購物中心時，很難不聯想到災難與末日。不過這種景象也提醒人們，最初封城的舉動中即包含著解放。如果去博根郡過周末，首先會注意到的就是路況。這裡星期日的車輛就跟新冠疫情迸發期間一樣稀少，而這不僅僅是數量的問題而已。帕拉姆斯警方表示，星期日的交通情況與平日大不相同，人們開得更慢、更溫和，也更少為了抄捷徑到處亂鑽。

哲學家盧梭將空閒時間描述為「逃離作為成年人的時光」。期間，滑板愛好者練習翻板、父母在空曠的人行道上教導孩子如何騎自行車。新冠病毒同時也提醒我們看看生命的另一端，我們留給孤立而脆弱的年長者的時間有多麼少——在帕拉姆斯，養老院停車場星期日總是爆滿。

隨著解除封城，許多人鄭重表示要堅持這種更自由的時間配置方式。舒萊維茨在大流行期間逃離紐約，到計畫退休後要居住的卡茲奇小鎮上。她認為很少有人在疫情結束之後，依然能夠堅持這種生活方式，而她的預測是正確的。「我只是認為這種現象不可能單獨出現。疫情期間能夠如此，只是因為所有人同時這麼做。我們需要這種現象大量發生，才能產生質變。如果這不是個群體現象，那麼交通流量不會減少、無法在朋友家中找到他們，也無法與鄰居社交，因為他們正帶孩子去看足球比賽或購物。」

安息日就像一紙停火協議：除非每個人都參與，否則它實際上等於不存在。**所有人都需要停止工作，所有人都必須停止購物**。**當我們真正做到，就會出現一種能夠重塑世界的時間形式**。

而最即時的變化之一發生在地球的大氣層裡。在停止購物的瞬間，人類完成了幾十年來一直無法做到的事情：減少導致氣候變化的全球碳汙染。

04

逆轉暖化

Suddenly we're winning the fight against climate change

想像二氧化碳汙染像霧霾一樣肉眼可見，但不是灰濛濛的棕色，而是優質鋼筆墨水般的濃郁靛藍（這讓氣候變化的元兇，至少還能造成一些美麗的效果）。一輛汽車駛過，排氣管冉冉冒出微弱的藍色蒸汽，是人類造成全球暖化的主要貢獻方式；工廠煙囪噗噗排出藍色汙跡，就像來自上帝的指責；整個地球大氣層中，地中海般蔚藍的雲霧蒸騰翻覆，就像一場永不止息的風暴。

多數人周遭的空氣將會是迷人的寶藍色。我們往往說「大氣層」中的二氧化碳，讓它的存在變得很遙遠。事實上，二氧化碳在接近地面時密度最高，因為大部分溫室氣體的排放發生在地表，而後才會慢慢與更高層的大氣混合。搭乘商用客機飛上天際（後面當然跟著一條靛藍色的飛機雲），並達到海拔十公里高的巡航高度時，才能看到更加清澈的天藍色空氣。此處的大氣層似乎記錄了某種歷史的樣貌，因為它更接近人類尚未過度排放廢氣時，空氣應有的顏色。

若從太空中往下觀望地球，會看到令人著迷的靛藍色大氣：羽毛狀的藍煙從人類城市和工業中心升起，然後淡藍色的二氧化碳幾乎均勻分布全球；還會看到一抹抹藍色氣流淌過草原和海洋，傾瀉在山間小道，就像流水環繞著河川中央的巨石，在山脈後方漩流。

在北半球，二氧化碳的自然排放量和人類排放量都大於南半球：夏天時，森林和草原迸發新綠吸收二氧化碳，釋放讓我們得以呼吸的氧氣，藍色大氣因而變得較為淺淡明亮；然而隨著冬天臨近，深藍色的二氧化碳開始變得無處不在，不但來自人類都市，甚至還來自土地（植被停止吸收碳元素，並在草本植物枯萎、樹葉掉落且腐爛時釋放碳）。大氣層含碳量的年度高峰出現在冬季尾聲，屆時地球上半部將被氣流迴繞的厚重靛藍斗篷遮蓋。所幸春天到來時，這件斗篷會再度褪色。

我對這個過程的描述，一部分基於美國國家航空暨太空總署（National Aeronautics and Space Administration, NASA）對二氧化碳的數據研究，而NASA一位發言人將這個碳周期比喻為心跳，稱其為「地球的脈搏」。

然而人類的排放物使大氣中的二氧化碳不斷積累，對氣候造成了嚴重破壞。在看得見碳汙染的想像世界中，我們的消費和工業生產中心——西歐、東南亞、北美東岸，以及加州和日本等較小的城市和工業中心——從太空中看起來就像不停吐出藍煙的老菸槍。南半球則幾乎不會出現二氧化碳的濃煙，只有在旱季時，才會有巨大的藍色漩渦自非洲、南美和澳大利亞升起。然而這些排放量並非來自人類活動，而是野火（不過氣候變化的確加劇了野火的嚴重程度）。隨著每年越來越多二氧化碳被排放到大氣中，地球上的天空日復一日形成更深的靛藍。

但世界停止購物的那一秒鐘起，空氣的顏色會開始變淺。幾天之後，地表附近的藍霧會明顯淡化，北半球燃燒的藍色篝火也會散發出較少的濃煙。

此時在碳汙染層層積聚的深藍色天空下，一層更清澈、更淺亮的空氣會漸漸成形，就像一陣乾淨的海潮湧來，洗淨泥濘的河口。

與碳排放量相互依存的經濟成長

當然，我們無法看見二氧化碳，因為它是一種無色氣體。然而正如新冠疫情期間的觀察，碳排放量下降的效果是顯而易見的。

微粒汙染（Particle pollution）是城市中常見的一種棕黃色煙塵，它們從同樣排放溫室氣體的工廠、燃煤、燃氣發電廠，以及使用化石燃料的車輛汩汩噴湧而出。但是新冠病毒使全球消費經濟停滯不前時，這一層霧霾開始散去，蔚藍的天空突然出現在世界各城市的上空，讓習慣看到灰沉天際的大眾震驚不已（這可能是人類有史以來，對自己日常行為產生的全球性後果最有共識的一次）。我們往往認為不可見的碳排放，事實上正在褪色。

這些變化最初主要發生在世界上汙染最嚴重的地方，例如許多消費品生產地的印度、中國和巴基斯坦。甚至連二〇一九年被評比為空氣品質最差的印度加濟阿巴德，都在世界因新冠疫情紛紛封城的幾天後出現藍天。在非疫情期間，每年四月，汙染最嚴重的一百座城市中，有五十五座城市的空氣品質會因微粒汙染，處於「非常不健康」至「危險」等級。然而二〇二〇年四月底，只有三座城市的空氣品質依然如此糟糕（這三座城市——越南河內、中國廣州和成都——很早就受到第一波冠狀病毒的襲擊，並且已經重啟工業生產活動）。在測量汙染物羽狀氣流的衛星雲圖中，我們確實看到一顆燃燒星球的火焰正在漸漸消退。

今日的富裕國家擁有相對乾淨的空氣，一部分是因為早已將多數汙染產業轉移到其他地區，幾乎不生產任何商品。然而封城不久後，即使像溫哥華這樣以新鮮空氣聞名的城市，都出現「更藍」的天空（這就像以前只能涉足淺水，現在竟能一眼望進更深的水域）。疫情期間，倫敦和紐約曾幾度擁有世界上最乾淨的都市空氣；多倫多聞起來就像都市化前長滿橡樹和松樹的原野；洛杉磯則能在清晨聞到雨後清新的鼠尾草香氣。幾乎在這一瞬間，所有人都意識到，往日自己一直呼吸著比想像中更黑、更髒的空氣。可見的霧霾讓我們理解不可見的溫室氣體汙染，其效果可說是令人不寒而慄。

很多人認為這片藍天是因為人們都待在家裡，但更確切的原因是消費經濟的停止：工廠關閉、飛機停飛、海運量顯著減少，人們為了賺錢或花錢的日常通勤也取消了。此時，消費者的困境變得非常清晰：**我們的經濟由消費所驅動，但消費也同時驅動了碳排放**。這種依存關係如此緊密，以至於氣候科學家長期以來將兩數據的交相成長視為變化的指標——加速時尚周期，等於加速氣候變化；減少聖誕節的狂熱消費，就等於減少進入大氣的二氧化碳分子。即使如此，政治人物卻從未認真考慮以「減少消費」的方式，來應對氣候變化。

羅馬俱樂部（Club of Rome。譯註。研討國際政治問題的全球智庫）在一九七二年發表《成長的極限》（*Limits to Growth*），警告大眾在資源有限的星球上，追求無限成長的危險，並探討人類是否能夠魚與熊掌兼得，同時擁有不斷成長的消費經濟，和乾淨健康的自然環境。人類是否真的能一直生活在已然習慣或一心追求的舒適環境中（無所不在的空調、擁有三輛車的家庭、不斷汰舊換新的衣櫃、無窮無盡的新玩意、環球旅行渡假），而不會對環境造成損害？這份報導並不排除這種可能性：「正是因為人們克服了限制，才得以形成當今主導的文化傳統」。

這種占主導地位的世界觀從未改變。所有經濟活動──從服裝工廠到足球比賽，從牛隻牧場到大眾旅遊──某種程度上都可以與環境危害「脫鉤」，就像一節車廂可以從整列火車脫離一樣。這種思維現在是全球各地政府和企業的主流想法：他們認為科技終有一日可以解決氣候變化，無需大幅改變現今的生活方式。這是種被稱為「綠色成長」（green growth）的聖杯，一種不會破壞環境且能持續成長的經濟模式。

二〇一〇年代中期，汙染與經濟成長「脫鉤」的承諾似乎突然成為現實。二〇一四年，全球二氧化碳的年度排放量與前一年持平。我們排放到大氣的碳並沒有比較少，但也沒有比較多。同樣的情況也發生在二〇一五年和二〇一六年，因此「我們有理由保持樂觀」。由全球三十個主要經濟體所組成的國際能源署（International Energy Agency。譯註。一九七四年爲應對能源危機而成立，致力於預防石油供給的異動），其數據處理團隊負責人科齊（Laura Cozzi）這麼告訴我。

但我們同時也有理由保持悲觀。因為即使數據持平，碳排放量仍然高得超乎常理，雖然二〇一四年的碳排放量首次出現停滯，但當時正處於史上碳排放的最高點。

把大氣層想像成一個浴缸，並在裡面放入一堆乒乓球，代表在大氣中積累的二氧化碳：當我們談到「趨勢」時，指的是每年增加的乒乓球「數量」。舉例來說，二〇一三年創下新增十顆乒乓球的最高紀錄，二〇一四年則再次增加了十顆乒乓球（好吧，至少不是增加十一顆或十二顆），二〇一五年增加了十顆，二〇一六年也一樣增加了十顆。我們增加乒乓球的速度看似平穩，但浴缸中的乒乓球總量（也就是大氣中的二氧化碳總量）卻持續增加。

不過這其中也有好消息：在拉平碳汙染曲線的同時，世界人口增加了一・七億，全球經濟成長了一〇％。經濟成長和二氧化碳排放總算能「脫鉤」，各自發展出不同的路徑，年度碳排放量可以維穩，而經濟則繼續成長。

排放量放緩有幾個原因：首先，世界上最富有的國家及中國正在大幅降低二氧化碳汙染。多年來，歐洲一直處於減碳行動的領先地位，但世界第二大碳汙染國美國也加入了戰鬥。儘管中國消費者的平均排放量約少於任何富裕國家的居民，但由於西方國家將生產外包，身為世界最大商品製造國的中國，也成為世界上最嚴重的碳汙染排放國。然而中國和西方一樣，決定減少煤炭燃燒，增加天然氣的使用，並且在再生能源和核能方面做出更大的努力。因此，所謂的「綠色成長」確實正在發生。

不過，二氧化碳汙染會趨於平穩，還有另一個鮮為人知的關鍵：全球整體經濟的成長正在趨緩，尤其是在中國、美國和歐洲。**減少碳排放的不僅是綠色科技**，「**消費減少**」**同時也貢獻良多**。曾是史丹佛大學的環境科學家傑克森（Rob Jackson），現在是「全球碳計畫」（Global Carbon Project）的負責人。這個組織由許多氣候科學家組成，主要任務是追蹤碳排放。傑克森表示：「事實上，我們處在脆弱的碳排放停滯狀態。如果全球經濟蓬勃發展，排放量就不會持平。」

傑克森在史丹佛大學的一位同事向他打賭一萬美元，認為碳汙染還沒達到高峰，排放量很快就會再次上升。傑克森並沒有下注，但他確實曾表示未來的年度總碳排放量，極可能會一直控制在二％之內。

次年（即二〇一七年），根據「全球碳計畫」的計算，全球碳排放總量增加了二％。二〇一八年隨著全球經濟飆升，碳排放量更成長了近三％，煤炭用量再次小幅上升，石油和天然氣的用量則有增無減。儘管我們見證了某種程度的「脫鉤」，但更準確地說，經濟成長和碳排放仍然緊密相連，只是比過去稍微不那麼密切罷了。

減少消費，降低能源需求

想像世界停止購物的那一天，全球都減少碳排放。這是以前從未達成的。

自第二次世界大戰以來，全球二氧化碳汙染僅下降四次：一九八〇年代中期、一九九〇年代初期、二〇〇九年和二〇二〇年。然而這些碳排放量的下降都不是脫鉤、綠色成長，或任何其他有規劃的地球保護行動所致，而是嚴重且廣泛的經濟衰退——**當世界停止購物時，排放量就會下降**。降幅最大時，是新冠疫情迸發期間，全球年排放量竟然減少了七％。不過疫情造成的碳排放減量，可能不是史上最持久的。

「碳排放最顯著的減量，是一九九〇年代蘇聯解體期間。當時全球經濟萎縮了很大一部分。」奧勒岡大學社會學家約克（Richard York）這樣表示，他專門研究社會結構如何影響人們的消費和汙染。

蘇聯於一九九一年解體，在隨後十年間，這個前共產主義帝國經歷了約克所稱的「去現代化」（demodernization）。前蘇聯集團的二氧化碳排放量，最終下降了近三分之一，甚至超過中國實施最嚴格新冠疫情封城措施的四個星期內所減少的二五％。蘇聯的經濟衰退非常劇烈，加上當時西方大部分地區也正經歷嚴重的衰退，整個地球的總碳排放量因此在兩年內下降，接下來十年僅緩慢成長。現在人們普遍忘記了這段歷史。事實上，當時西歐一些國家（如德國和荷蘭）已經努力減少碳排放，但沒有一個國家能像前蘇聯那樣成功地大幅減量。「這件事表明，在不改變經濟規模的情況下，很難大幅減少碳排放量。」約克說。

當然，碳排放減量背後的問題在於，前蘇聯或新冠疫情期間出現的經濟衰退，使數百萬人陷入生活困境。瓦羅（Laszlo Varro）在匈牙利布達佩斯長大，當時匈牙利還處於鐵幕之下，但因為距離莫斯科較遠，因此布達佩斯依然保有歐洲首都的景觀和氛圍。即使在共產主義的統治下，瓦羅在一九八〇年代也能像西方年輕人一樣，自由地觀賞電影《星際大戰》（*Star Wars*），並順便來瓶可口可樂。在物質方面，許多匈牙利人事實上在蘇聯時代過得比現在自由市場經濟時代要好。

然而當蘇聯解體時，五分之一的匈牙利人失去工作。在共產主義時代，能源是免費的。進入新的市場經濟模式後，一些家庭無力支付新出現的天然氣帳單，只能選擇燒柴取暖。即使匈牙利脫離共產經濟後的表現好於前蘇聯的許多地區，其消費量仍至少下降了二五％，遠比金融海嘯期間的美國還要糟糕。

「這是一次異常嚴重的社會和政治衝擊，」瓦羅說，「經濟解體不是政治性的氣候政策。絕對沒有人會故意這樣做。這種事情的確可能會發生，但你絕對不會想要生活在一個經濟解體的國度中。」

瓦羅如今是國際能源署的首席經濟學家，其工作的重要部分之一是：規劃整個世界如何開始減少年度碳排放量。瓦羅說，一切都以「綠色成長」為目標。國際能源署從不曾考慮「人們自願減少消費以防止氣候變化」的可能性。換句話說，即便一般都認為難以有計畫地縮小經濟體的總量和規模，也就是「去經濟成長」（degrowing the economy），他們還是覺得將不斷成長的經濟與氣候汙染脫鉤是個實際的想法。

「我不知道哪個國家可以用『刻意減少消費量』這樣的口號來贏得民主選舉。」瓦羅說，「我們認為人性並不會改變。」

二〇〇八年，國際能源署敲響了警鐘：如果國際社會未能採取積極措施，實現碳汙染與經濟成長的「脫鉤」，二〇一八年的能源需求將增加一五％，而由此產生的碳排放量，將對未來的地球氣候產生令人震驚的後果。

立足於二〇一八年，回顧十年前的那份報告，只能說它精準地令人毛骨悚然。國際能源署的預言成真。現在他們再度針對氣候危機發表最新建議，這次提出最可能實現的願景是：在保持全球經濟和人口成長的同時，未來二十年的能源需求增幅須維持在二五％以下。也就是說，能源效率必須大幅提高，才能讓世界上任何一個富裕國家不增加對能源的需求，因為所有能源需求成長都必須發生在發展中國家，才得以讓數百萬人合理地提高生活水準。

為了在這種情況下控制碳排放，需要以前所未見的速度增建天然氣、風能和太陽能發電，而且只有主要位於亞洲的發展中經濟體才能增加新的燃煤電廠；儘管石油總使用量預計仍將增加（主要用於生產石化產品、卡車運輸、貨輪運輸、航空旅行），但用於驅動全世界汽車的石油量，必須在五年內達到峰值後開始下降；塑膠的回收總量必須增加一倍，但這仍然不足以跟上人類對塑膠產品日益成長的需求。

國際能源署這個實事求是的建議需要全球一起協調努力。然而，我們最終仍無法解決氣候變化。儘管速度比以往要慢，二氧化碳排放量依舊持續上升。國際能源署也承認，科學知識與人們為氣候變化所採取的行動，實在是天差地遠。

二〇二〇年，國際能源署提供一個更能夠應對氣候變化的建議：二〇五〇年碳排放量應該降低至零或接近零。

為了實現這個目標，我們需要轉變：使用超高效率的能源及可再生能源，坐火車旅行而不要搭飛機。這讓生活中一切事物改變的速度與規模，可說是全球性的社會再造。二〇三〇年全球碳排放總量必須下降四五％——請記住，在所謂的「脫鉤」理論中，碳排放並沒有下降。人類社會對能源的需求一直在穩步攀升，但在這個建議中，它則需要下降到二〇〇六年的水準，當時世界經濟規模只有二〇三〇年預估值的一半；燃燒煤炭的速度也必須回到一九七〇年代的水準，但當時世界人口只有現在的一半。日常生活方面，到二〇二〇年代末期，所有航程一小時以下的航班都將停飛；少於三公里的旅程（對許多城市而言，這只不過是從城南到城北的距離），將以步行、自行車或低碳交通進行。

電動車的年銷量將需要飆升近二十倍，而且我們將不得不降低汽車行駛的速限（或許這是最難想像的）。如果我們能夠達到以上所有條件，甚至必須做得更多，才有可能實現目標，防止全球暖化帶來的危機。

二〇二〇年當然為我們帶來了一些「好」消息：新冠病毒大流行導致的全球經濟趨緩，減少了對能源的需求，並使碳排放量的成長速度低於疫情前的預期值。儘管如此，國際能源署依舊再度駁斥「減緩消費經濟，可能有助於應對氣候變化」的觀點。在全球政治領導人的腦袋中，迅速落實過去三十年來始終未能實現的優勢科技文化變革，比說服大眾少購買一些東西要來得可行。

正如瓦羅所說：「在過去的五千年裡，很少有歷史證據顯示人們願意這樣做。」

減少消費，爭取改變全球暖化的時間

我們很難預測在世界停止購物的那一天，汙染會減緩多少。在新冠疫情蔓延的第一年，幾乎所有消費者都受到經濟衰退的影響，二氧化碳排放量的縮減幅度甚至超過世界經濟走下坡的幅度。然而在金融海嘯最艱難的一年中，碳排放總量的下降幅度，則略低於經濟衰退的總量。雖然消費的起伏，往往與整體經濟密切相關，但偶爾也有一些例外。

假設兩者的下降幅度大致相同：消費減少二五％，碳排放也會下降二五％（此處請暫時擱置經濟衰退會導致的社會混亂，將重點放在氣候危機）。停止購物的那一天，碳排放總量的曲線不會持平，而是絕對下降。迄今我們在追求「綠色成長」上取得的最佳成果，是將碳排放保持在二〇一三年創紀錄的高峰，但停止購物後，全球碳排放量將迅速下降到二〇〇三年的水準。

不過，我們仍然會在浴缸中添加乒乓球。大多數氣候科學家都認為，穩定地球的溫度，需要將人類的二氧化碳排放量減少到零。但即使將全球消費量減少二五%，也只能實現四分之一的目標。儘管如此，這仍將是一項不朽的成就，讓我們可以多出幾年採取進一步的行動。氣候科學家曾相當殘酷地預測，若全球暖化使地球氣溫上升攝氏一．五度，將導致「自然和人類系統面臨巨大風險」。以人類目前的碳排放軌跡而言，二〇三〇年代初期將達到這個極限。

「減少消費，讓我們能有更多時間來進行改變。」全球碳計畫負責人傑克森表示。

令人沮喪的是，即使大幅減少消費也無法解決氣候變化的問題，這就是此挑戰的艱鉅之處。近幾十年來，人們逐漸理解依靠綠色科技和清潔能源（clean energy）來實現這一目標，是極具挑戰性的。然而，透過減緩消費或降低經濟成長，來實現每一個百分點的碳排放減量，也會縮小必須透過「經濟與排放脫鉤」來彌補的差距。這是新冠疫情帶來的另一個超現實里程碑。二〇二〇年四月，全球有四十億人口處於完全或部分封城的狀態，全球經濟規模因此顯著縮小，人類比以往都更接近使用再生能源為現代文明提供動力的經濟狀態。

當五年前碳排放量堪堪持平時，傑克森並不確定經濟成長及驅動它的消費行為，是否應該成為氣候變化議題的一部分。他說：「天哪，要打開一個這麼大的魔盒。我認為『去成長』的概念在政治上是不可能的，但這個概念並沒有錯。」當我於新冠疫情大流行前再次與他交談時，世界碳排放總量二度創下歷史新高，他的沮喪之情溢於言表，觀點也有所轉變。

「我認為，降低消費必須成為答案的一部分。」傑克森說。

05

夜幕再臨

We need to get used to the night again

一九六二年二月二十日，地球上大部分地區的夜晚一片漆黑。這天，太空人格倫（John Glenn）成為第一位進入近地軌道（譯註：大部分的衛星、國際太空站等都在離地約八十至兩千公里的高度運行）的美國人，從日光照亮的白日地球，穿越到另一側的夜幕地球，而他腳下的世界正在等待許多問題的答案：從太空能看到雷暴嗎？從兩百公里高往下看，城鎮燈光有多明顯？某些物理學家預測他什麼都看不見。格倫花了一點時間，在黑暗中的印度洋上飛馳而過，最後他說：「就在我的右手邊，我可以看到一團很大的光點，顯然座落在海岸上。我可以看到一個城鎮的輪廓。」

為了迎接這位太空人，澳洲西岸城市珀斯做足了準備——他們知道格倫會從頭頂經過，因此市議會投票決定讓路燈保持明亮（不久之前，許多城市夜間其實會關閉路燈）。珀斯的居民們也投入這場活動，打開自家門廊的小燈和汽車頭燈，或者將手電筒指向天空。當地的英國石油煉油廠甚至打開天然氣燃除器（譯註：精煉石油時燃燒除去天然氣，過程中會產生巨大的火焰與光亮）。「我見到一道非常明亮的光。」格倫如此描述。當廣闊的澳大利亞其他部分被黑暗籠罩時，珀斯卻閃閃發光。「我可以清楚見到燈光，可以幫我謝謝今夜開燈的大家嗎？」格倫對地勤人員這麼說。

如今時代不同了。二〇二〇年，極地冰冠以外的地球陸地面積上，將近四分之一被人造光源所照亮。NASA拍攝的圖輯「黑色大理石」（Black Marble）顯示，夜間時即使在北極、撒哈拉沙漠和亞馬遜雨林的中心地帶，光點也悄悄蔓延，而在美國東北、西歐、尼羅河谷、印度大部分地區和東亞，真正的黑暗則已經消失。珀斯現在更自稱為「光明之城」。

世界停止購物的那一刻起，這些光點會漸漸黯淡。

我們以購物點亮自己的世界

史托里加（Adam Storeygard）已經預見了這件事的發生。

這位美國麻州塔夫茨大學的經濟學家，使用世界照明來衡量經濟的變化。他的研究在數據來源有限的地區尤其有用。事實證明，就像碳排放一樣，照明與消費經濟密切相關。隨著能源效率和綠色科技的進步，照明量趨於增加而非減少。我們生活在一個一天比一天明亮的地球上。

除了少數例外，**一個國家的光照面積和整體亮度，都與其經濟規模相對應，反而與人口數的相關性要小得多**。舉例來說，孟加拉的人口密度比荷蘭高，但沒有照明的地區更多；加拿大和阿富汗的人口數量雖然相似，但加拿大要明亮得多。世界上的照明就如同人類創造的許多產品一樣，並非均勻分布。

事實上，照明是我們購買的一項東西——我們消耗光。一般來說，**更多的經濟活動等同於更多的照明**。原因很簡單：大多數商品和服務的生產和消費，都在室內或夜間進行，因此照明成為必需品。研究光害的科學家團隊，在二〇一七年的《科學進展》（*Science Advances*）期刊上發表：「人類大約花了〇．七％的ＧＤＰ來購買光源。」在地球上最明亮的國家——美國，這相當於每年花上一千四百億美元（或每人四百五十美元）來照明家庭、工廠、餐廳、購物中心、博物館、體育場、公園等場所。另一方面，非洲南部國家辛巴威的一般居民，每年只能享受大約十美元的照明。

當消費經濟衰退時，照明就會黯淡下來。這件事發生的速度非常快，史托里加和同事們利用衛星收集的數據，測量印尼在一九九七年陷入金融危機之前，社會經濟蓬勃發展時的亮度。一年之後，這個國家變暗了六％；辛巴威在二十一世紀初期的十年間，經濟崩潰了五〇％，光照也急遽變暗。

地表上減少光源是什麼意思呢？史托里加說：「人們會減少開車的時間，路上的汽車和卡車也越來越少。還有商店也會改變，對吧？有些商家只在晚上營業，例如餐廳或人們在戶外聚會的地方，這些地點會有照明和標示。如果他們沒生意，就不太可能開燈。」

這種影響在發展中國家最為顯著，但隨著消費量下降，富裕的地方也開始變得黯淡。二〇一二年，經歷長期的經濟蕭條之後，底特律市在夜間關閉一部分路燈以節省開支，但當時已經有近一半的路燈壞了。市郊的暢貨中心、汽車展場和連鎖餐廳不再發光，開始出現一個個黑暗的街區——想像一下鳳凰城周圍有數十家廢棄的購物中心。史托里加說：「美國城市的照明減少，是預期中會發生的事情。」

從太空中看到最明亮的單點燈光，往往是石油井和天然氣井（類似格倫在珀斯附近看到「非常明亮」的煉油廠火炬）。北達科他州的巴肯頁岩區有許多天然氣井，是美國最大的石油和天然氣礦床之一。此處的天然氣井非常密集，覆蓋的面積也非常大，以至於從近地軌道上遠望，夜間地面景觀看起來幾乎是一格一格像素化的光斑。即使在嚴重經濟衰退的金融海嘯之下，石油和天然氣公司也不願關閉油井，而是灌回泵上地面的原油，但這麼做會使油井的燃氣火炬變暗。

根據史托里加的預測，一個停止購物的世界可能會導致燃料使用量下降（用石化行業術語來說就是「需求破壞」），巴肯頁岩石油產量調降的影響很快就看得見。新冠疫情證明了他的猜想。大範圍封城一個月之後，巴肯頁岩和其他油田的像素光斑不僅轉暗，甚至一個個明顯地從夜景裡消失。

城鎮也可能這樣出現或消失。

一九九八年，從近地軌道上還無法探測到馬達加斯加伊拉卡卡鎮的小型卡車停靠站光線。但當年附近發現大量藍寶石和紅寶石礦床，五年後這裡便成了一片明亮的光點，環繞著諸如瑞士銀行等著名企業投資的手工礦井。在一個停止購買寶石的世界裡，這一切會與格倫在珀斯看到的情況相反，伊拉卡卡不會在黑暗中把自己照亮，而是逐漸黯淡下來。

消費少一點，世界暗一點，生物多一點

想像一下芝加哥減少九〇%的照明，或大多數美國城市的照明減少三分之一或五分之一；馬德里或米蘭原先閃閃發光的街道和廣場，都關掉一半的燈光；上海多彩的天際線在黃浦江上投下一道道彩虹，或是東京渋谷八公前廣場沐浴在巨大廣告螢幕的眩光中——想像這些地方被冷卻、被遮蔽。倫敦黯淡到從太空中看不見環城的M25高速公路。如果消費急遽下降使全球陷入黑暗，那麼這些城市的生活會是什麼模樣？

事實上，這就是德國柏林的日常生活。

德國地球科學研究中心（GFZ German Research Centre for Geosciences）的物理學家和光害汙染研究員凱巴（Christopher Kyba）表示：「至少就我們從衛星上測量到的數據而言，德國的照明比大多數富裕地區要黯淡得多。我認為，我們還沒有真正了解這個現象背後的原因。這或許與路燈有關，但也和文化脫不了關係。」

美國詩人佛洛斯特（Robert Frost）曾寫道：「我向來熟悉夜晚。」「我就是這樣。」凱巴說。他喜歡燭光餐廳；即使夏天因暖化一直延長（就像現在柏林經常發生的那樣），他也沒有曬黑；他的衣服往往是黑、灰兩色；他穿的T恤上頭寫著「每個白天都必然需要一個夜晚」。他在五歲時就意識到光害汙染，因為當時他與家人住在加拿大埃德蒙頓南部的一個小鎮，可以看到南方澄澈的夜空和北方城市光害之間的明顯差異。

凱巴說，柏林的能源政策是「僅在合理和必要的情況下提供照明」，因此只有夜幕真正低垂時路燈才會亮起，而不是像其他城市一到傍晚路燈就亮了；在倫敦、拉斯維加斯、羅馬或首爾的市區廣場，點上的往往是白亮燈光，但柏林點上的是柔和、具顆粒質感的光線，效果類似初代智慧型手機拍出來的相片；與其他城市相比，柏林的商店標誌和街道廣告通常更小、更不明亮；凱巴估計，即使站在柏林照明特別耀眼的地方（例如威廉皇帝紀念教堂，該地曾在第二次世界大戰中遭到轟炸而部分損毀），他依舊可以數出比其他大城市中心多一．五倍的星星。

直到近期，柏林街頭還擁有四萬多盞煤氣燈，比其他任何城市都多。儘管市政府正用更亮、更節能的燈具替代，但許多柏林人抵制這種改變，因為他們更喜歡煤氣燈的金色光芒——如此柔美又充滿特殊魅力。對凱巴來說，柏林人清楚表明城市居民不一定覺得照明得越亮越好。

柏林的公園甚至根本沒有照明。凱巴表示：「你會覺得自己要進入一個非常黑暗的地方。老實說，一開始實在很嚇人，因為裡頭暗到讓人覺得一踏進去就什麼都看不見了。」但事實正好相反。我們的眼睛會迅速適應黑暗，接著便會看到滿滿的人：少年少女們圍坐在長椅上，手機發出熒熒藍光；男男女女獨自散步或遛狗；情侶在黑暗中喃喃發出愛語。「在某種程度上，柏林人更習慣這種黑暗。」凱巴說。

夜晚很少是真正的一片漆黑，一九〇〇年，美國民族學家霍夫（Walter Hough）在巴黎的一次科學會議上告訴聽眾：「在黑暗中，自然界有許多光的表現形式可以幫助地球上的居民。」我們當然都知道天上有月亮和星星（儘管多數人看到的夜空早已被光害奪走許多星星），但霍夫讓他的聽眾想起了其他光源：北極光、南極光、黃道光（地平線上由宇宙塵埃反射的陽光，看起來像座朦朧發光的金字塔）、麥哲倫星雲（一群在南半球可見的遙遠星系）、因帶著電而發光的雲層、磷光植物、真菌、礦物、水、氣體散發物、陸地和海洋中的螢火蟲（當時已知一百五十種會發光的螢火蟲）。霍夫說：「在亞利桑那沙漠晴朗的夜空下，大氣層似乎充滿了星塵，我可以勾勒出幾英里外的高地形狀、可以讀取手錶上的數字，並且毫不費力地沿著小徑行走。」他指出，在某些情況下，金星的光芒就夠強烈，讓野外的旅行者不需要其他光源（譯註：除了太陽和月亮外，金星是地球上第三亮的天體，在其亮度足夠、無光害時，可以使物體產生影子）。凱巴曾經在推特上說，如果要列出此生必做的事情，那麼看到自己的金星影子一定會在清單上。

停止購物的世界會變得更黯淡，但這在許多方面都是好的：過去十年來，大量關於光害汙染的研究顯示，許多生物的健康與自然的黑暗息息相關，這其中更包括人類在內。將糞球滾回巢穴養家糊口的糞金龜，根據銀河在夜空中的位置導航，然而今天許多地方的夜晚都被數百公里外的天空光輝所照亮，再也看不見銀河，這些昆蟲該怎麼辦？世界上約有超過三分之一的人口看不到夜空中的銀河。鑑於它是我們居住星系在夜空中的印記，是否表示我們也會以某種方式迷失在宇宙中？

光害汙染影響的另一個例子是：六月下旬的夜幕降臨在廣闊的伊利湖上，氣象雷達捕捉到不祥的雲團在黑暗中迅速增生，然後開始向俄亥俄州克利夫蘭移動。「喔！我的天啊！」一位當地新聞播報員在推特上這樣寫道。

這團雲是由數百萬隻——甚至可能是數十億隻——蜉蝣組成。幸好這是種對人類無害的昆蟲，也是魚類和許多其他生物最喜歡的食物，但美國東部湖泊和河流曾被有毒物質汙染，導致數十年來蜉蝣都無法生存。今天它們再次大量孵化，實在是個好消息。但壞消息接踵而來：孵化的蜉蝣直接被吸引到如克利夫蘭這樣的光害汙染源（一位昆蟲學家將其稱為「光源炸彈」）。它們將泛光燈照明下反光的瀝青和汽車，誤認為月光下的水，於是產卵在乾涸的土地後死去。

事實上，科學家們已經開始懷疑人類的夜間照明，正導致全球各個物種的種群損失（譯註：生物學上，「種群」指的是同一空間和時間裡某物種的一群個體，例如人口或動植物個體）；世界衛生組織同時將人類睡眠障礙，確定為可能致癌症因素；其他研究則認為，光害汙染與抑鬱、肥胖和其他健康問題有所關聯。

柏林秋天的街道上，樹葉染上了紅、橙、黃等秋天色彩，但靠近路燈的樹枝上，樹葉保持綠色的時間卻要長得多。一棵樹被人工照明的一側時序仍維持在夏季，黑暗的一側卻已經進入秋天。目前還不知道這種影響是否會損害樹木，不過我們清楚了解柏林的黑暗確實有利於某些物種。「對於夜鶯來說，柏林是一個非常重要的地方。」凱巴說。夜鶯是一種外表不起眼的棕色小鳥，但擅長在夜間歌唱出美麗的曲調。過去十年裡，歐洲某些地區的夜鶯數量竟減少了一半，不過幸好在柏林仍常常見到牠們，因為柏林仍然提供讓牠們唱歌的夜晚。

減少對光的消費，重新認識黑暗

事實上，我們已經開發出一種技術，可以減少光害汙染及人類照明生活所消耗的驚人能源。但問題並沒有解決，因為「**開燈**」**這件事深深刻印在我們的消費者心態中**。

將塑膠傾倒進海洋、用礦渣破壞土壤、將二氧化碳排放到大氣中，這些行為造成的影響可以持續數年甚至數百年，使汙染問題難以解決。然而光害並非如此。研究人造光源影響的英國生態學家加斯頓（Kevin Gaston）說：「真的只要把燈關掉就好。我們可以輕易復原曾經失去的東西。」

節能也是同樣的道理。雖然綠色科技在許多方面進展緩慢，但節能發光的二極管（LED）價格合理且唾手可得。LED比舊型燈泡節省至少七五％的能量，精心設計的燈具還可以將光照限制在需要照明的區域，防止光害汙染。光科學家認為，我們應該努力實現這套LED帶來的全球性環保照明系統，以便未來能夠面對更嚴峻的全球環境挑戰。

然而情況卻恰恰相反：隨著LED的普及，人們卻將節省下來的能源成本，用來購買更多的照明。世界各地的「媒體建築」（在建築物外牆蓋上巨大的廣告螢幕）如雨後春筍般冒出，中國南京國際青年文化中心的兩座塔樓，就是一個突出的例子：七十萬盞LED燈覆蓋這幢六十層樓高的建築外牆，同時再加上從地面打上來的泛光照明；田納西州曼非斯城裡的德索托大橋上，「盛大光輝」（Mighty Lights）燈光秀用一萬盞顏色可控的燈光，覆蓋整座橋梁的結構；瑞士蘇黎世著名的高檔購物街「車站大街」上，過去五年的廣告螢幕數量增加了四十多倍；類似的裝飾照明熱潮，也發生在私人庭院和住家中。「如果我們改用LED燈來提高戶外照明的能源效率，卻又同時增加廣告和泛光燈的數量，那麼並不會節省到多少能源。」凱巴表示。

凱巴和同事們觀察世界各地在二〇一二年至二〇一六年間，燈光的數量和亮度的變化。他們發現，多數地方都在逐漸變亮。只有少數幾個國家悄悄變暗，但這些國家都飽受戰爭蹂躪，或正處於經濟衰退之中——這些地方的消費速度趨緩了。

我們能夠重新認識黑夜嗎？

過去十年來，許多英國城鎮和行政區為了節省開支，開始在深夜調暗燈光，甚至關閉燈光。而最近的研究表明，交通事故的案件數量並沒有產生變化，犯罪率也沒有增加（甚至有些證據顯示，在燈光變暗的社區，犯罪率有所下降）。大多數人根本沒有意識到自己周圍的路燈被關掉。「這只是其中一個例證，路燈開不開真的沒有造成太大的區別。」住在英國鄉下、經常在熄燈後才下班回家的調酒師說。

凱巴認為，人們沒有注意到黑暗的回歸是很正常的。除非有人特別提起，否則大多數到訪柏林的遊客，都沒有意識到這座城市的燈光異常昏暗。維也納每晚會有一小時將燈光亮度減半，但除了天文學家之外，幾乎沒有人注意到這件事（而天文學家們為此高興不已）。另外，LED燈泡的壽命往往是以燈泡光度減弱三〇％所需的時間來衡量，因為這時大多數人會意識到燈泡出了問題。然而在我們注意到之前，燈泡的亮度早已下降了三分之一。

真正引起我們注意的，反而是夜晚本身：在英國進行的關燈調查中，人們最常見的反應是能享受觀看夜空的樂趣。新冠疫情大流行期間，空氣和光害汙染急遽下降，世界各地的都市居民皆因為看到此生最清晰的星空而激動不已。在過去的一個世紀，光在世界各地的傳播被描述為「征服黑夜」。

但就像任何形式的征服，產生益處的同時也造成損害。當日本開始建設起路燈時，一位作家擔心日本人會無法開始欣賞陰影（譯註：此處談的是日本文豪谷崎潤一郎的名著《陰翳禮讚》，書中談到日本人欣賞陰影與黑暗的獨特方式，認爲黑暗增加了想像與思索的空間）。一八六〇年代，巴黎成為最初的「光之城」（ville lumière），在城中點亮兩萬盞煤氣燈，讓夜晚的消逝因此成為眾人爭論的問題：有些人覺得燈光造成一種壓力，也有些人認為燈光終結黑暗所帶來的安全感。

一九九八年，太空人格倫在登上近地軌道的三十六年後重返太空。這次他目睹了夜間世界的巨大轉變：世界上幾乎所有城鎮都成為「光之城」。儘管如此，珀斯及其市民再次為他點亮每一盞燈。這次地勤人員沒有記錄格倫說的話，然而根據他的太空人同伴表示，當格倫乘坐的飛行器再次經過珀斯上空時，他說：「哇，珀斯比我上次看到它時要大得多。」然後他說，「好吧，伙伴們，你們現在可以把燈關掉了。」

一個停止購物的世界，將會是一個更黑暗的地方。也許實現這個想法的時機已然成熟。「回到黑暗」的象徵意義，當然會令人們稍微感到擔憂。畢竟大約五十萬年前，人類普遍已知用火，成為智人進化過程中最重要的時刻之一，因此消除黑夜、用電力照亮黑暗，仍被視為發展的里程碑。即使是那些享受在星光下行走的英國人，也會煩惱關燈是否代表文明和進步的倒退。在新冠疫情期間，從近地軌道拍攝的衛星圖像中看到黯淡的油井，甚至有些令人毛骨悚然。這就像是一點點星光從明亮的夜景中消失一樣。

世界停止購物的那一天，也會出現這樣正反兩面的情況：安寧和平靜緩緩蔓延，人們感覺時間獲得延伸，回歸到昔日的生活方式。桌上還有食物、衣櫥裡還有衣服。這一天是和平的、懷舊的，甚至步調可能有點太慢了……但除此之外，可能還有一種強烈的不安，似乎可以預見更加艱難的時刻即將到來。

第二部

崩塌

Collapse

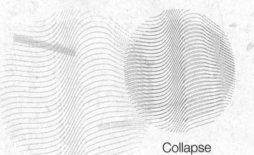

06

停止成長

The end of growth is not the end of economics

多倫多的一個溫暖午後，我告訴維克多（Peter Victor），加拿大的家庭消費支出將在一夜之間下降五〇％。維克多是位從約克大學退休的經濟學家，聽到我的話之後高高揚起眉毛。那些一再呼籲我們追求更簡單、更少物質生活的人們，似乎從來沒有談論過大家若都這樣做，會發生什麼事。然而經濟學家給的答案是：一旦停止購物，經濟就會停止成長並開始萎縮，不可避免的後果將是市場崩潰、失業率攀升、店面關閉、供應鏈斷裂，甚至一不小心可能就會造成暴民統治和飢荒。

維克多大致同意這個評估。身為專門模擬經濟變化的學者，他經常利用電腦模擬衰退、蕭條和市場崩盤。他的工作更簡潔有力地揭示，你我的購物行為如何被價格、稅收、財富分配、利率等更大的經濟力量影響。只要以特定方式調整這些參數（事實上政府握有很大權力），就可以輕鬆選擇經濟的贏家和輸家，甚至決定一個行業的繁榮與災難。**維克多知道停止購物會使經濟成長陷入混亂，但他也知道一切不如表面上看來這麼簡單。我們可以採取各種措施，預防經濟重挫轉變成經濟崩潰。**

「讓我們看看會發生什麼事吧！」維克多一邊說，一邊敲擊鍵盤。

維克多使用麻省理工學院教授弗雷斯特（Jay Forrester）在一九五〇年代開創的系統動力學，探索系統中各個過於複雜、難以想像的變量如何相互關聯。我們今天正是生活在這樣的系統裡，必須不斷面對自身行動造成種種意想不到的結果。某些案例引起世界性的震盪，如武漢某市場上出售野生動物，三個月後卻導致全球經濟停擺；但多數變化通常都會被忽視，唯有接近事實的人會感到不安。例如技術進步使太陽能和風能變得更加便宜，這些可再生能源本應比化石燃料更具市場競爭力，但化石燃料公司卻使用這些能源來生產石油和天然氣。也就是說，人類利用風能與太陽能使化石燃料比再生能源更具市場競爭力。

維克多研究的是加拿大的經濟系統。十多年來，他一直在自己的電腦上構建模型，一個接一個地添加細節，就像拼接起一艘瓶中船。他與英國經濟學家傑克森（Tim Jackson）合作開發出最新軟體，現在只需按個鈕，就可以聯繫起空間和時間：今天的稅率上升，會對三十年後的溫室氣體排放產生什麼影響？維克多和他的電腦可以做出有憑有據的預測。

然而一直以來，維克多的目標是回答一個不同的問題：我們是否可能讓一個經濟體在少量成長（或者根本不成長且萎縮）的情況下，仍然是宜居的，甚至維持在資本主義狀態？維克多雖然長期居住在加拿大，其實來自於英國。他的「黑暗繆斯」，是英國前首相柴契爾（Margaret Thatcher）。人稱「鐵娘子」的柴契爾夫人，是資本主義最大的捍衛者之一，但她對資本主義的看法卻很嚴峻。她將我們今天所知的經濟體系描述為一種極權的「總體意識形態」（totalizing ideology），並認為資本主義就像某種監獄，儘管許多俘虜在其中過得很舒適。她對不受監管的市場、個人主義、私營企業和撙節政策的想法，都是以持續成長的經濟為最終目標。她的信條被稱為「TINA」學說，來自她經常重複的一句話：「我們別無選擇。」（There is no alternative.）

「這是一種麻痺人心的世界觀。」維克多說。

但它至今仍然是世界的主流觀點。「想像世界末日，比想像資本主義末日更容易。」近期的一句流行語這麼說。

經濟成長問題是消費者困境的核心，因為反對減緩消費的論點之一就是它會終結經濟成長。永無止盡地擴大消費經濟，是政客們的目標。從市鎮議會到總統辦公室、從創建國家公園到擬議移民法，再到決定新冠疫情期間應該要救治或放棄多少人——一切都在是否抑制或促進經濟成長的基礎上進行測試。

維克多認為這實在令人費解，因為在人類歷史中，經濟成長低落或沒有成長，幾乎是種常態。

GDP的經濟成長陷阱

從遠古時代到十八世紀為止，全球經濟都成長得非常緩慢（可能以每年平均約〇．一％的速度成長）。幾乎所有年度經濟成長，都可以歸因於人口的逐漸增加：如果社會中多加入一個人，就會生產和消費更多商品和服務，經濟也因此擴大，然而每人平均獲得的商品和服務量，卻幾乎沒有變化。如果生活在一七〇〇年代末之前，你所擁有的物品大概會與父母、祖父母和曾祖父母擁有的一樣多——事實上你擁有的東西（包括衣服），很多都會是從他們手上傳下來的。

一八〇〇年代初期的工業革命之後，人均經濟產出才開始急速上升。一九一三年至二〇一三年的一百年間，全球年成長率達到三十倍。每年製造與銷售的東西越來越多，消費經濟自此誕生。

要有成長才是「成功經濟體」的想法，則來得更晚。在大蕭條即將結束時，身為俄羅斯猶太裔移民，同時也是傑出經濟學家的顧志耐（Simon Kuznets）執行美國的第一次國民經濟核算。人們第一次可以得知美國經濟在崩盤期間縮水了多少：答案是減半。這個研究結果使得美國總統小羅斯福（Franklin D. Roosevelt）採用新政，透過政府支出，將錢放入消費者的口袋，以便重振經濟。

顧志耐衡量國家總經濟產出的方法，後來被稱為「國內生產總值」（gross domestic product），也就是今天人們熟知的GDP。到一九五〇年代，有影響力的經濟學家已經將GDP成長視為一種萬能藥，可以解決由來已久的矛盾——經濟利益應該給投資者和企業家？還是應該讓勞動人民和整個社會享有？**最終，似乎找到可以增加每人財富的方法，不需奪取富人資源給予窮人：那就是讓每人每年賺更多錢、擁有更多東西。支持者很快便將「經濟成長」描述為「抬起所有船隻的漲潮」**。

然而GDP這個概念從一開始就飽受批評，包括來自顧志耐本人。

他在向國會提交的第一份主題報告中表示，不能僅以國民收入的衡量標準來推斷國家福祉。他特別指出，這項新的統計方式並未說明社會中的財富分配。例如從大蕭條時期可以清楚看出，儘管經濟成長的漲退潮確實抬起或放下大多數的船隻，但有些船隻升得更快，有些則降得更低，這都取決於社會和經濟的結構。

顧志耐還辨識出，並非所有經濟成長都是「平等」的。他後來在《新共和周刊》（*The New Republic*）中寫道：「當我們追求更多經濟成長，也需具體說明追求什麼樣的成長，以及為什麼必須擁有這些成長。」他同時指出，在獨裁統治下，有時是透過植入對外敵的恐懼和仇恨，壓迫或激勵人們更加努力工作來實現成長。

他希望國家所得帳上應該同時有收入與支出兩欄，儘管所有涉及的經濟活動類型仍有待商榷；他也認為應該從GDP中扣除軍費開支，因為國防開支是國家遭其潛在攻擊者逼迫而產生的消費，而這筆錢本來可以用來提高公民的生活水準。

與亞當．斯密一樣，顧志耐不是消費文化的忠實擁護者，他認為某些形式的經濟活動既不可取，還深具破壞性；他也宣稱GDP「不應該只闡述成果，而要從更明智的社會哲學角度來反映經濟目標」；他認為包括廣告和金融投機在內的活動，應該標記為「危害」而非「服務」；更曾深思家庭主婦的無償工作，是否應納入國民經濟核算的範圍中。

後來羅伯特．甘迺迪（Robert F. Kennedy）在一次演講中，回應了顧志耐的想法。甘迺迪於一九六八年競選美國總統，在遭到暗殺的三個月前發表談話（譯註：羅伯特．甘迺迪是約翰．甘迺迪的弟弟，曾任美國司法部長、紐約州國會參議員，曾在一九六八年贏得美國總統大選黨內初選，但隨後遭到刺殺），指出美國的物質貧窮背後，有著更大的「滿足感、目標感和尊嚴」的貧窮，並譴責GDP是衡量國家經濟狀況的糟糕指標。他指出：「我們似乎已經放棄個人成長和社群價值很久了，僅僅專注於物質上的積累。」香菸廣告、救護車、家庭安全、監獄支出、對紅木森林的破壞、城市擴張、凝固汽油彈、核彈頭，以及警察在美國都市用來對付暴動的裝甲車，在在都提升了GDP。然而「它卻沒有計算到詩歌的美麗或婚姻的力量，也不包括公開政治辯論中展現的智慧，或公務人員的誠實正直；它既不衡量我們的聰明和勇氣，也無視智慧和學識，更不考慮同情心和對國家的奉獻精神。簡而言之，它衡量一切，卻拋棄那些讓生活變得有價值的東西。」甘迺迪說。

GDP的批評者眾多（而且每天都有更多人批判），從現任的世界銀行行長到日益壯大的「去經濟成長」運動，他們延續顧志耐和甘迺迪提出的擔憂，因為這個世界繼續極其不均衡地共享經濟成長的成果。儘管中國和印度等較貧窮的國家，正在從歐洲、北美、澳大拉西亞（Australasia。譯註。泛指澳洲、紐西蘭和鄰近的南太平洋島嶼）和日本等歷史贏家手上，一寸寸贏得經濟地盤，卻不應該誇大為世界已平等分配經濟成果。全球經濟每年產生的財富，可以使地球上每個人平均擁有約一萬兩千美元的收入，而在僅占世界人口五％的加拿大和美國，平均收入比這個數字高出四倍。

即使各國之間的不平等逐漸減少，國家內部的不平等卻在增加。正如法國經濟學家皮凱提（Thomas Piketty）指出，這個現象不是在世界上最富有的一％人中，而是在最富有的〇．一％人中最明顯（也就是說，我們在現實生活中很難窺見這種不平等）。美國收入最高的千分之一，其稅後收入在過去四十年成長四二〇％，而美國人均GDP僅成長七九％（其中收入較少的一半工薪階級，其收入僅成長二〇％）。近年來，這個「超級上層階級」的收入一直在攀升，比全國平均收入高上一百倍。正如皮凱提所言，美國的收入「分配不均，與任何地方觀察到的現象一樣」。但即使在更平等的國家，例如西歐，收入高居前一〇%的人，其收入仍遠高於收入最低人口的一半。

在羅伯特．甘迺迪之後，「GDP需要學會減法」的說法，得到一系列怪異現象的背書：當政府將納稅人的錢傾銷給倒閉的銀行，GDP反而會增加（正如金融海嘯期間發生的現象）；本可以用更少金額完成的事情，浪費金錢與時間反而讓GDP表現更好；財經記者凌大為（David Pilling）指出，如果所有母親都放棄哺餵母乳，改購買配方奶來餵養嬰兒的話，GDP將會上升，但這與兒科醫生的建議背道而馳；以有償勞動力取代志工，對於經濟成長來說是極正面的現象；在新冠病毒大流行期間，提供口罩、呼吸機、個人防護設備、疫苗、酒精和虛擬會議軟體等業務，是GDP的亮點，儘管它們背後都代表了絕望或孤立；在疫情期間囤積重要物資再哄抬物價牟取暴利的無良奸商，從GDP成長的角度來看，實際上是在做好事。

二〇一九年，紐西蘭開了第一槍，正式拋棄GDP作為衡量經濟成功的主要指標；蘇格蘭和冰島則宣布，計畫以「公民福祉」作為主要經濟指標。許多國家和地區現在也決定開始採用「真實發展指標」（genuine progress indicator，GPI。譯註。一九九五年提出，以衡量一個國家或地區的真實經濟福利。由於GDP忽略非市場交易活動的貢獻，GPI將造成社會無序、環境破壞和發展倒退的「支出」均視爲福利的減項），美國馬里蘭州自二〇一〇年起就每年計算一次。GPI試圖將經濟中的社會和環境成本考慮在內。如果GDP僅將一個國家工廠的生產力視為正成長，那麼GPI也會同時減去其造成空氣汙染的成本。

二十年的研究表明，GDP和GPI並不是緊密貼合的。一方面，GPI成長得比GDP緩慢；另一方面，GDP和GPI通常會隨著國家的經濟發展同時增加，但彼此的正相關程度在某個點之後就非常有限。世界上最富裕國家的GDP自二戰以來急速攀升，但GPI自一九七〇年代中期以來就一直盤桓不前，即使有成長也很緩慢。在過去的幾十年裡，世界上最強大的消費經濟體，並沒有好好將「經濟成長」轉變為「公民更滿意的生活」。

因此在這一點上，所有提倡經濟成長的言論都遭受抨擊。經濟成長使數百萬人擺脫貧困，這點是無可爭議的。與快速成長前的時代相比，生活在極度貧困的人口比例確實要小得多，然而貧困人口的總量卻有所增加。經過兩世紀的經濟成長，現今極度貧困的人口，卻與十九世紀初期時的地球總人口數量一樣多。

減緩購物帶來的可持續繁榮

維克多在安靜的街區裡，坐在最喜歡的橡樹下沉吟著該怎麼將「停止購物」的場景，輸入他的加拿大運算模型裡。為了模擬我提出的情景，維克多先調低經濟學家所說的「邊際消費傾向」（marginal propensity to consume）。這個指標衡量普通人每多賺一美元，有多少會用於消費。如果讓消費傾向遵循二十一世紀迄今為止的趨勢，那麼從現在起的五十年後，加拿大人的消費量將比現在增加一七〇%（如果難以想像在加拿大這般富裕的國家有這樣驚人的成長，那麼簡單地想像一下：現在每年收入六萬美元的典型加拿大家庭，過著收入約十六萬美元的生活方式）。

維克多將邊際消費傾向調降五〇％——一夜之間，人們拋棄了由消費驅動的經濟。然後他又做了一些調整，以確保大家的消費習慣不會捲土重來。

消費減少後，通常會有強大的經濟力量再次嘗試加速：政府提供減稅措施，並開始透過公共資金進行能創造就業機會的計畫，如修路和造橋；銀行以最低的利率，提供抵押貸款和信用貸款；商店和餐館降低價格。但如果人們花錢的欲望只有過去的一半，那麼這一切措施都行不通。

維克多看起來很擔心。他的滑鼠游標懸在「運行」的按鈕上。

片刻之後，各種圖形出現，有的線條向上或向下彎曲，或在兩者之間來回跳躍。維克多研究這些數據後宣布：世界停止購物之後，失業率和債務高得離譜；投資者損失巨額資金；由於政府努力阻止文明向中世紀倒退，普通家庭最終要繳交其收入六〇％的稅款；儘管人口繼續攀升，但世界停止購物五十年後，加拿大人的消費量將比原先預估的減少近三〇〇％，甚至比今天要少得多。然而值得注意的是，在這種混亂狀態下，溫室氣體排放量仍在上升，不過速度要慢得多。整體來說，該模型預測了一系列嚴重的經濟衰退，期間有轉瞬即逝且非常神祕的短暫榮景。

維克多靠在他家露臺的椅子上。一隻比紅色天鵝絨更鮮亮的美洲紅雀，在他最喜歡的樹木枝椏間飛進飛出。在停止購物的世界裡，他可能很快就得燒掉那棵樹來當柴火。「我認為你可能正在扼殺資本主義。」他說。

維克多模擬的停止購物模式有兩個類似場景：其一是新冠病毒封城引發的經濟危機，另一個則是他曾經模擬的舊場景，名為「零成長災難」。在這個情境中，加拿大的經濟和人口成長突然凍結，G

DP急速下降、失業率飆升、政府債務嚴重、人民貧困加劇。其中唯一的好處是，溫室氣體排放量下降了一四％。但停止購物之後的情況會更糟。「這說明為何政策制定者如此重視不斷成長的消費。」維克多表示，「因為每個人的收入都來自別人的支出，如果大家都削減開支，大家的收入就會減少。刻意大幅趨緩經濟成長速度，存在著重大風險。」

事情沒那麼簡單。經濟學家和環保主義者一樣，也有皮凱提所稱的「過度偏愛災難性末世預言」。由於高速經濟成長的時代創造出我們今天的世界，因此一般都認為：經濟的崩壞將是世界的終結。然而當維克多第一次運行加拿大經濟模型時，很快就得出一個相反的結論：**在經濟沒有成長的情況下，我們完全有可能活得好好的**。

維克多提議看看消費減少四％（或許可稱之為「減緩購物的情景」？）之後的情況。「對總是視消費為野心的文化而言，四％並不是個小數字。」他說。他展開新的運算，結果雖然不是一場徹底的災難，卻是一場持久的經濟衰退，伴隨著熟悉的失業、投資損失和政府收入減少等種種悲劇。

維克多傾身進一步調整數據。當人們減少消費時，對商品和服務的需求就會減少，因此經濟活動將會減緩，對人工的需求也會降低。為了避免大規模失業，他讓盡可能多的人分擔剩餘的工作，並縮短工時，讓多數人每周只工作四天而非五天；他再放慢加拿大人口的成長速度（目前的人口成長只是因為移民遷入）；雖然這一步限制了尋找工作的人數，但由於勞動過程中也會面臨人口老化，表示仍可容納一些新移民；接著他再增加綠色投資，創造就業機會和收入，並同時降低我們仍然擁有的商品和服務對資源的消耗；他也調整了稅率，以便更平等地分配經濟系統中仍產出的財富。

最後，維克多成功將失業率控制在過去的範圍內，使新的經濟體系得以為大多數人提供適足的生活條件，並減少對氣候和環境的壓力。因為這個運算模式從「脫鉤」和「去成長」兩方面獲得好處，讓結果甚至比單純「減少消費」還要好。即使在經過調整的模型中，有時失業率仍會飆升，不過若將更多政府支出用於加拿大的窮人身上（減少教育和軍事等其他大額支出），貧困的狀態也不會真的惡化。至少在理論上，有可能在不造成經濟崩潰的情況下，對消費和經濟成長踩下戲劇性的剎車，正如維克多在他的《零經濟成長生活》（*Managing without Growth*）一書中所描述的那樣：「規劃減緩經濟，而不是規劃災難。」

這一切都不會自動發生，而是當權者決策帶來的結果。在電腦模型中，維克多是偉大的傀儡大師；在現實生活中，政治領導人和政府官員必須做出決策。這其中包含許多殘酷的選擇：如果工作時間減少、收入減少，政府可以讓少數人士握有特權；政府可以使貧困和失業狀況惡化，以保護投資者；沒有過度消費的人仍可能被迫減少消費，好讓過度消費者不需大幅減少消費。事實上，這些敘述都非常符合今天的消費社會。

「減緩購物的模式」類似維克多最近提出的「可持續繁榮」（Sustainable Prosperity）。在這個情境下：未來五十年內，GDP成長逐漸下降到幾乎為零；**和消費減少四%時進行一樣的調整，就能夠防止就業率嚴重惡化，同時減少工作時間和收入不平等的狀況；政府債務確實增加了，但比起現實世界中的景況只是九牛一毛，而且經濟沒有崩潰；家庭的整體財富繼續增加，儘管仍低於經濟強力成長時的情況。**

在這樣的系統下，我們的經濟制度還會是資本主義嗎？由於那強而有力的財富再分配政策，許多人（尤其在美國）會稱維克多提出的制度為社會主義。然而在這種情況下，社會中仍然有投資者。他們賺的錢會比今天少，但也少不了多少，而且商業和勞動間的資源分配會保持在正常範圍內。與此同時，在「可持續繁榮」情景中，碳排放量不到二十五年就可淨零。比起專注於可再生能源和綠色科技來減緩經濟成長造成的氣候變化，這方法要有效得多。

然而維克多也馬上強調，這個模型是不完美的。關鍵是，它無法預測人們是否會接受這個新提案帶來的巨大變化。事實上，維克多應用於模型中的每一項工具，都已經被高度發達國家採用，最近一次還是為了防止新冠疫情期間的痛苦或社會爆炸性的不滿。

這樣看來，**我們真的可以隨時計畫放緩消費經濟**。

當然，在突然停止購物的世界，這些步驟並非緩慢進行。隨之而來的是突然、迅速、漫長且艱難的衰退。要知道這個狀況下會發生什麼事情，我們必須前往經歷過這種情景的地方找尋答案。

例如芬蘭。

07

返璞歸真

The consumption disaster begins, the disaster of everyday life is over

八歲女孩的一頭金髮，隨著深秋漸短的日照變得濃深。她倚在門邊，看著父親在廚房大桌上俐落地拆解半頭豬。女孩穿著一身自家縫製的衣服，而放在門口的是唯一的一雙鞋（她在屋內從不穿鞋），她會穿到不能再穿為止。她盯著桌上的豬，對眼前所見的鮮血和內臟時而著迷，時而厭惡，裸露在外的豬腦就像奇形怪狀的粉紅色珊瑚。

這個場景好似在第二次世界大戰或大蕭條時期，總之是在富足社會、品牌和快時尚出現之前。但其中還是有些不協調的細節：女孩的手工服裝中，包括一件人造虎紋夾克；廚房角落裡有台卡式錄影機和電視；她的臥室裡放著一根發光魔杖，那是她與家人兩年前暫離芬蘭陰鬱的冬天，從亞熱帶佛羅里達州的迪士尼帶回來的紀念品。

千禧世代的波伊瑞（Varpu Piiyry）還保留著這些童年記憶，但她似乎依舊太年輕，還沒有見證過這個富裕國家曾經歷的經濟困頓。波伊瑞帶著她的孩子坐在阿爾托咖啡廳（Café Aalto）。這間小店座落在雅緻的濱海大道上，可以從港口直通芬蘭的首都赫爾辛基市中心。咖啡廳以建築師暨設計師阿爾托（Alvar Aalto。譯註。現代建築重要奠基人之一，也是現代城市規劃、工業產品設計代表人物，在建築與環境、形式與心理等方面都創造前所未有的突破）命名，充滿他對消費文化的獨特願景。建築設計中融合硬朗的現代主義線條，但皮革、木材和掛燈發出的黃色柔光又能帶來溫暖。這是種冷冽的北國之美，但芬蘭人身上的秋裝卻是出於習慣而非必要，因為芬蘭正承受著十月的熱浪，外面的天氣溫暖得令人難以置信。

波伊瑞有個名為「芬蘭母國」（Her Finland）的部落格，用來推廣芬蘭的生活方式。不過一九九〇年時，她還是生活於庫赫莫寧這個森林小鎮上的女孩。像許多孩子一樣，她對總體經濟學沒什麼概念。她在田野和森林裡玩耍，去附近的小學上課，並且喜歡經典的芬蘭卡通片《嚕嚕米》（*Moomins*）。她告訴我：「我真的經歷了最美好的童年。」直到母親開始掐準超市肉品到期的時間以便半價購買食材時，她才意識到貧困似乎正在身旁蔓延。

突然間，庫赫莫寧鎮似乎有一半的人口陷入失業低潮，她的父母幸運地保住工作，但要供養已經破產的祖父母。

「我至今仍然不知道為什麼，因為我們不談論金錢——在芬蘭就是這樣。」波伊瑞說，「但顯然當時他們過著入不敷出的生活。」就在幾個月前，她的家人還把釣魚和砍柴視為鄉村生活的簡單樂趣，現在卻必須依靠這些生產活動獲取食物和熱量。他們有片巨大菜園、一塊同樣大的馬鈴薯田，並在冷凍櫃裡裝滿野禽和駝鹿肉。生活裡再也沒有迪士尼，這一年最生動的記憶是桌上的豬腦。

減少消費並不會讓我們陷入谷底

芬蘭大蕭條始於一九九〇年並持續四年，但還要再經過七年，經濟狀況才真正回春。這是人類近期記憶中，富裕民主國家發生的最大「消費災難」，人均消費支出下降了至少一〇%。

「這是一段非常、非常、非常艱難的時刻。」當時在赫爾辛基擔任金融記者的亞斯克萊寧（Lasse Jääskeläinen）說。一九八〇年代，在金融放鬆管制、信貸寬鬆、泡沫投資和長期繁榮信念的共同作用下，芬蘭的股票和房地產市場飆升。人們認為，這樣的榮景永遠不會結束。就像其他富裕地區一樣，那是個雅痞的時代（譯註：雅痞原指在城市中工作的年輕專業人員，現泛指具獨特個人品味，要求食衣住行育樂都要有高品質享受的一群人），Lacoste 的 polo 衫和雪佛蘭敞篷車都是當時大受歡迎的物品。然而在二十世紀末期，《彭博商業周刊》（*Businessweek*）警告大眾：「該系統正在從投資轉向投機。」

今天，我們已經習慣將房地產和股票市場視為大型賭場，而不是交易真實有用物品的場所。但這種觀點自「咆哮的二〇年代」（Roaring Twenties。編按。指經濟持續繁榮的一九二〇年代）以來就不流行，在一九八〇年代更是如此，芬蘭人也從未這樣認為。因為加入工業革命的時間較晚，許多年紀較大的芬蘭人仍然記得自己在一九五〇年代品嚐生命中的第一顆進口柳橙，也記得一九六〇年代肉類還是種奢侈品。然而不到二十年，生活方式發生巨大變化，晚餐時喝酒或在冬天飛到溫暖地方渡假已經司空見慣。

亞斯克萊寧回憶：「人們被速度蒙蔽了雙眼。在酒吧，人人都試圖讓自己看起來有頭有臉。」亞斯克萊寧本人個性夠古怪，所以並沒有隨波逐流。他正是那種喜歡諷刺的典型芬蘭人，也喜歡武術及喜馬拉雅貓（不過這兩項愛好是分開的）。「當時我內心有個微小的聲音說：『離這種事情遠一點。』」

一九八〇年代末、九〇年代初期，全球經濟陷入蕭條，但芬蘭的危機因最大貿易夥伴蘇聯的衰落而加劇。在經濟衰退的第一個月，亞斯克萊寧的房屋價值縮水了三分之一。而隨著芬蘭停止購物，赫爾辛基各地的企業開始用木板封上櫥窗。「想像一下，這就像紐約兩年內倒閉四萬至五萬家小型企業。」

「消費災難」這個詞反映出人們生活的基本消費已經大大走樣，僅是放慢購物的速度，就會造成與戰爭、飢荒、地震天災等相媲美的經濟震盪，而這些災難往往連袂而來。根據研究全球總體經濟危機數據庫的哈佛經濟學家巴羅（Robert Barro）的說法，第二次世界大戰期間，殘酷的消費災難席捲歐洲和亞洲大部分地區（包括史上最嚴重的經濟災難）。其中荷蘭經濟衰退五四%、俄羅斯五八%、希臘和日本六四%、日據時期的台灣六八%。然而新冠疫情大流行時，有些國家已經有好幾代都未曾經歷消費災難。

事實上，當芬蘭大蕭條開始時，第一世界國家的人們認為，這樣一片祥和的時期似乎不會再發生經濟災難（譯註。當時冷戰已結束，政治經濟學者法蘭西斯．福山甚至提出歷史終結論，宣告人類已迎向最佳社會模式：資本主義自由經濟）。但是芬蘭當時遭受的經濟崩潰，甚至比一九三〇年代的美國經濟大蕭條還要嚴重，更不用說這次危機發生在曙光時代，一個充滿全球化、手機、電子遊戲機和網路的時代。

當時，芬蘭人區隔自己生活中需要和想要物品的方式，與美國人在大蕭條時期的方法非常相似，不過比較有芬蘭風格。芬蘭是世界上最強大的社會福利國家之一，因此街頭突然出現領取食物救濟的隊伍，令人非常震驚；酒吧裡女侍赤裸上身並提供「半對半啤酒」（容量和酒精含量都只有原先一半），成為一種廉價的頹廢方式；然而芬蘭大蕭條期間，人們花在手機和網路的支出增加了十倍，這些服務成為新的必需品（以一位芬蘭經濟學家的話來說，這些「就像麵包一樣」）。隨著發生在周圍的經濟崩潰，人們開始購買寵物貓狗，尋求心理舒適和被需要的感覺。三十年後，新冠疫情期間激增的「流行病寵物」需求就與此相呼應。

一九八〇年代的繁榮泡泡破滅時，大多數芬蘭人都受困於高額房屋貸款或租金，以至於幾乎沒有什麼餘錢可進行無關緊要的購物。儘管如此，促成泡沫經濟的銀行說客和政客們，卻指責普通公民的貪婪和過度消費導致經濟崩潰。恥辱的浪潮席捲這個歷來節儉的國家，許多芬蘭人民於是大幅削減開支，甚至超出了合理的範圍。

「這是一種心理作用。」歷史學家席爾塔拉（Juha Siltala）說。他的下巴方正、目光炯炯，看起來似乎剛從芬蘭史詩中迴旋的大雪走出來。「當時人們享受了比上一代更高的生活品質，因此開始懷疑自己的行為超出正常規範，而經濟崩潰是上帝憤怒的標誌。他們必須透過鞭笞、責難自己、放棄一切物質享受，來安撫憤怒的神靈，以平息命運的浪濤。」部分家庭被迫出售幾乎所有的財產；有些人放棄生育，因為他們負擔不起撫養孩子的費用。在芬蘭大蕭條時期，這個國家因自殺率特別高而臭名昭著——這大概是芬蘭這個低調國家最廣為人知的一件事。

在長達四年的芬蘭大蕭條時期，消費下降了一四％，家庭支出平穩下降後，便造成極其嚴重的後果。二〇〇八年的金融海嘯在美國奪走了人民的工作、房屋、企業和儲蓄，但帳面數字無法顯示出這是場全國性的災難，就連二〇二〇年新冠疫情大流行也沒有嚴重至此。一百五十年來，美國只經歷兩次真正的消費災難：第一次是在一九二〇年至一九二一年間，因第一次世界大戰後聯邦開支削減，導致消費下降約一五%；十年後的經濟大蕭條，導致消費支出在幾年間下降了二一%。如果美國人想知道為什麼在金融海嘯或新冠病毒危機中，日常生活沒有三〇年代大蕭條時期那麼糟糕，原因之一就是經濟衰退的幅度沒有過去那樣嚴重，雖然成千上萬美國人的生活依舊面臨巨大的困難。

近期的經濟危機似乎沒有那麼嚴重，另一個原因是：富裕國家多數人口的生活品質，離悽慘的谷底還遠得很。在一九三〇年代，普通人的家庭預算中約有四分之一花在食物上，因此失去工作的人，會面臨真正的飢餓——當時甚至有人吃腐爛的香蕉和動物飼料度日。然而在金融海嘯時期，許多美國消費者只是少在 iTunes 上購買歌曲、在較便宜的餐館吃飯，或是改使用更便宜的電信和有線電視方案。若將今天美國人的消費額度減少一四%（降幅與芬蘭大蕭條時期相同），並根據通貨膨脹調整，消費水準跟五年前差不了多少，卻成了歷史上的經濟災難。

為了炫耀和地位而消費

我們經常充滿希望地回顧災難。人們之所以這麼做，可以追溯到一九二〇年代，當時有一小群社會科學家創立「災害研究」這個領域。其早期主要發現之一就是：與好萊塢電影情節相反，受戰爭、地震或颶風等災難襲擊的人們，更可能互相照顧，而不是互相利用；更可能帶著理性和目的行事，而非憑藉某種原始的恐懼生活。

第二次世界大戰期間，災害研究的先驅社會學家弗里茨（Charles E. Fritz）在充滿恐慌和貧困的英國駐紮了五年。他這麼描述：「人們可能期待看到一群恐慌又厭戰的人民，對家人和朋友的傷亡感到痛苦，對自己長期被剝奪一種較好的生活方式感到憤慨。事實卻恰恰相反，我們見到的是一個擁有光榮幸福人民的國家，快樂地盡情享受生活。」

英國遵循「保持冷靜，繼續前進」（Keep Calm and Carry On）這句歷久彌新的座右銘，因而走出經濟衰退的經歷廣為人知，但大眾較少關注的是，包括德國在內的許多國家，也都展現出類似的復原力。針對空襲影響心理的研究評估發現，遭受最嚴重轟炸的城市反而士氣最高。不過這種情況當然有其限制，沒有人會聲稱世界各個角落的絕望難民過著美好的生活。但是除了資源絕對稀缺的情況，面臨災難的人們其實往往能迅速適應物質較為缺乏的生活，且變得更友好、更寬容、更團結、更慷慨。

正如美國作家索爾尼（Rebecca Solnit）在《地獄裡打造的天堂》（*A Paradise Built in Hell*）裡所言，書中部分靈感來自於她自己在一次舊金山強烈地震中的經歷。在災難中，這些生活方式會令人產生如此深刻的感受，是因為我們往往已經忘記自己其實可以這麼做。平日的我們常常都在孤立、不間斷的時間壓力、嚴重不平等的收入和機會、沒有目標或意義的生活中掙扎。「日常生活早已是一場災難，因此真正的災難反而能解放我們。」索爾尼寫道。

不幸的是，經濟災難似乎與其他類型的災難不同。正如芬蘭市場崩盤或經濟衰退的受害者，往往歸咎於自己運氣太差，卻經常忽視大環境的商業、社會和政治中強大勢力的行為。經濟危機不僅不會讓生活充滿意義，反而會加深孤立、剝奪生活的意義，並帶來日常的焦慮，讓人們沉浸在保住工作和支付帳單的壓力之中。

不過在這種絕望的情況中，也有值得注意的例外：**經濟災難通常會緩解與消費相關的地位壓力**。

舉例來說，即使經濟衰退可能會加深收入不平等，但往往會更厭惡炫富；人們傾向樸實打扮，購買不那麼華麗的房屋和汽車，變得更容易接受節儉的生活。整體而言，芬蘭人並不懷念芬蘭大蕭條，但在年輕時經歷過那個時代的許多人，都記得那是一種解放。就像一九九〇年代全球經濟衰退時歐洲和北美的情況：人們拋棄八〇年代色彩鮮豔的服裝和浮誇張揚的品牌，取而代之的是基本的黑色衣著、皮夾克和牛仔褲，越破舊越好。隨著工作機會消失，人們的雄心壯志受挫，必須成功的壓力也隨之緩解。一位女士告訴我：「**採用低消費的生活方式，可以避免很多問題。你不必擔心出門時該穿什麼、自己的車是否為最新款、房子是否美輪美奐**。」這種解脫感是沒有購物的世界中，最重要的心理轉變之一。

一八九九年，挪威裔的美國社會和經濟理論家范伯倫（Thorstein Veblen）出版《有閒階級論》（*The Theory of the Leisure Class*）。這是一本冷靜觀察上層階級行為的報告，並創造出「炫耀性消費」（conspicuous consumption）一詞來描述以「為了被他人看見」的消費行為。他提出的經典案例是：為什麼有人會費心購買手工製作的銀湯匙？在范伯倫的時代，一根手工銀湯匙的價格大約是二十美元，卻不會比價格二十美分、由機器製造的鋁湯匙更能有效地把湯送進嘴裡。

范伯倫預料人們支持銀湯匙的原因會是：手工銀湯匙不僅能舀湯，還能提供使用美麗、製作精良物品時的樂趣。但他也隨即尖銳地提出三點反駁：首先，銀和拋光鋁在「紋理或顏色的原生美感」再怎麼不同，也不足以證明銀湯匙的價格應該高出一百倍（許多人無法肉眼區分這兩種金屬，而它們反射光線的效果也都非常好，因此常用於製作精緻鏡面，如望遠鏡中的反光鏡）；其次，如果是手工製作的銀湯匙，今天會說它是「工藝品」。如果被發現其實是由機器製造的話，那麼即使產品本身沒有改變，其價值也會立即損失八〇%，甚至更多；最後，如果製造過程在各方面都完全一樣，只在於金屬重量不同，仍舊無法解釋其高達百倍的價差。范伯倫總結，銀湯匙的價值主要源於人們「必須有錢」才能擁有它——而所有人都知道這一點。

「銀湯匙的例子非常經典，」范伯倫寫道，「因使用與欣賞昂貴、美麗的產品而獲得超凡的滿足，通常多半是因為偽裝成美的『昂貴感』而滿足。」

自從范伯倫提出這個理論後，「炫耀性消費」的概念就開始廣泛傳播。從八〇年代的雅痞文化開始，到二十一世紀至今的閃亮文化（bling culture。譯註。充滿色彩與亮片的誇張奢華風格，並以自身故事傳達「只要努力就能過好生活」的想法）、Instagram 文化，以及身為億萬富翁的美國總統為私人飛機安全帶扣鍍上二十四K金，這一切都不令人陌生。公開塗抹昂貴的口紅、駕駛藍寶堅尼、肩背價值五千美元的香奈兒水餃包、乘坐短程航班的商務艙——這些行為都是炫耀性消費的典型現代案例。

炫耀性消費是廣告中最常宣傳的消費方式，也是人們談論購物時最常提及的內容。美國社會學家休爾（Juliet Schor）在一九九〇年代重啟相關研究並指出：「同儕群體的影響力，在『引人注目的消費』上，明顯高出個人私下的消費。」但**人們漸漸變成為炫耀而消費**。在一九九〇年代，暖爐、熱水器或臥室窗簾並不是引人注目的消費，如今卻成為 Facebook 或 Instagram 上炫耀的內容。不久之前，我們很少知道朋友或家人（更不用說完全陌生的人），如何渡假或在餐廳裡吃了什麼；今天，我們卻經常上傳這些資訊。范伯倫事實上早已預見這種情況會發生。他寫道：「炫耀性消費會逐漸變得重要，直到除了基本生計以外的所有產品，都變成炫耀性消費的一部分。」現在，幾乎所有東西都成了「范伯倫財」（Veblen Good。譯註。又稱炫耀財，經濟學上用以描述違反需求法則的財貨。能滿足人類虛榮心，炫耀財富與地位，如價格高昂的寶石、名車、名牌精品等奢侈品）。

范伯倫探討人類為什麼有這種行為，簡單說來就是：窮人嫉妒富人，因此想要努力致富，並模仿富人所做的事情。范伯倫所謂的炫耀性消費，後來也被描述為「競爭性消費」「地位消費」，甚至是「招嫉消費」，因為這種消費可能會激起他人怨恨、嫉妒或憤慨。不過范伯倫的理論富有同情心，認為人們參與炫耀性消費的根本原因不是因為貪婪、嫉妒甚至競爭，而是為了追求「稱之為自尊的滿足感」。

可悲的是，多數人似乎無法僅藉由餐桌上的食物、身上穿的衣服和頭上遮風避雨的屋頂來培養自尊，反而認為自己的生活如果沒有跟比較對象一樣好，就注定會產生不滿。這些比較對象不一定是富人（甚至往往不是），通常是今天稱為「朋友圈」或「社交網絡」裡的人。

「比較者」的選擇是個複雜的心理問題。人們經常使用消費來定位自己與旁人的關係，因此學者開始談論「定位性消費」的概念。人們如此謹慎地以消費定位自己，以至於社會上開始出現所謂「低調奢華」的炫耀性消費：一條高檔英國復古牛仔褲、一支德國手工銀製餐具湯匙，或一件宮崎駿動畫裡的可愛煤球T恤，對某些特定人士而言，會發出立即可識別的信號，對絕大多數人則完全不具意義。

評論家認為，我們的消費方式變得非常個人化，因此以哪個名稱來談論炫耀性消費都沒有意義。不過，許多消費仍然與地位競爭有關。

房屋一直都是重要的身分象徵，研究人員發現，如果要選擇「在六十坪房屋為主的社區中，擁有九十坪的房子」，或者「在一百八十坪房屋為主的社區中，擁有一百二十坪的房子」，多半都會選擇前者，因為與鄰居相比，自己家較大；研究結果也顯示，二〇一〇年代的「高檔品牌」，很可能從一九八〇年代就已經在建立形象，且在美國貧富差距較大的地區中，社交媒體上更常提及這前十大品牌：Gucci、Mercedes-Benz、Louis Vuitton、ROLEX、BMW、Chanel、Apple、Prada、Armani 和 Versace。**人們仍然對這種財富指標極為敏感，並持續使用消費來標記自己在啄食順序**（pecking order。譯註。動物社會群體中用以分配食物、空間、交配順序等資源的社會等級制度）**中的位置**；另一個重要的研究則發現：幾乎所有人都聲稱自己不參與「地位消費」，數據卻顯示人人大多都這麼做。

消費主義使人不快樂，最顯著的原因之一正是「地位消費」。四十年前，一項研究出乎意料地揭示了這種效應的強度。

有鑑於電視節目上經常出現犯罪畫面，研究人員試圖探討一九五〇年代美國的電視機普及，是否導致犯罪率上升。他們發現，絕大部分的案件並沒有隨著電視的出現而上升，除了一項例外：只要在生活中引入電視，竊盜罪的犯案率在所有地方都會隨之增加，但這種犯罪很少出現在電視節目中。排除惡作劇竊盜後，研究人員將這種現象歸於「目睹較高消費水準——也許是相對的剝奪感和挫折感」。當時電視中有八五％的角色過著中上階層的生活，似乎大量暴露炫耀性消費，便足以驅使某些人犯罪。

然而即使是非常富有的人，也忍不住私下告訴范伯倫：炫耀性消費既是一種樂趣，也是一種包袱，他們有時會覺得住宅、家具、新奇的玩意、衣物和飲食，會帶來「精巧但累贅的負擔」而被壓得喘不過氣。「相對的剝奪感和挫折感」在有錢人的世界裡也適用。無論是裝闊還是真的過得很好，如果感覺到「跟上了」，就會覺得舒服，要是還能領先就更好了（正如范伯倫所說，領先的感覺「非常令人滿足」）。而任何落後的感覺——意識到自己在社會中的地位越來越不平等——都會強烈抑制我們的幸福感。

現代研究證實，不平等的感覺有助於推動消費主義。主要是透過深化地位競爭，使財富和成功的標誌（無論是昂貴手機、豪華汽車還是在社群媒體上發布環球旅行）變得更加重要，導致追求金錢變得更加關鍵。也就是說，不平等推動了物質主義價值觀。專門研究不平等現象的威金森（Richard Wilkinson）將這種因地位競爭興起的購物現象稱為「績效考驗」（ordeal of performance）。事實上，人們對這份考驗有很多不同的反應：有些人成為炫耀性消費物質主義者的模範生；有些人的自尊心則不斷受到傷害，因此抑鬱或焦慮；還有人則是利用毒品、酒精或消費本身逃避（「購物療法」確實可以暫時緩解地位焦慮）。看看自己，多數人可能會意識到自己有上述情況。

記者帕特寧（Anu Partanen）從富裕但相對平等的芬蘭社會，搬到富裕世界中收入不平等最嚴重的美國，並就自己的觀察寫了《北歐萬有理論》（*The Nordic Theory of Everything*）。坐在赫爾辛基的咖啡館裡，帕特寧回憶起離開芬蘭前，她從不會因為需要表現出成功而備感壓力，並覺得自己在經濟方面有所保障，其他人的生活方式與她也似乎大致相似。事實上，芬蘭富人有時會抱怨無法公開享受自己的財富，因為只有適度合宜的物質生活才能在當地獲得尊重。

當帕特寧搬到紐約市之後，她覺得自己無法抗拒美國的物質主義，生活中遇到的人，也顯然擁有更昂貴的衣服、更大更好的公寓、更豪華的汽車。在媒體這一行，名人的炫耀性消費最為顯眼。「他們想炫耀自己的大房子，因此製作以豪宅為主的電視節目，告訴大眾這是值得欣賞和擁有的東西。這一切非常誇張，擁有一輛法拉利不夠，必須擁有十輛才行。」帕特寧說。

與此同時，她也在紐約街道和地鐵上看到歐洲前所未見的極度貧困，意識到失業（甚至擁有一份低薪工作），在美國可能直接導致無家可歸、飢餓和絕望。使帕特寧更加焦慮的事實是：雖然貧困經常可見，財富卻往往不可見。她最終意識到，身邊許多同儕並不是靠收入維生，而是靠遺產或原生家庭的財富生活。而最糟糕的是，要賺到足夠的錢來買房、送孩子上大學或擁有可靠的醫療保險，似乎確實很困難。但最矛盾的事情出現了，隨著不安全感日漸增加，帕特寧發現自己竟然想要花更多錢，而不是節儉度日。

「我真的非常吃驚。在北歐國家長大的我從來沒有這種感覺，但搬到美國後很快就被捲入其中。**我覺得自己應該多消費一點，因為買更多東西才能覺得自己是成功的，也才會覺得自己很安全。**」

她的經歷與不平等研究密切相關。現在有大量研究結果支持此一理論：當人們無法滿足物質和心理上的需求，會變得更加物質，而社會不平等則會加劇這樣的不安全感。貧富的巨大差距也創造出機會，讓人們比較自己與他人的生活方式。促使我們思索要擁有哪些財產或經歷，才能獲得范伯倫所謂「稱之為自尊的滿足感」。

帕特寧最後選擇搬回芬蘭。她覺得放下在紐約象徵成功的衣櫥，並且擺脫努力博取社經地位的壓力後，她立刻感覺能夠更自由地思考自己真正想要完成的事情。正如一位英國政治家曾說的：「如果你想要美國夢，就去芬蘭。」

然而現代的芬蘭，是個比一九九〇年代經濟崩潰前更不平等的國家。

如某位地理學家告訴我的，在芬蘭大蕭條之前，這個國家一直在尋求讓人人都生活在同樣的現實中，因此可以相互理解。芬蘭的收入不平等在一九八〇年代的雅痞時代有所增加，但幅度不大；大蕭條時期，無家可歸和飢餓等問題大多是經由政府補助、向仍然有收入者徵收更高稅收才得以解決（這些正是學者維克多用來在經濟模型中平息災難的工具）。但街上不曾出現暴亂，甚至沒有大規模的抗議。

然而隨著芬蘭大蕭條一步步進展，該國最富有和最強大的人們推動由歐洲和北美背書的市場驅動政策。此後，全國貧富差距不斷擴大。與三十年前相比，今天的芬蘭更難以忍受消費災難，而等待食物救濟的隊伍從未消失。

那麼芬蘭著名的自殺潮呢？那些決定結束生命的人，無疑是芬蘭社會在大蕭條中付出的可怕代價。然而即使是芬蘭人自己，也幾乎完全不知道經濟危機期間的自殺人數並沒有增加，反倒在一九八〇年代經濟繁榮的高點達到頂峰。芬蘭大蕭條開始後，自殺率反而逐步下降，此趨勢一直持續到今天（不過芬蘭的自殺率仍然高於西歐大部分地區，但與美國大致相同，略低於日本或韓國）。其實芬蘭公開討論過消費災難期間人民的心理健康，而且目前沒有研究表明大蕭條時人們心理健康會急劇惡化，有些研究甚至認為此時多數心理指標有所改善。

沒有人能確切地找出背後的原因，不過常見的解釋之一是：在一九八〇年代蓬勃發展的消費文化中，芬蘭人發現自己比以往更加激烈地相互競爭和比較。他們從未如此強烈地意識到，自己的國家正在分裂成贏家和輸家兩個陣營。古老的芬蘭諺語曾警告年輕人：人們往往不是在漫長且黑暗的冬季裡死在自己手上，而是在春天到來時喪失生機。

「人們看到一個充滿可能性的世界，」一位女士告訴我，「而後他們決定自殺。」因為他們直面日常生活帶來的殘酷。

因自我消費方式而焦慮的世界

穿著自製衣裳、懷抱在家中屠宰豬隻的記憶，波伊瑞清楚記得自己意識到芬蘭大蕭條結束的那一刻。在那段艱難的歲月裡，她會開電視看看時下流行的樣式，畫出設計圖，她的母親和祖母會接著縫製新衣。在她十一歲時，電視上每個人都穿著螢光色的衣服，她因此希望擁有一條螢光綠褲子和螢光粉襯衫。「我很自豪，因為我很時尚。」她說。那時芬蘭的經濟情況正在好轉。

次年她與家人去希臘旅行。她在海灘上遇到來自首都赫爾辛基的女孩，她們穿著當時流行的品牌，如 Diesel 和 Miss Sixty。「我卻穿著自家手縫的衣服。我當時真的覺得『天哪，我俗爆了。』」波伊瑞說。

波伊瑞說，許多像她一樣的芬蘭千禧世代都因自己的消費方式而焦慮，但她不確定究竟是什麼因素使然：是對芬蘭大蕭條的童年記憶，或是地球環境的問題。就像世界各地的人正在做出個人選擇，希望能減少自己在地球上的碳足跡：他們騎腳踏車、使用公共交通工具；吃手撕燕麥（nyhtökaura，素食版手撕豬肉）；不過他們也會搭乘飛機旅行，然後再為此感到內疚。

但波伊瑞的童年經驗也讓她不懼怕經濟危機再次到來。她告訴我：「我不覺得自己曾被剝奪任何東西。我認為當年沒有得到想要的一切，是很重要的經歷。它讓我知道，即便如此，我仍然可以過上美好的生活。」她有生存的技能，知道如何種植食物、飼養農場動物和捕魚；她也會做果醬、縫衣服和織襪子。

人們可能認為在困難時期長大的孩子，會渴望住在大房子或繁忙的城市裡。但事實恰恰相反，波伊瑞的夢想是比當年的家人更自給自足。她希望擁有一幢簡單小屋，有太陽能板和牲畜、用苔蘚代替衛生紙。雖然她基本上是個快樂的女孩，但芬蘭大蕭條時期的焦慮情緒早已在她身上根深柢固。

她認為黑暗時代即將來臨，卻沒有意識到自己早就身在其中。

08

/

廣告變身

Can advertising turn into the opposite of itself?

在倫敦克拉珀姆公園站搭車的人，從地鐵月台出站到地面街道（或是入站），通常會經過六十五則廣告。對於每天在此通勤的人而言，等於每天要看到一百三十則廣告，一周六百五十則廣告，而一切都發生在每天穿越車站的一、兩分鐘內。僅僅是搭趟電扶梯上下樓，就會與五十四則廣告擦身而過，從衣服、香水、電影、鞋子、手機，到電視節目的宣傳都有。

某日，所有廣告突然都消失了，牆壁與旋轉柵門上取而代之的是各種貓的影像：經典的黑白貓、戴著紫項圈的小貓、睜著一雙綠眼威風凜凜的長毛虎斑貓。貓沒有什麼可以賣，對人也沒有任何要求。牠們之所以存在，就像眾多網友一再強調的，僅僅是因為貓往往讓人們感覺良好，而廣告往往讓人們感到不安或缺乏——換句話說，就是感覺很差。那麼，為何不在車站裡放上更多貓、更少廣告呢？

倫敦地鐵裡充滿貓的這一幕真的曾經發生。二〇一六年，在英格蘭罕見的九月熱浪中，一群充滿點子與反叛精神的廣告人租用整座克拉珀姆公園站，以各種貓科動物的影像代替販賣商品的海報。這次的行動堪稱「驚鴻一瞥」（這群廣告人的團隊名稱恰好也是「瞥見」〔Glimpse〕），而這次活動也讓我們得知廣告從心理和物理環境中消失時，可能會發生什麼事。

商業該如何在去消費文化中運行？

我們已經知道，停止購物的世界會是廣告更少的世界。如果有個行業會在那段天翻地覆的日子後嚴重崩潰到無法復甦，那必然是廣告行銷業。

當人們停止消費，廣告會是企業減少支出的首要項目。新冠疫情期間，即使是網路上的廣告（人們此時在網路上花的時間比以往都要多），在短短兩個月內也下降了近四〇％。儘管疫情期間的大量經濟損失令人痛心疾首，廣告逐漸消失的媒體報導卻受到人們的歡迎。然而諷刺的是，大多數媒體報導背後都需要廣告的支持。

這個模式始終如一：二〇〇九年是金融海嘯的谷底，全球廣告支出下降一〇％，遠遠超過消費者支出下降的幅度；美國行銷職位的數量銳減到一九九五年的水準，也就是時光倒流了近十五年。金融海嘯甚至不是近代史上最大的廣告停擺事件。一九九〇年代初的經濟低迷時期，全球富裕國家的行銷預算下滑速度，是整體經濟下滑速度的五倍。最慘的當然是芬蘭，其廣告支出在數年內下降了三分之一以上。

消費和廣告明顯緊密掛鉤，從厄瓜多飛往美國的任何一座機場，路上受到廣告轟炸的程度著實令人震驚（因為較貧窮的國家廣告少得多）。當收入不平等的情況減緩時，行銷支出甚至會下降，因為人們覺得已經跟上周圍的生活方式，就會減少購物支出。

廣告的作用及其造成的影響一直充滿爭議，光是「廣告是否真的有效」這樣簡單的問題，眾多研究也並未達成共識，因為廣告顯然只在某些時候有用、只對某些人有效，而在許多情況下並沒有可衡量的效果。但廣告是種強大的社會力量，全球每年更花費超過六千億美元在廣告上。

廣告行銷就像氣候變化。我們不能說倫敦九月的熱浪是由全球暖化所致，卻知道全球暖化增加倫敦九月熱浪來襲的可能性。同樣地，我們並非每一次都因廣告而購物，但無處不在的廣告確實讓我們更有可能下手購買東西。

無論我們重視什麼，廣告都可以找到相應的賣點把東西賣給我們。它可以設計得讓我們相信產品有用、能解決問題、為生活帶來意義或美感、使我們更具吸引力、標記重要的生命事件、放縱自我的白日夢和幻想、消除內疚和不安、表現身分認同、賦予地位、加強我們與親友的關係、將我們與過去連結起來，或作為禮物等等……而滿足這些欲望和需求中的任何一項，都會在我們身上產生同樣的感覺：愉悅。無論是典型的「愉悅火花」，還是更複雜的滿足感（比如找到合適的棺材來埋葬所愛的人），**廣告的永恆承諾是：消費會帶來滿足**。

有人說，資本主義什麼都能賣，就是賣不了「少買一點」，但史坦利（Vincent Stanley）在二〇一一年最繁忙的購物日測試了這個提議。他在巴塔哥尼亞戶外服裝公司（Patagonia）的角色，是某種奇怪的行銷人員和哲學家的混合體。他提議在黑色星期五（全球聖誕節購物狂潮的起始日），於《紐約時報》（*New York Times*）刊登展示巴塔哥尼亞最暢銷刷毛外套的廣告，但配上一條標題：「別買這件夾克」。其餘的廣告文案同樣直截了當：「買東西前請三思，別購買不需要的東西。」並且詳細說明夾克的環境成本：製造和運輸每件夾克消耗的水，足以滿足四十五人的日常需求；每件夾克會排放近十公斤的碳汙染，此重量遠大於夾克本身。

該公司某些高層看到這則廣告背後的真實風險：它有可能成為一個「拉特納時刻」導致銷售額下降，甚至拉垮整間公司，因為美國有五分之一的零售採購是在聖誕節期間進行的。無論如何，他們依舊同意繼續執行。「當我們採取這樣的行動時，事前通常並沒有周延計畫，沒有提前下好兩、三步棋。」史坦利說，「我們只是說：『好吧，看看到底會發生什麼事。』」

實際上發生的事情是：接下來幾個月，銷售額不斷攀升，要求客戶不要購買的那件夾克銷量甚至沒有下降。從那時起，該公司年復一年地穩定繼續銷售更多商品、開設更多商店。門市往往座落於以富人娛樂聞名的地點，如曼哈頓上西區、首爾江南區、法國夏慕尼。經常進行娛樂性消費的人，甚至替巴塔哥尼亞取了個暱稱：巴塔古馳（Patagucci）。

使用反消費主義來銷售更多東西，有什麼比這個更諷刺呢？然而，這也可能帶來新觀點，窺探低消費世界中行銷產業的可能型態。

巴塔哥尼亞的廣告支出並不多，主要是透過型錄和官網來達成銷售額。就像當今許多複雜的行銷一樣，賣的不是具體物品，而是價值觀：一種以巴塔哥尼亞產品為特色的完整生活方式。其品牌打造的世界裡，聚集了一群志同道合又健康強壯的人，體現著「靈魂」和「精神」。人們可能認為購買巴塔哥尼亞的產品，可以幫助自己成為其中一員，或相信自己離那個世界更近一步。

巴塔哥尼亞還透過企業宣傳的方式行銷，最典型的做法就是參與環保運動來吸引大眾的注意，有時也會使用游擊廣告來吸引目光。「別買這件夾克」的廣告就是個好例子。這則廣告得到大量的媒體曝光，但巴塔哥尼亞沒有為此付出一分錢；二〇一六年，他們承諾將黑色星期五全額營收捐贈給環保活動的企畫，也達到同樣的效果。史坦利告訴我，他們原本預計銷售額會上看兩百五十萬美元，但最後竟然賣了一千萬。「在接下來的一周裡，我們不斷遇到客人說：『上周太瘋狂了，我們手滑買了太多東西。可以退貨嗎？』而我們都回答可以。」史坦利說。

該品牌同時也採用典型的行銷策略，主動創造人們尚未意識到的需求。二〇一八年，巴塔哥尼亞推出「靜音羽絨衣」，從此穿著蓬鬆的羽絨外套四處走動時，不會再發出惱人的摩擦聲。因此一夜之間，擁有「吵鬧」的羽絨衣就成為令人尷尬的俗氣象徵。

「有時我會去查看生產線的規模和生產數量，知道這對環境來說不完全是正面的。」史坦利說。他對環境議題的關心大增，因為幾年前席捲加州的災難性野火讓他被迫疏散，逃離家中；幾天後降下的暴雨又將火燒過的裸露土壤沖刷成土石流，導致他無法通勤到巴塔哥尼亞的聖塔巴巴拉企業總部。「你看，我們不像一九五〇年代的國有酒類商店那樣（譯註：美國於一九三三年解除禁酒令，但仍有一段時間視酒類爲管制商品），特別設置綠色的牆壁和金屬貨架，讓你在購物時心懷愧疚。我們的商店很漂亮，所有東西看起來都很棒。」

巴塔哥尼亞令人費解的廣告方式其實有個專有名稱：「去行銷化」（demarketing），西華盛頓大學消費者研究員蘇爾（Catherine Armstrong Soule）表示，歷史上出現這種行銷方式的比例「非常、非常、非常」小。這個手法在一九七〇年代首次獲得認可，當時包括百威啤酒、柯達初代傻瓜相機、前往峇厘島旅行都瘋狂地供不應求，因此人們千方百計勸阻消費者不要消費過多產品或服務，必須以「去行銷」的手段壓抑需求。

那時，人們終於開始明白世界上的資源不是無限的。消費者研究人員科特勒（Philip Kotler）和李維（Sidney J. Levy）是第一批研究「去行銷」的學者，饒有先見之明地預見該如何在停止購物的世界裡應用這種行銷方式。他們說，市場行銷這種機制經歷漫長的演變，在工業生產力和豐富資源相結合下，造成商品「供過於求」。一九七〇年代，多數商人已認知到廣告是種「只能同甘不能共苦」的行業，在經濟資源緊縮時就會大大縮減廣告預算。然而，行銷並不只是為了「增加需求」，科特勒與李維在《哈佛商業評論》（*Harvard Business Review*）中表示：行銷更確實的目的應該是「將需求調整到企業可以或希望處理的層級和結構」。事實上，行銷沒道理不能鼓勵「去消費化」（deconsuming），也就是減少人們的需求和消費。

近來有極少數企業將抑制需求作為生態責任，這些行為被稱為「綠色去行銷」。巴塔哥尼亞的「別買這件夾克」廣告是個開創性的例子，也是第一個吸引蘇爾注意力的例子；最近的案例則是美國專營戶外用品的百貨公司REI，自二〇一五年起決定在黑色星期五關門一天，同時鼓勵消費者在戶外度過一年中最繁忙的購物日。

許多人認為「綠色去行銷」很虛偽，這想法其實相當合理：當一間公司同時對其產品進行「銷售」和「反銷售」，不可避免地會導致認知失調。巴塔哥尼亞不認為「別買這件夾克」的廣告會損害銷售額，其「去行銷」的做法反而讓公司穩定成長；蘇爾曾經在黑色星期五結束前參觀REI的實體商店，並遇到發放折價券的工作人員。他們依然在舉行促銷活動，只是不在黑色星期五當天開賣而已。

然而「綠色去行銷」並不完全是個表裡不一的花招。這項策略之所以在戶外用品零售商中最為常見，原因在於許多喜歡戶外運動的人士相對富裕，並往往擔心消費對地球造成的影響。戶外用品的市場，有很大一部分是由所謂的「去消費者」所組成，他們積極地想減少自己和世界的消費。

巴塔哥尼亞可說是第一個具有全球影響力的「去消費」品牌。他們越來越精準地瞄準「去消費市場」，並不斷鼓勵人們「去消費」，以積極擴大這個市場。在諸多產品被故意設計得很快就過時、損壞、淘汰的世界中，巴塔哥尼亞反其道而行，主打其裝備經久耐用，更特地採用經典的顏色和款式，以便適應不同的時尚周期。該公司也發起名為「新不如修」（Worn Wear）的計畫，鼓勵人們盡可能延長裝備的使用年限，並經常在產品宣傳照上置入補丁、褪色、有破口和裂痕的產品。如果你的裝備需要維修，他們會提供服務；如果你決定要拋棄某項裝備，他們也樂意接手轉售或回收。

身處在一個不停成長的經濟體中，巴塔哥尼亞仍然是一家不斷發展的公司，卻讓我們可以預見「去消費」文化中的商業運行模式。

這並不矛盾。雖然消費額較低的社會，消費的產品也比較少，但並不是完全沒有消費行為：若將全球消費減少二五％，人們的支出仍有數兆美元。在金融海嘯期間，由於許多家庭試圖在不減少購物的情況下省錢，最終大部分支出都流向廉價和劣質商品。但巴塔哥尼亞注意到對他們來說更重要的微小趨勢：經濟衰退期間，衝動性購物和炫耀性消費減緩，一些購物者因此尋求高品質、更耐久的產品，而不是讓人快速感覺良好的解決方案；該公司也觀察到新冠疫情中再次出現的奇妙轉變——大眾開始「去消費」。

「整個戶外用品產業都因疫情帶來的經濟低迷而受益，因為人們不再去豪華酒店度假——而改去國家公園或在家附近露營。」史坦利說，「你會看到顧客進來購買帳篷、睡袋和戶外夾克。」

大量的行銷手段創造出現代消費者，「去行銷」則加速創造出「去消費者」。在最近的一項研究中，蘇爾和其他研究人員向不同背景的美國人展示一張照片，穿著黃色戶外夾克的男子面帶微笑並比出和平手勢，面容飽經風霜，身上的夾克不僅陳舊不堪，還沾上白色、粉色和亮藍色的油漆。這項研究要求參與者猜測此人的身分：是住在街頭、窮到買不起一件新夾克的人？或是經濟寬裕的周末登山者，出於環保顧慮穿著舊夾克，同時享受這種打扮帶來的自由叛逆風格？還是介於兩者之間？

人們如何評價這名男子，取決於許多微妙的信號。

一些受試者看到取自巴塔哥尼亞行銷檔案的原始照片，夾克上帶有該公司商標和「新不如修」的圖示，還被告知該公司的企業價值及「新不如修」計畫的內容（堅持使用舊裝備貫徹環保精神）；另一些受試者則看到同一張照片，但商標和圖示都被修掉了。那些看到商標並知道其含義的人，更有可能猜測該男子的收入和環保意識較高，他們也因此更有可能考慮購買巴塔哥尼亞的產品，即使其定價較高。

當我們知道一個人減少消費是經過深思熟慮的選擇，而不是出於經濟需要時，就會賦予該行為更高的評價，使其成為具影響力的「去消費」行為。蘇爾說：「這是推動消費背後巨大的誘因：我選擇這個產品，不僅是因為它與我相配，還因為我想讓世界知道我是什麼樣的人，或者我想成為什麼樣的人。我認為讓消費者在實施『去消費』時可以得到一些正面回饋，還需要大量的傳統廣告手段協助。」

透納（James Turner）是名媒體創意人，創立「瞥見」這個在倫敦地鐵站貼滿貓咪影像的團隊。而他們這麼做，只是為了推銷一種想法：我們應該在都市的空白處放置比廣告更好的東西。

他說：「我們需要從事廣告工作的人，來重塑消費主義的故事，將應用於消費產品的能量和原創性，來『銷售』可以替代以『即時滿足』為導向的商品。在廣告業的人都應該成為新行銷運動的領導者，或者至少參與這樣的活動。」

許多廣告銷售的不僅是產品，還有使人們更可能購買該產品的「地位系統」。透納認為，「去行銷」不僅可以降低商品消費、改變我們與商品的關係，還可以提倡一種新的地位系統。地球上最優秀的廣告頭腦能否讓我們相信，人類世界中的下一件大事是志工服務？是重新與自然連結？或者尋求智慧？

透納說：「我有點希望『創造力』本身就是人類的下一件大事。」他想像的新世界，人們可以擺脫品牌，透過追求創意和自我表達來形塑自己的身分、自由表達。不過他也認為，推動創造力需要大量的創意人。「那麼問題是，這個系統中是否能給所有創意人一份工作？」

「答案可能是悲觀的。」史坦利說。新冠疫情大流行期間，「巴塔哥尼亞是否應該繼續發展」已不再是個哲學問題。該公司比多數企業提早關閉倉庫、商店、辦公室，甚至是運輸系統。它承諾在疫情蔓延的最初幾個月，會支付正式員工的工資，但也宣布許多員工將休無薪假。

「我們正在萎縮。」史坦利當時說，「長遠看來，也許生態圈會因此更健康，但我們會有很長一段時間像待在地獄一樣痛苦。」

不過該公司仍計畫繼續採用雙管齊下的方法，一邊綠化自己的產品，一邊想辦法銷售更少新產品。畢竟疫情帶來的經濟危機，有可能擴大全球的「去消費」市場，因為人們已經意識到許多物品不是生活中的必需品，有些甚至連想都不會想要擁有。

消費者的支出會帶動廣告，從而帶動更多消費者花錢購物，兩者會形成一個正循環並不斷擴大。但是呼籲創意表達、成為地球公民、提供志工服務等替代性訊息，卻不會以相同的方式無限循環。**當人們停止購物，廣告與其他消費品的生產都會放緩，曾無處不在的行銷活動造成的雜亂與打擾，會在此時消失，讓我們面對一片陌生的寧靜與空白。**

「這樣好多了。」史坦利笑著說。

少了廣告，少了消費

奧本海姆（Leonora Oppenheim）是住在倫敦的藝術家暨設計師，二十年來一直生活在低廣告的環境中（就像身在不那麼消費主義至上的世界裡）。她相信這份經驗讓她變成一個不同的人。

奧本海姆在廣告的包圍下長大。她的父親從事香菸和菸草品牌的行銷，十五歲時她在一家廣告公司找到人生第一份工作，第二份工作則是在沃爾夫．奧林斯（Wolff Olins），這是一家擁有半世紀歷史的全球品牌代理商，曾與奇異、谷歌、微軟和阿里巴巴等公司合作。奧本海姆的整個童年和成人時期都沉浸在廣告中，當多數人只是單純吸收行銷訊息時（我們對全球品牌的認識勝過於全球地理），她卻深入了解到廣告如何製作、如何以特定方式影響人們。

然而當她在倫敦大學學習設計時，對於行銷的理解卻讓她陷入危機。「我正走向一個非常高檔、奢華、充滿實驗性的設計世界——室內設計、家具設計和各式各樣的商品設計。」她坐在地下咖啡廳裡，這裡是曾是倫敦某間校舍，廢棄後被改造成藝術家工作室。她說：「環境問題肯定改變了我的人生軌跡。」

她開始厭惡敦促人們購買各種商品和服務的行銷機制，這些消費導致氣候變遷、森林盜伐、海洋塑膠垃圾等問題。她說：「廣告就像汙染，是種視覺上的精神汙染。假設你在GAP網站上看了一條褲子，接下來一周，不僅是GAP會在瀏覽器上跟蹤你，那條你曾經考慮過要不要買（最後決定不買）的褲子也會緊跟在後。你在網路上會被『不購買』的產品追逐騷擾。它們試圖讓你妥協並決定下單。」

二〇〇〇年代初，奧本海姆開始積極地在生活中避開廣告：起初她堅持收看無廣告的英國廣播公司（British Broadcasting Corporation）節目；隨著網路時代正式開始，她成為反行銷應用程式的早期用戶；無廣告雜誌和優質串流媒體服務一出現，她立即花錢訂閱。她說：「現在看到最多廣告的時候，是乘坐大眾運輸工具時。各式各樣的廣告看板、公車廣告、地鐵海報。」她試圖不要直視這些廣告。

奧本海姆這樣做之後，明顯的差異在於她付費購買的東西，是大眾鮮少願意付費獲得的。批評者往往強調廣告如何大張旗鼓地提醒人們購物，卻無視它們如何支持世界上大部分的媒體及其創作者，從podcast和音樂串流媒體，到社群網站和新聞報導都是。新冠疫情暴露了這種模式的弱點：人們希望藉由媒體分散注意力並獲得訊息，提供其資金的廣告收入卻一落千丈。小型地方媒體災情尤其慘重，他們在疫情期間吸引了前所未有的讀者、聽眾、觀眾數量，卻也得面臨財務崩潰。奧本海姆為自己打造的無廣告世界，反映了未來可能的走向：身為消費者，我們需要為自己獲得的訊息、娛樂和社交連結支付更多費用（無論是直接付款或透過政府和非營利機構）。無論如何，廣告都會越變越少。

事實上有些產品製造商已經取消了行銷廣告，以支付工人更高的薪資，並提高有機和可再生材料的價格，一間法國巴西製鞋公司Veja決定不花任何成本在廣告或名人品牌大使身上（該公司聲稱，這類廣告通常占一雙運動鞋成本的七〇%）。Veja鞋是少數帶有商標且讓奧本海姆願意穿著的產品，因為她希望可以公開宣傳這個品牌的價值觀。

不過她也常常自嘲這努力有多愚蠢。奧本海姆想知道，自己最初究竟是希望過著拒絕消費主義的生活而開始避開廣告，還是因為負擔不起這樣的生活方式，因此需要避免對自己得不到的東西產生渴望？不過這一切早已不再重要：身為去消費者、反消費者的她，現在過得非常愜意。

「我這麼做，最希望可以簡化進入大腦的訊息。我希望能夠管理它，並感覺（儘管我這麼說可能很天真）自己對這些訊息有某種程度的控制。」奧本海姆說。

消費者研究一致表明，**我們每天接觸的廣告加起來可能超過數千則，其中大多數都在述說金錢、財產和良好形象是通往幸福、成功和自我價值的途徑，但這些消費實際上卻容易使我們對自己的感覺越來越差**。在大城市中尤其如此（現在世界上多數人口都住在城市），其他消費者的存在和過量的廣告，不斷讓我們懷疑自己的社會地位。套用英國經濟學家傑克森的話，我們被廣告說服，把口袋裡沒有的錢，花在自己不需要的東西上，好讓我們並不關心的人留下不會持久的印象。

已經戒掉咖啡的人如果某日再嚐到一杯，就會立即認識到咖啡因的真正效力。奧本海姆表示，這個原理在廣告上也適用：當她再度接觸到廣告時，她可以清楚感受到廣告造成人們的不安全感。在廣告較少的世界裡，人們會保有更健康的心理狀態、更少在社群媒體上發聲，憂鬱和自殺的傾向也會減少，因為我們不再看見關於外表和自我價值的種種暗示。

奧本海姆認為，人們絕不會想念這些廣告。在新冠疫情之前，她很驚訝身邊越來越多人感受到時間加速的壓力，甚至就像電影畫面一樣，永無止盡地重複同樣的例行公事。其中有許多人因疫情帶來的詭異停滯而迷失，甚至感到恐懼，奧本海姆卻覺得這種步調很熟悉。藉由控制自己的心理環境，她早就產生了一種時間變慢的感覺，沉浸在越來越廣大的平靜之中。

「我想變得越來越安靜，學會傾聽自己的聲音。」她說。

二十年來，奧本海姆一直過著某種奇特的流放生活，對周遭多數人生活的世界感到陌生。她所做的並不是簡單地拒絕廣告而已，而是拒絕了一項更大的東西：她屏棄了物質主義。

09／迅速適應

We adapt to not-shopping more quickly than you think

要了解停止購物對人類的影響，可以參考三十年來種種研究的結果：物質主義的價值觀不利於人類的心理健康。

「物質主義只對它推崇的事物有幫助。」三十年來一直研究此主題的美國心理學家卡瑟（Tim Kasser）告訴我，「如果你關心的是地位、財產和經濟成長，那麼物質主義確實是偉大的；但如果你關心的是個人幸福、社會福祉和生態保護，物質主義就沒那麼偉大了。」

至今已經從不同角度研究物質主義，結論大致都相似：從兒童到老人，所有人都深受物質主義的負面影響。其傷害普遍存在於不同收入水準、教育程度、性別、種族和文化背景的人之中，甚至在高度物質化的群體（如律師、商學院學生和企業家）中也是如此。事實上，一個人越偏好物質主義，遭受的影響就越嚴重。

那些將金錢和財產視為成功指標的人，內心最為扭曲。因為他們視其為幸福所必需，因此往往讓它們凌駕於人際關係之上。一個人有多物質化，幾乎可以預見此人會變得多自私、自戀、吝嗇和喜歡操縱他人。物質主義者也更容易利用他人，因此只能擁有短暫淺薄的人際關係，更容易感到孤獨。物質主義並不鼓勵同理心，導致人們難以自願幫助他人或關心環境。

簡而言之，物質主義提供的舒適、滿足或幸福感並無法持久，只會反過來激起焦慮、不安全感，逼得你從床上爬起來，在世界上殺出一條血路。正如卡瑟對我所說的：「物質主義可不是什麼健康的營養品。」

雖然研究已經證實物質主義讓我們不快樂，但要準確解釋其背後的機制又是另一回事。物質主義讓我們擔心自身財富和地位，但更重要的事實是：每個人的時間有限。

心理學家將我們可能持有的各種價值觀，簡單分為兩大類：「外在價值」主要是獲得他人認可時的滿足感，而時尚正是例子之一。我們可能會從自己對服裝的品味獲得個人滿足感，但要夠時尚，卻需要從重要的人身上得到認可的目光、讚美和喜愛。外在價值使炫耀性消費的賣弄具有意義，也是廣告和消費文化的基石。如果社群網站的點讚、分享、轉發和投票等機制使你厭煩，實際上讓你反感的是這些系統背後粗魯的物質主義。

「內在價值」則直接滿足我們，不需外界的認可，而擁有願意支持自己的親密朋友正是例子之一。其他人可能會羨慕或嫉妒你擁有的友誼，但他人的認可與欽羨，不影響你對友誼的滿意度。然而內在價值也經常被行銷手段所綁架：你是否夠愛你的未婚妻，因此必須買這枚鑽戒給她？你是否夠關心你的孩子，因此必須買輛具備某些安全功能的汽車？你是否夠重視自己，因此必須佩戴昂貴的手錶？但這樣的廣告事實上是虛偽的，這些物品對於真愛、照顧孩子或重視自我而言都不是必需品。

「無論是內在或外在的動機和衝動，都是人之所以為人的基礎——我們是矛盾的存在。真正有趣的問題是：我們什麼時候下什麼決定？人們生活中的哪些環境導致他們做出什麼樣的選擇？」卡瑟說。

他也表示，即使在世界上最物質主義的社會中，多數人仍然認為內在價值（健康、家庭、朋友、努力成為有能力且心胸開闊的人）是最重要的，只不過物質主義排擠了這些內在價值。當我們追求外在價值時，原本可以滿足心理需求、培養自己的真實身分、學習不同技能、與身邊重要的人相處的時間和精力，就不免遭到壓縮。物質主義促使我們忙於向世界展示，自己正在成為人生贏家（或至少不是魯蛇），卻無法讓我們真正在生活中取得成功。

然而這些理論似乎無法充分剖析物質主義。其中，最重要的問題是：**如果購物不曾、也不可能使我們快樂，為什麼人們還是忍不住買了這麼多東西**？為什麼許多人會做出如此明顯不符合自身最大利益的事情？

要解釋這個悖論，必須仔細觀察物質主義的研究，並承認其中的複雜性。

是的，物質主義通常對所有地方、所有事物都有害——卻又沒有那麼明顯，有時其影響甚至微小到在自己身上都難以識別。負面的影響大致都相似，但又不那麼規律（如購買新產品不一定會造成痛苦）。社會中有快樂的物質主義者和不快樂的非物質主義者（數據中的異數）。因此，雖然可以說少即是多，但也多不了太多，而對某些人來說，多即是多，少即是少，物質與快樂息息相關。不過大多數人可能並不屬於這種人，即使有時你自認如此。

物質主義只是影響幸福的眾多因素之一。相關研究也都發現，更富有的人描述的幸福感確實更高。更高的收入不僅可以購買商品和服務，還可以提供地位、安全感、機會和對生活的控制權。然而，一旦基本需求得到滿足，額外收入帶來的福祉就會下降，直到消失。

經濟學家凱因斯（John Maynard Keynes）認為，這是經濟問題獲得解決的時刻：社會已經滿足了「絕對需求」，可以無視周圍他人的處境並且開始放縱那些「相對需求」，在得到進階滿足感後還要覺得自己比同儕優越。

凱因斯在一九三〇年的著作中已經觀察到，可能永遠無法滿足所謂「二等人的需要」，因為優越的標準永遠可以一再提高，而「絕對需求」不僅限於食物、衣服和住所，還可以包括舒適感、生活享受等「必需品」。凱因斯也寫道，人類社會面臨的挑戰是，必須認知到「經濟問題」何時獲得解決。根據長期的經濟和人口趨勢，他預測二〇三〇年許多國家將處於這個階段，人類將可以擱置他認為「病態到有點令人作嘔」的金錢動機。

消費文化的基本特徵之一是，它讓人們不容易發現金錢再也不會改善自身福祉，還會開始削弱幸福感。例如近幾十年來，中國數以百萬計的人享受了收入增加帶來的好處，成功讓自己和家人擺脫經濟困境，但隨著無情的地位競爭、明顯的財富不平等，以及年長的物質主義者和質疑貪婪後果的年輕人之間，代溝日益擴大，社會中財富不斷成長，國民卻越來越不幸福。不過中國消費文化最引人注目的特色，是其「綠色物質主義」的力量：該國已成為世界上「生態文明」的主要支持者，越來越豐富的消費生活方式，將透過各種規畫和技術進行「綠化」——對於一個擁有近十五億人口的國家來說，這是一項非凡的挑戰。

儘管消費文化不能提供持久的滿足感，卻擅長供給新鮮事物和體驗。購買最新款藍牙耳機確實可以帶來快樂，其時尚設計不僅昭告我們很跟得上時代，單純地擁有也足以使人快樂。即使我們知道購買新東西的小快感很少能持久（我想大部分的人至少在人生某些片刻有過這種經歷），但消費文化輕易地就讓我們繼續回頭以獲得更多小確幸，然後互相連接後，便誤認為這種滿足得以持久。事實上，消費主義還有另一個諷刺之處：雖然它就像個心理陷阱，人們卻經常認為它是一種解脫的方式。正如一組研究人員所說，消費是「一種獲得社會文化認可的應對策略」——包括以消費行為應對消費資本主義的壓力。

這讓我們再次回到追求物質主義最直接的原因：某些強而有力、超出我們控制的勢力和結構，迫使我們不得不這麼做。正如在新冠疫情開始時清楚呈現的，我們自己的生計、其他人的生計，甚至文明本身的基礎，似乎都取決於我們持續參與這個收入與支出的金錢循環。自一九六〇年以來，世界消費經濟成長了六倍以上——它是一部難以想像的巨大機器，但也是脆弱的機器，永遠處於燃料耗盡的邊緣。價值六千億美元的廣告行業，鼓動人們沉浸在日益複雜的現實生活和虛擬環境中追求物質享受。消費主義早在我們出生之前，就已經鋪好了一條平坦的康莊大道，並設計出易於採用的身分認同、確立成功的標誌。**但消費主義並不是一條單行道，它豐富多樣的途徑，每條路都引導我們買得更多**。如果我們放慢購物速度（就像維克多的模型所顯示的那樣），主掌經濟的機構就迅速以更低的價格、更便宜的信用貸款、更低的稅收，甚至大張旗鼓地發放「振興券」來刺激消費。

所有這些影響相互結合，人們就很難長期追求內在價值。「我喜歡以自行車道作為比喻。」卡瑟說，「我想要每天騎自行車上下班，但如果政府沒有規劃自行車道，到處都只有四線道高速公路，需以每小時九十公里的速度行駛，那麼雖然我可能的確會騎自行車，也可能擁有一輛車，但這個社會並沒有讓騎自行車上下班這件事變得容易，反而積極地勸阻我。在消費文化中，有成千上萬個例子體現出我們沒有顧及內在價值，卻反而關注物質價值。越研究，我就越相信，確實有些人想要實現自己的內在價值，卻在這樣做時遇到了麻煩。」

世界停止購物的那一天，我們的價值觀會開始轉變嗎？二〇二〇年一月三十日的一次談話中，卡瑟表現出樂觀的態度，**當我們背棄物質主義和消費文化，內在價值的重要性將再度展現，讓我們可以選擇不同的生活方式**。

停止購物之後，需要多久才會發生這件事？

「這很難說。」卡瑟回答。

當天稍晚，世界衛生組織宣布新型冠狀病毒成為「國際公共衛生緊急事件」；六周後，世界各國對這種疾病的反應演變成一場全球規模的社會實驗，探索了讓卡瑟不確定的問題。

結果證明，停止購物之後，這種變化發生的速度幾乎比任何人想像的都要快速。

拒絕了消費主義之後呢？

消費主義一直在創紀錄的高位徘徊，並在新冠疫情大流行初期迎來最後一次高峰。人們囤積家庭必需品：有人囤食物和衛生紙；有人則因為感覺可能會封城，而失控地購買奇怪的消遣品，如烹飪和園藝產品、拼圖和棋盤遊戲、蹦床、網路攝影機、家庭健身器材；富人們則急於在自家後院建造游泳池。

當新冠疫情延燒五個月後，我和卡瑟再次交談，他提到這種反應符合物質主義研究的結果：**不安全感和威脅感，是刺激購物和消費主義最強大的因素之一**。

很少人專門研究大規模危機中的這種現象，不過有個研究觀察數百名冰島人，在二〇〇九年嚴重經濟崩潰到幾乎破產的六個月內的行為。研究發現，其中一部分人確實藉由提振內在價值來應對災難。「以前我們想成為企業家，現在只想做個好人。」一位冰島居民說。然而大多數人卻反其道而行，變得更加物質，儘管這麼做必須付出可觀的代價。這是展現物質主義運作方式的好例子，它提高人們心中的警戒級別，以便在基本需求受到威脅時能夠生存。從讓我們懷疑自己是否與時俱進的廣告，到信貸和債務體系帶來的壓力，再到企業家們不時要「擾亂」一下我們已熟悉的生活方式，不安全感已經自然而然地成為消費資本主義的核心運作原則。

然而諷刺的是，停止購物所帶來的不安全感，卻很可能導致我們重新開始購物（你現在肯定已經注意到，我們的消費方式存在很多諷刺、悖論和矛盾）。然而，停止購物不像一般經濟崩潰會帶來不安，反而比較類似新冠疫情最嚴重的時候，我們會將自己與許多日常的消費衝動隔離開來。

在這種情況下，全世界數以百萬計的人們，迅速轉而追求改善幸福感：創造社會連結、維護人際關係、接觸自然、發展個人成長、追求靈性和正念，其中最簡單的就是積極拒絕物質主義。即使人們的停止購物比較是被強迫，而非主動選擇，但他們終究還是不再買東西了。人類似乎有種自我照顧的本能。

我在全球新冠疫情封城最嚴重的時候，調查自己的人際網絡。身邊人們的故事，反映了疫情中大眾都有的經歷。當然有些人沉浸在死亡、疾病、焦慮、失業或生意失敗的困境中，但也有許多人（通常甚至是正面臨逆境的人），正在迅速朝比平常更正面的生活邁進。

居住在兩百萬人口都市中心的父親，終於得以享受和年幼女兒們一起度過的時光。他表示屋子裡充滿從未有過的開朗與豐沛笑聲；英格蘭南部鄉村的一名婦女與她的家人則感到孤立，但也同時描述了一個「超現實的烏托邦」，因為她用馬鈴薯換取到蜂蜜和雞蛋、收到鄰居手工製作的禮物、響應另一位村民的提議，將當地的電話亭變成食物分享站，但她平時與對方常常在政治意識形態上針鋒相對；紐約大學的一位教授則說，她成年後幾乎從來不煮菜，餐餐外食，甚至連一杯咖啡都用買的，但疫情期間她在打理生活的過程中獲得滿足，並表示：「原來煮咖啡並不難。」

「我正在用社交和食物取代消費主義。」中型城市的購物中心經理如此寫道。事實上，幾乎每個人都發現自己在與世隔絕的狀態下，比以往更具社交性。他們會去拜訪朋友、家人、甚至完全陌生的人，或者透過視訊通話來處理長期忽略的關係；許多人自我反省、努力於個人成長；或者嘗試重新與自然連結。全球有很多人驚訝地發現鳥類比平時多，表示我們開始關注鳥類；所謂的「善行大流行」（epidemic of kindness），也幾乎是種全球性的現象。

同樣有趣的是，眾人開始拒絕展現物質主義。在疫情初期有個令人難忘的例子：億萬富翁電影大亨格芬（David Geffen）在 Instagram 上分享了一張照片，是他站在自家巨型遊艇上於加勒比海進行隔離。之後，公眾的憤怒將他趕出社群網站，但多年來這種譁眾取寵的影像一直是金源命脈。許多女性尤其表示鬆了一口氣，可以不必再面對消費社會對特定形象的期望，可以擺脫高跟鞋、塑身衣、托高型胸罩、丁字褲、假睫毛、光療指甲、染髮劑等一長串產品。而長期遭忽視但顯然很龐大的一個女性群體——那些不喜歡購物的女性——此時才終於被看見。《紐約時報》採訪了一位男性娛樂業高級主管，他曾經擁有兩百一十件襯衫，但連續七十天的視訊會議中只穿過一件，他說完全沒有人注意到。一位住在多倫多的朋友寫道，危機中最顯著的一線希望是，他終於可以不用在乎是否過得跟同儕一樣好。

大量研究預測，拒絕消費文化將有益於人類福祉，但很少有人真的能預期這件事發生的速度。近十年前，蒙特婁麥基爾大學的心理學家展開一項比較精確的研究，引導一群學生思考各種內在價值（為個人成長和發展投入時間、透過志工服務幫助社區等等），然後調查他們的幸福感變化；另一組學生則被要求思考日常活動。相比之下，那些將思維轉向內在價值觀的學生，立即對生活有了明顯的正面看法。這樣的研究成果似乎有些令人難以置信，但新冠疫情的經驗證實，這種變化的確能夠以驚人的速度發生。**在世界停止購物的那一天，我們真的可能會在早餐上桌之前，就對生活感覺更好。**

「內在價值可以帶來外在價值無法引發的東西：讓我們自我感覺更好。」卡瑟說，「對我來講，內在價值的提升，反映出人們在一般情況下承受的重量，這迫使他們依照外在價值行事。疫情中，這些外在價值被剝離，因此使內在價值更容易出現。」

歷史上，追求靈性者曾穿著粗毛襯衣（hair shirt），內襯是能刺痛皮膚的動物毛皮，以此作為一種肉體提醒：物質的舒適並不是生活的意義所在。今天，任何拒絕物質主義的行為，常被認為等同於「穿上粗毛襯衣」，放棄消費的樂趣而自我否定、自找麻煩。但事實上情況正好相反，在新冠疫情期間，我們沒有穿上所謂的粗毛襯衣，反而終於把它脫了下來。

減少消費，才有更多時間追求內在價值

不過事情變得越來越複雜。

隨著新冠疫情的進展，人們的生活經驗發生了變化。烤麵包是種簡單、古老的自力更生行為，因此本就令人滿足，此時卻成為隔離生活的象徵。一時之間，「自己烤麵包」也立即變成地位、企圖心和成就的競爭標誌，因為社群網站上瞬間充斥在美麗廚房中為美麗家人準備美麗麵包的影像；健身不僅是對健康的追求，也是為了向世界炫耀完美的腹肌；面對以往忽視的人際關係，一陣陣突然迸發的

關愛潮（無論是當面還是透過視訊通話），使生活充滿情感上的挑戰：孩子們不知道如何與疏遠的父親相處、聯繫上多年不見的老友卻發現對方長期怨懟自己。許多人承諾要堅持疫情帶來的正面變化：減少工作時間、放慢生活節奏、欣賞生活中的小事、花更多時間與自己關心的人相處，也與自己相處。簡單說來，就是取得外在和內在自我之間更良好的平衡。然而隨著消費文化在網路上重獲新生，商業購物生活悄悄地回歸，大多數人又回到以往熟悉的生活模式。

其實在疫情蔓延之前，卡瑟就曾經警告我，停止購物是一趟「起步比持續容易」的旅程。他告訴我：「人們脫離消費文化，最初可能會從中體驗到一些幸福感，但接著就會發現內在價值並沒有那麼容易追求。你或許並沒有能力深入發展並取得成功。」

追求內在價值的路上有幾個陷阱。許多人並不擅長表現自我本質，因此在高度關注外在目標和信念的社會中，他們懂得推銷自己，卻不明白如何發展更深層的關係；他們擅長在亞馬遜網站上尋找適合自己形象的衣服，但不知道怎麼自己種植食物；他們可以處理活動滿滿的行程表，但無法長時間安靜坐著卻不焦慮。從原本精通的事務轉向自己不擅長的部分，本來就很容易令人沮喪，因此即使人們並沒有意識到自己正在這麼做，卻會輕易地就轉移到外在動機之上。「外在動機在某種程度上毒害了內在動機。」卡瑟說。

我們的外在自我和新內在自我之間的緊繃關係，就像非商業時間的重新出現一樣，往往讓人迷失。能夠藉由內在價值了解自己的感覺很好，但是接下來該怎麼辦？「只有感覺到自己正在實現內在價值，它才會對你有好處。如果你曾經看見自己的內在價值，卻沒有實現它們，這其實對你個人是不利的。」卡瑟說。

隨著新冠疫情最初幾個月過去，內在價值越來越不明顯，關於「另一種生活方式」的大規模全球實驗似乎失敗了。然而卡瑟有理由相信情況並不是非黑即白，畢竟我們是在內心感受和私下表達內在價值，而不是放在聚燈光下博取他人的掌聲。事實上，這種由外向內的轉變可能一直在加深。

二〇二〇年五月下旬，隨著第一波新冠病毒在全球肆虐，明尼亞波利斯的一名警察跪壓在佛洛伊德（George Floyd）的脖子上直到他死去，過程完全被拍下。「黑人的命也是命」（Black Lives Matter）很快就成為一場全國性、國際性的運動，對種族不公進行清算。這是一個難以想像的轉折，因為新冠疫情如火如荼蔓延之際，並不是數百萬抗議者走上街頭的最佳時刻。沒有明確的理由可以說明這起事件為什麼不像其他衝突一樣轉瞬即逝：美國警察對黑人公民的暴行並不是什麼新鮮事（這也是一件非常不幸的事實），類似死亡事件的影片曾多次在網路上流傳，部分也曾引發短暫的騷亂。佛洛伊德「我無法呼吸」的絕望呼喊，也呼應了在此之前的許多殺戮。

然而在二〇二〇年，「黑人的命也是命」可能成為美國史上規模最大的抗議運動。事件發生幾周前，曾經無法想像的變化接踵而至：黑奴巨商銅像（編按：十七世紀時靠買賣黑奴致富的商人愛德華・科爾斯頓〔Edward Colston〕）被推倒；密西西比州州旗刪去奴隸時代的象徵（編按：該州當年六月刪除邦聯戰旗圖案，並於二〇二一年一月啓用新州旗）；職業美式足球華盛頓紅皮隊同意更改其帶有種族歧視色彩的名稱（編按：隊名原文中的「紅皮」〔Redskins〕一詞遭美國原住民認爲具有侮辱含意）；洛杉磯和明尼亞波利斯等大城市啟動了截然不同的治安方法。兩周裡，對種族平權運動的支持比前兩年增加得更多，所有年齡、教育和種族群體的支持者都有所上升，而這一切都發生在一個公眾政治分歧似乎早已根深柢固的國家。

「有某件事情，讓人們更願意擁抱這些想法。」卡瑟說。

心理學或許可以提供兩方面的解釋：其一是非商業時間的影響。由於數百萬人沒有工作、上學、通勤或消費，擁有了難得的自由時間，可以將注意力轉向更大的問題；但是，廣泛追求內在價值也可能發揮了作用。研究一致表明，不那麼物質主義的人，較少展現自我中心傾向，也更可能對他人產生同理心。他們的種族和民族偏見往往較少，也不太願意在社會系統中支配與自己不同的人。

換句話說，一次對美國大眾而言並不陌生的警察殺人事件，卻獲得比平時更多的回應，可能是因為有更高比例的人口跳脫了日常工作和消費的無盡循環，從不同的心態來看待這一次的暴力事件。

一個停止購物的世界，可能會從個人轉變升級為社會劇變——這種轉變甚至可能幾分鐘之內就會上演。

10

人心思變

We may need to see the ruins to know it's time to build something new

布洛維（Michael Burawoy）見證了經濟的死亡。

布洛維七十歲出頭，身材修長。在加州大學柏克萊分校擔任教授數十年，仍然聽得出輕微的英國口音。我們見面那天，他身穿一套黑色運動服，搭配一雙跑鞋，絲毫看不出是個知識分子。從他的公寓可以俯瞰以優美環湖燈光聞名的梅里特湖，以及臭名昭著的奧克蘭市中心（譯註：舊金山灣區第三大城市，全美最危險城市前五名）。那裡現在是一片工地，正忙於為千禧世代的年輕人建造公寓。

一九九一年春天，當時蘇聯境內的偏遠工業城鎮夕克替夫喀，布洛維正處在「極地傢俱公司」（Polar Furniture）工廠中，替一片片木板鑽孔。這景象可以說並不尋常，因為布洛維並不擅長這份工作。他告訴我：「很明顯地，我看起來很沒用。」同一時間，蘇聯與西方世界之間的冷戰正處於高峰期，當地某些同事甚至懷疑他是間諜，因為他會在這裡的原因令人難以置信：布洛維是位參與式觀察（participant observation）的社會學家。在這種研究方法中，研究者需完全沉浸在其研究的生活方式中。布洛維正在觀察一家生產國宅壁櫃的國營工廠內部運作方式，他當時完全不知道自己正在見證蘇聯帝國的末日。

到達時，他發現當時的蘇聯政權為了努力跟上西方競爭對手的軍事開支，造成民生物品陷入「短缺經濟」。管理極地傢俱的要員已經開始透過以物易物的方式交易，可交易的商品從糖和酒精的定量配給，到安排員工子女的渡假營地。

「如果你當時在蘇聯，走進莫斯科以外的任何一家商店，都會認為人們正在挨餓。」布洛維說。但當時人們廚房裡擺滿了食物。對像他這樣的局外人來說，俄羅斯的制度看似極為糟糕；但對了解內部運作的人而言，生活已經夠舒適了。布洛維記得，他嘗過塗有濃稠酸奶油的優質俄羅斯麵包；國宅區雖然髒亂又破舊，但大多是免費住宅，而他遇到的當地人總有辦法讓自己的公寓變得溫暖且好客；極地傢俱公司在配有德國先進技術的現代建築中營運，提供豐厚工資、養老金和便宜的自助餐；人們擁有烤麵包機、電視機、汽車、洗衣機。布洛維說：「你不會稱他們為富人，但他們並不窮。他們有個家，儘管有時非常擁擠；他們有就業保障，孩子的學校也不錯；路上幾乎沒有流浪漢。」

布洛維於一九九一年七月返回美國。一個月後莫斯科政變失敗，蘇聯陷入混亂。同年十二月，曾經強大的蘇聯解體，中央政府垮台。不幸的是，蘇聯掌管經濟的一直是中央政府。

「在和平時期，沒有人見過經濟狀況如此迅速惡化。」布洛維說，當時的狀況就如同現代資本主義民主國家中，失敗的股票市場和銀行系統已經完全崩潰，或者在全球消費經濟中，世界瞬間停止購物一樣。五年之內，五分之一的俄羅斯人落入貧困之中，勞動年齡人口死亡率幾乎翻了一倍，俄羅斯國內生產總值縮水到原來的一半。該國於是成為家庭富裕程度嚴重下降的罕見案例，並導致物質消費長期大規模下降——整整十年中下降了四分之一。

次年夏天，布洛維再度造訪俄羅斯。與過去相比，那時許多俄羅斯人的生活方式一落千丈，陷入布洛維所說的「原始資本反積累」（primitive disaccumulation）。這個現象與消費社會資本積累的現象相反，人們的財產並不會隨著時間而累積，而是必須出售或交易自己擁有的東西，以換取最基本的必需品。街道和市場很快就擠滿人，在臨時攤位或在人行道上鋪毯子展示待售物品。布洛維記得一位俄羅斯學生說：「這不是一個自由市場，這是一個跳蚤市場（譯註：英文的自由市場〔free market〕與跳蚤市場〔flea market〕爲諧音）。」

布洛維繼續關注前同事的生活。其中他稱為瑪琳娜的女人，過著許多人都熟悉的單純生活：四十歲時有份穩定的工作，並為女兒在學校的優異成績感到自豪。經濟崩潰之後，極地傢俱公司勉強堅持到一九九八年。那時，工人們的薪資通常以物品形式支付：她從公司收到的最後一筆薪水是座無扶手和靠背的長沙發椅。她的丈夫在內政部做木匠，從來不知道自己會收到什麼作為薪水（也許是張公車通行證，或是一袋麵粉）。瑪琳娜告訴布洛維，她丈夫最糟糕的薪水是人道主義援助食品，她認為那些食品只適合給狗吃。那個年代，還流傳當地教師的薪餉是以伏特加支付，不過這並沒有改善課程品質。

經濟崩潰之後，女性的財務情況往往比男性好，因為烹飪和縫紉等傳統技能仍然很受歡迎，而且她們多數仍在尚未完全崩潰的教育和醫療保健等系統中工作。與此同時，因絕望而死的男性則急速增加，原因從上癮、疾病、事故和自殺都有。這段期間，最重要的生存手段之一是「達恰」（дача/

dacha），大致可以翻譯為「鄉間別墅」，但從富人享有的大型農村莊園，或小花園地塊上的舊木棚屋等形式的房子也都算是一種。蘇聯解體之前，在達恰裡工作是種消遣，就像西方世界的家庭花園或海邊木屋。一九九二年，大約四分之一的家庭擁有達恰。僅僅一年後，擁有達恰的家庭數上升到將近一半。

布洛維最後一次見到瑪琳娜，是在二十一世紀之交。當時她們一家四口住在搖搖欲墜木屋裡的一間房，瑪麗娜的姐姐和侄女則住在小屋的第二間房。他們沒有自來水，只能在戶外廁所裡方便。「我很難理解他們六個人如何一起擠在這狹小、黑暗、潮濕的空間裡。」布洛維當時寫道。瑪琳娜在她的達恰土地種菜，但很多都被偷走了。

最後什麼也不剩，還有小偷來偷白菜，這就是一個經濟體系完全失敗的樣子。那是一個有償就業機會極為稀少的世界，大家任何東西都買不起，人們必須依靠自己、家人和社交網絡，才能在這種幾近原始的狀態中生存。

俄羅斯在三十年前經歷了這場動盪，但西歐自二戰以來從未發生過這樣的危機，美國歷史上也不曾經歷如此極端的經濟災難——最接近的是大蕭條時期，當時工業生產下降六二%，比波蘭以外的國家都要多，四分之一的勞動者最終失去工作。今天，人們主要藉由迷人的棕褐色舊照片，來回憶一九三〇年代的經濟大蕭條：流浪漢跳火車自殺、股票經紀人穿著西裝窩在街角賣蘋果、窮苦流浪的求職者帶著所有家當在沙塵暴中開車到加州找工作。歷史學家特克爾（Studs Terkel）的《艱難時期》（*Hard Times*）讓人想起那些熟悉畫面背後的殘酷故事：當五、六十名男女和兒童坐在貨物篷車頂上，沿著鐵軌尋找工作或政府救濟，初生嬰兒正死於飢餓；破產的商人自殺，以便讓妻子和孩子可以領取壽險理賠；成群的黑人公民淪為囚徒，在田裡摘採棉花，而他們唯一的罪行是無家可歸和失業。特克爾是猶太人，他稱這種景象為「名為大蕭條的大屠殺」。

紐約大學史登商學院的金融學教授達摩德仁（Aswath Damodaran）表示，當世界停止購物，將不可避免地再次出現這種現代版的大屠殺。他認為，每個人都認識一些決定跳出滾輪、簡化生活，而後過得更快樂的人，因此大眾產生了這樣的想法：一個不那麼傾向消費主義的社會將會更好。但矛盾的是，社會中能這麼做的人有限，否則就會引發經濟災難。「如果明天全球消費下降二五%，將導致一切陷入螺旋式下降，數百萬人將失去工作。」他表示，「這將是一個令人難以忍受的痛苦調整期，人們將不得不全面縮減物質生活。」

達摩德仁也認為，所謂「生活物質的縮減」，並不代表我們會從沃爾瑪和亞馬遜倒退到巷口雜貨店。事實上，這反而會讓人們過上他在印度清奈長大的那種生活。清奈今日以其豐富的傳統文化和現代生活聞名，但達摩德仁記得當年它還沒有加入全球消費經濟時的模樣。「城裡沒有玩具店，數百萬人居住的城市裡只有三間餐廳、一家書店，因為誰會看書？商店街一點也不漂亮，甚至可說是毫無吸引力。它只出售最基本的用品，因為那是你能買得起的東西，也是能在當下生存的商業活動。」

「人們會陷入憂鬱，並且不會好轉。」他說。

俄羅斯並沒有迎來很好的結局。最終，前蘇聯從幾乎完全由中央政府掌控的經濟，嘗試性地實施幾乎完全自由的市場經濟。布洛維稱俄羅斯淪向資本主義，而地方黑手黨填補了國家系統崩潰後留下的真空，迅速接管以物易物的經濟管道。

然而當布洛維回想起蘇聯帝國的垮台時，首先想到的不是鬥爭或貧困。他認為最不尋常的地方在於文明並沒有走到盡頭（「我們既沒有發現大規模的飢荒，也沒有罷工和因食物而起的暴動，更沒有社會結構的崩解。」他在事後寫道）。他尤其對人們聚在一起工作的達恰印象深刻。蘇聯垮台後最嚴峻的時期，該國九二％的馬鈴薯收成來自達恰和後院，即便這些地方只占俄羅斯農業用地不到二％。每天晚上，達恰裡的人們會享受勞動成果，打牌、辯論、喝酒。在這場極端的經濟災難中，人們似乎沉浸在災難所帶來的奇異快感之中。「達恰裡的派對沒完沒了，因為那裡的空間比公寓大。」布洛維說，「回首那段時光，讓我覺得非常親切。我們擁有的資源很少，卻玩得很開心。」

那些時代遺留的某些元素似乎一直困擾著布洛維。他其實更喜歡簡單的生活，因此不使用手機，居住的公寓陳設簡單，主要傢俱是書架，而為數不多的裝飾小玩意之一是隻泰迪熊紀念品，身上穿的T恤印有舊蘇聯的錘子和鐮刀符號。布洛維坐在一張硬木椅上微微向前傾，然後說：「蘇聯解體帶給人們一個重要教訓：**巨大的變化是可能的，只要感到未來會更有希望，人們實際上可以忍受改變**。」

他說，當俄羅斯資本化後迎來專制政府，開始形成世界上最不平等、最不自由、最不民主的國家之一，人們才陷入絕望。經濟崩潰的最初幾個月，人們雖然可能必須忍受物資短缺、熟悉的舒適感被破壞，但這也是充滿可能性的一段時間。當時任何能想像到的東西，幾乎都建立在一成不變的舊系統廢墟之上，因此俄羅斯人決定轉向全新的消費主義。今天世界上許多地方，消費經濟似乎無可避免又不斷成長。人們認為停止消費似乎只通往崩潰，於是別無選擇地繼續留在消費經濟中。

「經濟崩潰期間生活有所困難，但也很令人興奮，」布洛維說，「就好像人們從監獄中被釋放了一樣。」

與其慎重購買，不如減少消費

也許灰燼和廢墟的確是停止購物的世界中會出現的結果，但無論如何，我們都必須正視一個事實：歷史上所有曾經呼籲要生活得更簡單、不那麼物質主義的聲音，都有意或無意地提及動盪和破壞。

然而文明永遠不會輕易地崩潰，它總是在經歷挑戰後立即自我復甦。我與迪林傑曾在 Levi's 總部討論終結購物的可能性，並記得他認可這個想法：「人們最初會出現想跳樓的緊急反應，然而一旦被較為穩重的人說服離開窗沿，重新踏進屋內後就可以開始討論：**經濟真的會崩潰嗎？會持續多久？為什麼會在此處發生？如果這是新的現實，我們想怎麼面對？這種系統的崩解會導致非常可怕的後果，很多人失去工作，但我們也有機會重新調整消費，使之可以永續發展**。」

在新冠病毒大流行的一年多以前，Levi's 當時的官方立場非常希望大眾不要停止購物。公司執行長伯格（Chip Bergh）的口號是：建立盈利核心，擴大規模。鑑於 Levi's 想變得更大、賣更多東西，讓迪林傑需要非比尋常的企業勇氣才能說出自己的想法。

疫情迸發五個月後，全球 Levi's 門市已大肆關閉四個月，我再次與該公司取得聯繫。那時迪林傑大部分與停止購物相關的預測，都獲得證實，我因此很好奇他對於新狀況的重新校準。

這一次，我與資深副總裁兼行銷長賽伊（Jen Sey）在她舊金山的家中談話。就像今天許多企業領導者，她開始講述公司如何降低其產品對環境的危害，然後她說：「但是當我們開始對此進行更多研究時，意識到**只有『減少消費』才會產生最大的影響。說服消費者慎重購買固然很好，但我們能產生的最大影響，其實是說服他們少買**。作為『應該讓人們購買更多產品』的行銷長，說服顧客減少消費的觀點可是非常激進的。」在那一刻，Levi's 成為迄今為止最大的品牌，公開承認消費本身（包括購買自己公司的產品）是地球上最嚴重的環境問題。二〇二〇年秋季，Levi's 開始將購買更少但更持久衣物的訊息，納入他們的行銷企畫中，並推出回購和轉售二手產品的平台。他們宣稱：「再利用比回收衣物更有利於環境。」隨著時間推移，他們計畫再提出更具說服力的理由，鼓勵減少消費。

是什麼改變了？

「我確實認為，在疫情封城期間，人們開始明白自己行為產生的後果——如果我們少開車，空氣就會變得清新。」賽伊說，「我們不能再迴避這個事實：**人類最大的影響就是過度消費。你可以做任何事情去『綠化』企業，思考如何讓產品製程更溫和無害，但這一切都無法克服過度消費的影響**，完全無法。我的意思是，這現在已經是公認的事實。」

甚至在疫情流行之前，賽伊就已經感覺到，大眾對快時尚購物模式的不滿正在上升。有些人稱那些衣服「買了就準備扔掉（prêt-à-jeter。為法文成衣業〔prêt-à-porter〕的諧音）」。她的二〇二〇新年新願望就是，除了 Levi's 的產品，她只買二手衣。當年一月下旬，隨著新冠病毒開始在中國境外傳播，她與 Levi's 的首席執行長伯格談到公司應該面對過度消費，而伯格給予支持。一個月後，隨著新冠病毒開始在美國本土蔓延，她在 Levi's 領導階層的會議上提出這個議題。「有些人就說，喔，我們絕不能那樣做。」賽伊說。但是當疫情封城使全球大部分購物活動陷入停頓時，以「減少消費」為基礎的商業模式迅速變得至關重要。「疫情讓我們加速思考減少消費這件事，以及我們對它的信念。」賽伊說。

Levi's 正在尋求的商業模式，**是讓消費者購買更少的東西，但大部分商品品質，都會比當今市場更好——他們推崇一種「更少、更好」的經濟**。這種品牌敘事對 Levi's 很有幫助，因為他們的產品就是主打經久耐用。賽伊告訴我，他們已經計算過數字，並且相信公司可以在傳遞「減少購物」的訊息時，仍然持續成長。現有客戶會少買 Levi's 的服裝但穿得更久，該公司也會同時吸引新客戶，讓他們遠離快時尚，轉向「去消費」思維。

從某方面來說，這是種典型的企業戰略；從另一方面來看，這其實是種破釜沈舟的變化，並非沒有風險。在有史以來最嚴重的經濟衰退中喊出「減少購物」，是打破常規的做法。因為新冠疫情期間，許多廣告爭相將購物者描繪成英雄，並號召由消費者來驅動經濟復甦。賽伊說：「我認為我們可以不再瘋狂追逐利潤與營業額成長。我認為公司想要的是合理、長期、可持續的成長。」

建築師傑克森（John Brinckerhoff Jackson）曾談到「敗壞的必要性」：我們需要看到舊世界的衰敗，才能完全踏入新世界。

正如我們所見，在經濟災難中往往可以看到這種新舊觀點的變化：正是在金融海嘯時期，巴塔哥尼亞看到「去消費」市場的真正潛力；正是芬蘭大蕭條，讓當時的人們從炫耀性消費中解脫；正是在新冠疫情流行期間，百萬人頭暈目眩地轉向新的價值觀。

當我在亞利桑那州鳳凰城與商界領袖談論金融海嘯時，震驚地聽到許多人認為危機讓他們的城市變得更好：有些人指出，在金融海嘯之前，鳳凰城已成為「世界連鎖餐飲之都」，但經濟危機期間，美國家庭減少了上餐廳的次數，橄欖花園餐廳（Olive Garden）、奇利斯美式餐廳（Chili's Grills），和其他連鎖餐廳都迅速加入倒閉的行列。在這一系列倒閉潮留下的空白中，獨立經營的社區小餐館開花結果，讓一種地方的歸屬感開始生根發芽。亞利桑那州立大學房地產教授斯塔普（Mark Stapp）說：「**走入衰退期之前，我們進行的是所謂的『交易經濟』。但走出衰退後，我們成為一個具變革性的經濟體。**」諷刺的是，隨著鳳凰城的經濟復甦，它再次吸引的是那些在艱困時期失敗，既沒特色也沒歸屬感的連鎖企業。

這些企業有可能不再出現嗎？如果「去消費」文化持續存在，社會又將變成什麼樣子？要了解這一點，以及探討這種社會運作的方式，需要走出已崩潰的黑暗世界。

這次，可以從一顆不起眼的燈泡開始。

第三部

調適

Adaptation

11／惜福愛物

A stronger, not a weaker, attachment to our things

過去一百二十年來，照亮加州利佛摩消防局第六分局車庫的那盞燈泡從不曾熄滅——事實上它永遠不會熄滅，只會「到期」。到期的那一天，它也不會被扔掉或回收，而是會「獲得安息」。

「你必須使用正確的術語。」已退休的消防隊副隊長布拉梅爾（Tom Bramell）輕笑著說。他有著典型消防員的壯碩身材，雙眼和頭髮都有種煙燻的顏色，而且由於長期吸入煙霧而乾咳不止（「我每天喝一袋止咳藥水」，他說）。這些年來，他已經成為利佛摩消防局這盞燈泡的歷史學家。

這盞燈泡自一九〇一年以來幾乎不曾熄滅，而截至二〇一五年，它的服務時間已超過一百萬個小時。根據金氏世界紀錄，它是世界上點亮時間最長的燈泡，並在全球各地擁有眾多粉絲，現在人們可以直播觀看它的亮光，而在許多台網路攝影機都屆齡損壞之後，這盞燈泡依然萬年長青（譯註：每三十秒更新一次的燈泡即時影像可至此網站觀看：www.centennialbulb.org/cam.htm）。

由於無法拆解一盞始終亮著的燈泡，難以得知究竟是什麼零件與材料使它如此耐用。已知的資訊是：它由俄亥俄州的謝爾比電氣公司（Shelby Electric）於一九〇〇年左右製造，採用了法裔美國發明家夏耶（Adolphe Chaillet）的設計，中間有根如髮絲般纖細的碳燈絲，現代燈泡則多半使用鎢絲。預設功率是六十瓦，不過目前只能以夜燈的亮度照亮第六分局車庫。為了更深入瞭解這顆燈泡，專家們研究了同一間公司在相同年分製造的產品，卻發現當時嘗試太多款設計，因此沒有完全相同的燈泡可供拆解。

而最令人驚訝之處是：這是盞白熾燈，是透過電力加熱燈絲來發出白熱光（當時人們將其稱為「瓶中之火」）。今天，我們還在應用相同的技術原理，卻只生產出壽命短到令人沮喪的燈泡，消費者必須一次又一次地重複購買。量販店的典型白熾燈泡，插電後大概可以發光約一千小時。也就是說，如果你全天點亮這顆燈泡，大概可以預計它在四十二天後死亡。

「我們今天生產的東西都不持久。」布拉梅爾說，幾乎所有人也都這麼認為。

花錢買的都是計畫性報廢商品

多數人似乎都同意，我們現今購買的產品受到「萬物惡化定律」（Das Gesetz der Verschlechtigung aller Dinge / The Law of the Deterioration of Everything）所約束。這是經濟學家梭羅（Robert Solow）從一位匿名的德國朋友那裡借來這個詞彙後提出的概念。但這難道不是因為懷念想像中的過去，而是今天購買的產品真的比五年、十年或二十年前更糟糕嗎？

「以消費品而言，我會說這絕對是真的。」新墨西哥州阿布奎基的材料科學家伊諾斯（David Enos）告訴我。他任職於監督美國核儲備的桑迪亞國家實驗室，其工作是製造能在極端嚴苛條件下依然能使用很長一段時間的物品，因此可說是產品耐用性這方面的專家。像是生產可以在充滿蒸汽的條件下，長期承裝核廢料的容器，好將其掩埋在山體中，直到其分解成無害物質。「十萬年是我們研究的目標時間框架。」他說。

不過，在他剛開始工作時，曾為普通噴墨印表機設計電路。為了防止腐蝕，這些機器的銅噴頭上鍍有二十微英寸的金。「二十微英寸是個微妙的臨界點，低於這個厚度的保護層，會使耐久性迅速下降。」伊諾斯說。人人都知道這種印表機使用久了會發生什麼事：有一天它就不動了，因此需要購買一台新的。

伊諾斯說，如果在印表機噴頭上鍍有二十五微英寸的黃金，機器明顯會更加耐用，但大多數人不會購買這樣的機器，因為鍍上二十微英寸黃金的產品成本更低。「人們現在都是盡可能購買便宜的東西。我們能製造出可以使用十年的手機嗎？沒問題，以現在的技術當然做得到，但是成本一定會比較高。沒有人願意花五萬美元買一支手機說：『嘿，這手機能用十年』。大多數人都認為：『嗯？我才不在乎什麼十年老手機，兩、三年後我就想換新的。』」

世界停止購物的那一天，這些現象都會有所改變，人們會選擇更耐用的產品。如果你想在有生之年，盡可能減少購買手機或印表機，就必須準備為一部耐用的手機或印表機支付更多費用。畢竟你想買得更少、買得更好。

不幸的是，我們不確定這些產品的經濟模式實際上如何運作。

從懸掛在利佛摩消防局的優質耐久燈泡，轉變到今天你我熟知的「拋棄式」燈泡，這段旅程始於一九二四年。那一年，來自世界各地的照明公司巨頭代表（包括飛利浦、歐司朗、奇異等大廠）在瑞士會面，成立太陽神壟斷聯盟（Phoebus cartel），這可說是第一個具有全球影響力的企業壟斷聯盟。當時該產業中的發明家們穩定地延長了燈泡的使用壽命，造成聯盟中一位資深成員所描述的「銷售額停滯」。一旦人人家裡都裝滿耐用燈泡，就沒有人需要購買新燈泡啦。

聯盟的成員同意，將燈泡壽命降低到現今一千小時的標準。三十多年後，揭發醜聞的記者帕卡德（Vance Packard）於一九六〇年向大眾推廣「計畫性報廢」（planned obsolescence）一詞，描述製造商故意設計產品有限的壽命，讓物品很快就損壞、無法修復或顯得過時。聯盟縮短燈泡壽命的決定，被認為是在工業生產規模中最早的「計畫性報廢」範例之一。

太陽神壟斷聯盟很容易被認為是大企業的邪惡陰謀。美國作家品瓊（Thomas Pynchon）的小說《萬有引力之虹》（*Gravity's Rainbow*），書裡甚至描述這個陰暗組織派出一名特務，戴著石棉襯裡的手套、踩著十八公分的高跟鞋，去竊取使用時間超過一千小時的終極燈泡。「沒有任何燈泡可以延長平均使用壽命。」品瓊以產品標準化來隱喻資本壓迫和社會整合，「你可以想像，如果這種情況開始發生，對市場會產生什麼影響。」

然而建立一千小時規格的燈泡時，「計畫性報廢」並非商業機密，反倒公開接受討論，以解決日益嚴重的問題。工業革命使人們可以快速、廉價地大量生產商品，然而工廠生產高品質、使用時間長的產品，其產品的需求不久之後就會減少。經濟學家和商人開始遊說：「除非你賣的是棺材，否則只向一個人出售一次性產品，既是糟糕的商業模式，也是不健全的經濟模式。」他們認為，在低品質和頻繁銷售之間尋求平衡，將使社會更加富裕（當時很少有人擔心有限的資源或對自然的破壞）。一九二〇年代後期，重複銷售模式極其流行，以至於具領導地位的金融家公開宣告，「報廢」是美國商業菁英的「新信仰」。

各種意識形態中，都有倡導縮短產品壽命的人。斯萊德（Giles Slade）在著作《美國式的刻意報廢、技術與淘汰》（*Made to Break*）中，追溯「計畫性報廢」一詞的根源。他發現，最早的參考資料是一九三二年的一本小手冊《以計畫性報廢結束大蕭條》（*Ending the Depression through Planned Obsolescence*），內容宣傳短命產品對工人階級有益。一九三六年，商業廣告雜誌《印墨》（*Printers' Ink*）上，刊出一篇類似主題的文章，宣稱耐用產品已然「過時」，並警告：「如果商品不更快耗損，工廠將閒置、人們則會失業。」

大蕭條時期的這種論點，被當時一位商業作家總結為「關於自由消費與浪費的合理準則」，並成為現代消費經濟中的重要部分之一。**我們不會只買一種產品一次，而是一次又一次地重複購買；我們會一次次地購物。重複消費的模式現在幾乎已融入人們購買的所有商品中，且正如斯萊德所言，「報廢」已經成為「美國消費意識的標準」**。

買得更少，東西更耐用

三十年前出現了一項足以威脅計畫性報廢的新技術。這是去消費社會中想看到的產品，它持久又節能，在各方面比設計來取代它的產品還優秀，而它以燈泡的形式出現。

紐約雪城的奇異工廠在一九六二年展示史上第一個發光二極體（light-emitting diode,e LED），但直到一九九〇年代，LED才終於能比白熾燈泡更有效地產生白光。這是一種真正的革命性技術，讓大眾認定，採用LED是減緩氣候變化的重要步驟。

這種新燈泡具有極佳的耐用性：LED的基本組成部分是半導體，非常經久耐用，因此能亮上五萬小時的燈泡並不少見（如果忘記關掉一盞LED燈，它可以一直發光將近六年）。五金店的LED燈泡較常是兩萬五千小時的規格，但這已足以令人印象深刻。因為在典型的美國家庭中，每盞燈每天平均只打開一．六小時。那麼，在正常情況下，一盞普通LED燈可以運行四十二年。

二〇一九年的LED燈銷售蓬勃發展，似乎表示「**去消費**」**不必然只能有壞結局，它甚至可能帶出經濟良好成長的時代，因為企業創造了新的優質產品來取代過去的短命產品**。好產品成長，壞產品萎縮。

然而LED的銷售狀況也顯示良好的經濟成長不會永遠持續。照明業有個術語：「插座飽和」（socket saturation），意指耐用的LED取代世界大多數短命白熾燈的時間點。當世界到達插座飽和，理論上人們就會停止購買燈泡。如果每個人身邊的燈泡都可以用上半輩子，照明業該怎麼辦？正如出身倫敦的照明市場分析師霍茲拜恩（Fabian Hoelzenbein）所說：「這是個價值十億美元的問題。」

二〇一〇年代末期，「插座飽和」似乎指日可待，然而它卻從未真的到來，因為ＬＥＤ已融合進消費文化之中。我們利用ＬＥＤ節省下來的電費來購買更多燈泡。然後，就像一九二〇年代出產長壽白熾燈泡之後，很快也跟著出現短命白熾燈泡，長壽ＬＥＤ問世後，短命ＬＥＤ也隨之而來。大量的新製造商（其中大部分位於亞洲）迅速降低成本和品質，讓一項原本耐用的新技術正在轉變為一次性的技術。

「你可以在 eBay 上買到品質很差的燈泡，裝上燈座後的效果會讓你嚇一跳。」霍茲拜恩告訴我。他聽過來自中國的報導，聲稱人們能以公斤為單位，購買廉價的ＬＥＤ燈泡，其中有些可能得以持續發光，有些則可能根本無法使用。

某些政府於是制定出ＬＥＤ燈泡的最低使用壽命標準，以維持其耐用的優勢。即便如此，還是出現了另一種銷售更多燈泡的方式——將ＬＥＤ製造成會被計畫性報廢的商品。「智慧型照明」應運而生。其產品可以在人們起床時逐漸照亮臥室，或在玩電子遊戲時同步打出爆炸燈光效果。燈具成為網路要員，連接到喇叭、安全系統和其他電子設備上。也就是說，ＬＥＤ照明被工具化（gadgetization），容易受到手機、平板電腦和其他電子產品升級的影響。「我們並沒有發明這種消費者行為，只是做了一間科技公司會做的產品應用。」專門製造ＬＥＤ的科銳公司（Cree）發言人努南（Betty Noonan）告訴我：「我家裡已經更換許多次液晶電視，因為它們一代代變得更輕薄、更明亮，我甚至不需要解釋這種差異。」

然而在一個停止購物的世界裡，人們不會用省下的電費購買更多LED燈泡，而是更喜歡耐用的燈泡、更加懷疑升級電子產品的必要性。因此我們將面臨自二十世紀初以來就沒有答案的問題：**如何在一個充滿高品質、耐久物品的社會中，維持經濟運行？**

「我的出發點是，先把經濟學研究清楚。」諾丁漢特倫特大學永續消費研究小組負責人庫柏（Tim Cooper）說，他在產品耐用性領域從事研究將近三十年。

我們多半認為消費經濟是高度複雜的。從許多方面來看也的確如此：它既是令人費解的系統（在一個大陸上種植的棉花可能在另一個大陸上紡成纖維，然後在另一個大陸上製成T恤）；也是個矛盾的系統（投資者可以動動手指就在全球轉移資金，但大多數工人卻無法自由跨越單一國界尋找工作）。然而這種經濟系統的基本運作原理卻很直截了當：商品和服務是為了消費而生產的，而幾乎所有消費都是由個人消費者或代表個人的單位進行（「我們不會向火星上的外星人出口產品。」一位經濟學家對我說）。**經濟規模隨著人口成長而擴大，透過不斷發明種種新產品和新體驗，我們消費的速度越來越快，背後最重要的原因是我們購買的東西壽命越來越短**。

庫柏說，**停止購物後的世界仍處於消費經濟模式之中，但會以產品品質為基礎，而非產品數量**。這表示產品製作必須更精良、設計必須合於更長的使用壽命。由於生產這樣的商品通常需要更長的工時和更好的材料，因此價格會比劣質品高得多，至少必須足以彌補因銷售產品總數下降而造成的部分收入虧損。這也表示，在刻意買得更少、買得更好的過渡期，即便經濟蕭條，也會有更多人能保有工作。**在去消費的經濟模式中，耐久耐用的產品也會驅使其他經濟活動，如維護、維修、升級，或租**

用、共享、轉售等。這將是一場「徹底的系統性變革」。

「去消費經濟」可以畫出和「消費經濟」一樣大的餅嗎？庫柏認為，這個問題的答案取決於人類的聰明才智，不過他預期，至少轉變初期的經濟成長會有所減緩。

「是什麼推動了拋棄式文化？人們通常希望擁有全新、時尚的產品。」庫珀說，「但也有人想要擁有最古老、品質最好的東西。」

將耐用性作為低消費文化核心的想法，至少可以追溯到一九八二年。當時經濟合作暨發展組織（Organization for Economic Co-operation and Development, OECD）敦促各國政府延長產品壽命，以減緩廢棄物雪崩式地堆積於世界各地的垃圾掩埋場。不過，這種改變顯然沒有發生。直到臨近二〇二〇年，庫柏才看到有國家對商品耐用性採取行動：二〇一五年，法國裁定「計畫性報廢」為非法手段，指責這種做法故意縮短產品壽命以提高汰換率，違反者可能處以高額罰款甚至鋃鐺入獄；二〇一八年，瑞典將維修服務的銷售稅減半，這是透過「減少」消費而非「綠化」消費來解決碳排放問題的開創性嘗試；二〇二一年，整個歐盟正準備在其消費者政策中置入「維修權」，讓消費者可以更輕易地獲得維修產品所需的工具、零件和資訊，進一步為購物者表明產品預定的使用年限。

產品耐久性對共享經濟尤其重要。分享商品，最初就是為了宣傳減少消費行為——大家都知道，如果人們願意分享汽車或慢燉鍋，就不需要各自購買一台。然而事實證明，共享經濟要複雜得多，其中最著名的案例是汽車共享：此服務並沒有真的使人們擁有的汽車變少，卻導致許多人更頻繁地使用優步等服務、更少採用步行、自行車或公共交通。在許多地方，這種共享叫車服務甚至反而讓交通變得更糟。但是耐用性的影響更為基本：共享車輛必須擁有專門的設計，以承受共享經濟的持續消耗，否則它們只會更快發生故障。

史密斯（Julie Smith）負責管理美國最古老的俄亥俄州哥倫布市工具出借站。她表示，即使是最簡單的共享形式，也會因計畫性報廢而受到破壞。「我們覺得現在購買的所有東西，品質都比不上繼承來的舊東西。」史密斯告訴我，「真的不一樣，使用的金屬也不是同一種。照理說，可以透過打磨來翻新鐵鍬，但如果它本身的材質不能經受打磨，那就沒救啦。」

擺脫喜新厭舊的消費模式

事實上，耐久性有兩種，製造更好的東西只解決其中一種，另一種則存在於人們內心：我們與物品的關係是否持久？

垃圾掩埋場裡裝滿了耐用的產品，被堆積起來再一層層慢慢壓碎。廢棄的燈罩、茶几、自行車、鍵盤、毛衣、按摩浴缸、遊戲機、馬桶、兒童玩具等等，其中許多功能依然完好。它們代表的問題不是商品的物理壽命，而是人們喜新厭舊的心態。

幾十年來，消費文化不斷推崇新穎和汰舊換新。不過在某些特定物品上，年歲反而更增添人們的喜愛，如皮夾克、平底鑄鐵鍋、藍色牛仔褲、土耳其地毯、復古手錶、長青演員狄奧托羅（Benicio Del

Toro）和雨蓓（Isabelle Huppert）的面容。時間以令人讚賞的方式銘刻其上。為了理解停止購物之後的世界，我們需要學會欣賞這種時間的美感，把它從漫長的沉睡中喚醒。

一千多年前，日本出現了「侘寂」的概念。這個詞很難翻譯，但約略可以讓人聯想到深思的惆悵和時間的流逝（就像在廢墟中行走的感覺）。侘寂以最圓熟的方式頌揚褪色、古舊、簡單、謙虛的事物，其精神體現在具有五百年歷史的「金繼」修復工藝中。面對破碎的陶瓷碗，金繼不會隱藏裂縫，而是用金漆或銀漆修復後現出接痕，而這些泛著柔光的傷痕，使破碎的物體比沒有瑕疵時更具吸引力。

和其他所有古老事物一樣，侘寂的概念已被消費文化吞噬。有關的設計書籍將其譽為「極致的精緻」，但與自然共處，享受冬天田野中風吹草動的精神早已一去不復返，取而代之的是一塵不染、整潔卻不接地氣的房屋，以精選的古董裝飾，變成一種不適合孩童居住的空洞居所。但侘寂所要求的並非如此，其美學擁抱失去光澤、滿是汙漬、腐蝕和骯髒的物品，甚至讚揚醜陋、製作不良或不完整之物，侘寂不是一種外觀或一種風格，而是一種在不完美中發現美的態度。

在消費減少的世界裡，我們擁有的東西會變老，也會因為不常更換而呈現使用和磨損的面貌。這似乎容易讓人沮喪，但人們現今對全新物品的痴迷，其實是因為新品使我們不必思考衰老和死亡，但侘寂將我們得以從這種局限性中解放出來。

早在二十世紀之交，建築師魯斯（Adolf Loos）就反對打造外觀完美的住宅。他認為，只有擁有歷史和故事的物品，才能真正成為屬於自己的物品。在魯斯長大的家中，最令人難忘的物品之一是他說有著醜得要命裝飾物的木頭拼桌。「但這就是我們家的桌子，我們的！」魯斯說。當事物不能經久耐用，或者看似不再嶄新或不再時尚就汰換，無形中便失去形成這種連結的機會。

侘寂是一種讓過去在當下依然擁有生命的心態，也可以是對未來的展望。途經阿姆斯特丹時，我參觀提供永續耐用智慧型手機的「公平手機」（Fairphone）。他們生產的手機有標準組件，因此很容易組裝拆卸。其員工向我展示如何在一分鐘內更換破損的螢幕，或者將舊相機升級到新相機。該公司還提供比主要手機製造商用得更久的軟體和安全系統支援。許多客戶都認為，快速更換手機極為浪費，因此他們發現了一種不同的「去消費」產品。事實上，許多換了最新型號手機的人，下單時都相當矛盾。他們已經對手上的電子設備有了一種依戀，不想放棄舊手機上的刻痕、劃痕和凹痕，以及在手中的重量與感覺。公平手機正是為這些客戶提供他們所尋找的東西：原本的舊手機，但是升級了新花樣。

破舊、塵土飛揚、風化、東拼西湊——這些都是科幻小說中最受歡迎的美學風格。《銀翼殺手2049》（*Blade Runner 2049*）中，巨大的全息投影落在骯髒的街道上；《駭客任務》（*The Matrix*）中，尼歐的破爛運動衫領口有著破洞；歷久不衰的蒸汽龐克（Steampunk。譯註。流行於八〇至九〇年代初的科幻題材，多以維多利亞時代爲背景，設定於一個蒸汽科技達到巔峰的架空世界）混搭鯨骨裙撐與量子計算、齊柏林飛船和太空旅行，這些都是侘寂思維的展現；《星際大戰》（*Star Wars*）裡的宇宙也是如此，其太空飛船類似一九七〇年代的老爺車，骯髒酒吧、身穿補丁和服英雄的風格，則可以追溯到一千年前；動畫電影《瓦力》（*WALL-E*）的背景則是一個鬼城地球，某種程度上仍然更像我們現在的家，而不是人類將會搬遷的閃亮太空殖民地。該片導演拉斯基（Jeremy Lasky）表示：「這是腐朽之美。就像你走進被遺棄的舊建築中。」

在一個停止購物的世界裡，我們建造的東西不僅要經久耐用，還必須能以優雅的姿態老化。不過，我們首先必須面對一項更具挑戰性的任務：以侘寂之眼審視周圍存在的東西、檢驗那些看似完美的美麗時代垃圾。幾乎難以撐住燈泡的檯燈、椅腳搖搖晃晃的高凳、吱呀作響的床……我們能讓這些物品存在多久？我們是否終於能欣賞它們的美？侘寂未來的第一個標誌，可能不是取代塑膠袋的迷人購物袋，而是一個經過修補可再使用的塑膠袋。

12／放慢時尚

Fast fashion cannot rule but it may not have to die

我們提出「買得更好且更少」的世界觀，但快時尚卻截然相反，它是「買得更差且更多」的最好範例。

所謂的「時尚」隨著時間變化，讓人們覺得必須跟隨。歷史學家認為，這種現象至少可以追溯到一三〇〇年代。然而幾個世紀之後，在商店購買的成衣取代自製或訂作的服裝。僅僅一百年前，男人們結婚和入土穿的是同一套衣服、女人們繼承母親和祖母的舊衣，都是稀鬆平常的事。直到一九六〇年代中期，學者們才開始注意到，由大規模生產和大眾媒體驅動的時尚周期已然加速。

我們不需要快時尚。根據德國歷史經濟學家桑巴特（Werner Sombart）於一九〇二年撰寫第一份關於時尚產業的詳細記述，駁斥時尚是聲稱追隨消費者品味的神話，並認為事實正好相反。「創造現代時尚的驅動力是資本主義企業家。巴黎的風騷和威爾斯親王的貢獻，不過只是居中的幫助。」相對於一個提前選擇年度顏色和裙襬款式的行業，今天社群媒體上的意見領袖和嘻哈名人若不是學會消費者讀心術，就是正如桑巴特所理解的那樣，擁有決定流行風格的權力。

即使我們並沒有祈願快時尚的出現，卻依然滿懷熱情地接受它。過去十五年來，世界上的服裝年銷售量大約翻了一倍，這個數字現在則超過一千億，相當於地球上每人每年大約買十五件衣服。當然，服裝採購量並不是平均分配的，儘管巴西、中國、印度和墨西哥等國的銷售額飆升，但富裕國家的消費者不僅買了更多服裝，而且繼續增加每年購買的次數。

衣服本身大多是潛在垃圾。《紐約時報》訪問美國、英國和澳大利亞的一般年輕人，並且毫不費力地就找到很少穿同一套衣服出門的那些年輕女性。英國威姆斯洛一名每天都上網購物的十六歲少女說：「如果我只穿某件衣服一、兩次，我會想買最便宜的。」這種行為已經建立了一個完整的經濟循環：**低廉的價格鼓勵購物者更頻繁地購買衣物，然後促使服裝公司生產穿不了幾次的劣質衣服。**二十一世紀服飾的壽命急遽縮短。

如果因為身旁充滿標榜「綠色」「永續」或「有機」的衣服，讓你相信這些問題正在好轉，請放心，事實並非如此。新冠疫情迸發前，預估服飾業將在二〇五〇年擴大三倍，沒有理由認為時尚不能變得比現在還快：麥肯錫全球顧問公司最近的一項調查發現，時尚業高級主管的首要任務是加快循環周期。隨著當今時尚的快速和廉價，穿上剛從商店裡買來的簇新服裝，儼然成為社會常態，讓我們逐漸失去對衣物壽命的容忍度。

二〇一七年的一份重要報告中，艾倫．麥克亞瑟基金會（Ellen MacArthur Foundation）認為，「增加平均穿著次數」也許是減少服裝行業對環境影響的最佳方式。衣服的使用次數翻倍，可以減少將近一半服裝貿易所造成的氣候汙染；全球服裝停止生產一年，等於停飛所有國際航班與海運一年。

然而我們再次陷入兩難，因為數以百萬計的人靠製作這些衣服謀生。其中多數都生活在高度依賴該行業的較貧窮國家：最大的服裝生產國是中國；第二大是孟加拉，一個擁有美國一半人口但面積不及愛荷華州的國家。在孟加拉，超過三分之一的製造業工作和近八五％的出口額來自服裝產業。在二〇％居民生活在貧困線以下的國家中，服裝業為四百萬以上的人民提供了就業機會，十名女性中，就有六人從事這類工作。

當新冠病毒開始在全球蔓延時，我聯繫了孟加拉的服裝工廠老闆。馬赫（Abdullah al Maher）迅速回覆我，就像他一直都在等我的電話一樣。馬赫是法基爾時尚（Fakir Fashion）執行長，該公司是H&M、Zara、Pull & Bear、C&A、Esprit、Gina Tricot和Tom Tailor等主要品牌的針織品製造商。馬赫告訴我，他們高聳的工廠擁有超過一萬兩千名員工，位於孟加拉首都達卡以東，納拉揚甘傑的一條狹窄道路上。在時尚周期的高峰，該公司每天能生產出驚人的二十萬件服裝，而且他們還在擴增生產線。法基爾時尚及其員工似乎完全依賴於購物消費。

我向馬赫發問：假設世界停止購物，全世界的消費者突然認為自己應該少買點衣服，以減輕時尚產業對環境的影響，這個產業會發生什麼事？

馬赫思考了一下。他回答時的語氣像是在分享祕密：「你知道，其實不會太糟。」

如果一件衣服太便宜，是因為別人在某處付出代價

法基爾時尚由法基爾家族擁有和經營，該家族姓氏出自穆斯林的法基爾修士們，他們過著精神奉獻的生活，不受財產與物品干擾，但時代的變遷使這樣的生活方式變得更不可行。「法基爾不應該進入工業，應該進入叢林，向動物傳教。」馬赫笑著說，「但他們後來意識到，你必須有錢才能做到這一點。」

製衣在孟加拉有著悠久且極為諷刺的歷史。幾個世紀以來，達卡周遭以高品質的手工紡織絲綢和棉紡織品聞名。一匹最好的織物應該要如「流水」或「雲氣」一樣，但需要兩名織工花上一年才能生產出來，因為他們只能在空氣濕度足夠、絲線不會斷裂時才可以工作。

棉花可以說是全球消費時代的第一項產品。一六〇〇年代中期，西方大多數服裝色彩極為單調，因為羊毛和亞麻不易染色，絲綢價格又極其昂貴。然而到了十七世紀末，數以百萬計的進口印花棉布（來自今日印度和孟加拉，染上亮麗色彩和花紋的棉布），將色彩繽紛的時裝帶給上流階級，最終才從英格蘭傳播到整個歐洲，流行於廣大公眾之間。正如歷史學家川特曼所言，隨著這場「服裝革命」，你我熟悉的現代消費模式開始興起：**價格實惠的時裝、更快速的外觀變化、更迅捷的衣著周轉速度**。**消費文化經常以這種方式加速發展，享樂的火花瘋狂燃燒，最終成為一片失控的野火**。

然而十八世紀南亞與歐洲的貿易經歷一場逆轉。歐洲大部分地區禁止來自南亞的基礎棉花製品，以便建立自己的紡織產業。隨著始於紡織品貿易的工業革命，英國以帝國的力量前進，開始以更便

宜、更豐富的布料和服裝占領市場。直到一九七〇年代後期，孟加拉才再次成為世界上主要的服裝生產國。從那時起，這個曾經生產世界最佳紡織品的國家，便成為最便宜、最快時尚的代名詞。

法基爾家族現任當家的祖父法基爾（Yousuf Ali Fakir），透過黃麻貿易使家族第一次接觸到紡織品產業。黃麻是一種可紡成繩索、麻線和麻布的粗糙織品。他的兒子們在一九八〇年代成為孟加拉成衣業的先驅。二〇〇九年，現在當家的法基爾三兄弟（巴杜札曼〔Fakir Badruzzaman〕、納希德〔Fakir Kamruzzaman Nahid〕、里亞德〔Fakir Wahiduzzaman Riyead〕）創立了法基爾時尚，其目標是使其成為世界上最大的針織品工廠之一，也希望能成為社會責任和環境責任的典範。馬赫告訴我，十多年後該公司學到慘痛的教訓：「沒有人為此買單。根本沒人在乎。」

馬赫活力十足、笑容可掬，卻也毫不掩飾自己對時尚行業的厭惡。這是他從個人經驗深入了解的主題。幾乎涉足服裝產業各個面向的他，擔任過西爾斯百貨孟加拉區總經理多年。他回憶起自己還是時尚業新人時，遇過一位美國公司副總裁，他乘坐頭等艙抵達孟加拉，住在達卡最好的飯店裡，還抱怨瓶裝水的品質不佳。「而就在飯店後面，有個蓋在沼澤地的貧民窟以竹子搭建房屋。人們從湖泊和河流中喝到的水，就是那名副總裁喝的瓶裝水工廠水源，當天稍晚他還要求降價。」馬赫說，他記得當時回想起大學時代的自己，研究過狄更斯描述維多利亞時代社會不平等和不公正的故事：「這些故事如出一轍。」

二十年來，隨著主要服飾品牌要求孟加拉供應商降低價格、不斷提高工作場所和環境標準，又同時要求更快完成訂單。馬赫看到這種模式不斷重複。法基爾時尚已經實施經認證的專案，來處理工業廢水、收集雨水、使用更多太陽能、為工人提供膳食和托育服務、僱用殘疾工人、在當地建造學校等等。他們無法將這些專案產生的任何費用轉嫁給服裝品牌或消費者，對方卻不斷希望以更便宜的價格，獲得更多的產品。

有句老話說：「如果一樣東西太便宜，就表示別人在某處付了錢。」

馬赫的工人每周工作六天，每月收入一百二十至一百四十美元。不僅與全球所得相比偏低，即使按照孟加拉國內的標準，這也算是低廉的薪資。但隨著快時尚周期每次加速，他們的壓力也變得更大。在工廠大門外，這些工人忍受著國家為了保持產業競爭力而偷工減料的環境後果。曾經被稱為「東方貴冑」的納拉揚甘傑，現在的空氣通常呈現灰褐色，有時會讓外國遊客感到噁心（這座城市在新冠病毒封城期間，是出現藍天奇蹟的城市之一）。儘管孟加拉的人均碳排放量遠低於富裕國家（比德國或日本低約二十五倍，比美國或加拿大低約四十倍），卻是受氣候變化影響最嚴重的國家之一，容易受到冰川加速融化、更頻繁和更強大的颱風，以及海平面上升的影響。馬赫過去就讀的大學位於吉大港，現正經歷大範圍的洪災，城市中有六〇%的面積在一年內幾乎每次漲大潮都淹水。「人們在自己家中體會到潮汐漲落。」馬赫說，「這個城市正在變成威尼斯。但沒有人來參觀這座威尼斯，沒有人願意在這座城市的穢臭髒水中死去。」

然而最困擾馬赫的，反而是更抽象的傷害：看到自己公司生產的衣服，以明顯被低估的價格出售。「Z世代和千禧世代真的在乎良知消費，但花四美元或兩美元購買一件快時尚T恤時，永遠不會問：『這件襯衫怎麼會以這個價格在柏林、倫敦或蒙特婁販售？棉花是如何種植、軋棉、紡紗、織造、染色、印刷、縫製、包裝、運輸的？所有工作只需花費四美元就可以完成嗎？』**人們從來沒有意識到自己的消費觸及多少生命，因為人們付出的金額根本就沒有支付這些工人的工資。」**

我問馬赫，調漲多少錢可以帶來改變，而他想到的第一個數字令人吃驚：兩美分（編按：一百美分相等於一美元）。這個金額非常小，小到許多國家的人們會自動四捨五入。如果馬赫能在他們工廠生產的每件衣服上多賺到兩分錢，相當於每位工人每月能多加兩天工資（也就是加薪七％到八％）。或者，這增加的兩美分可以讓他們少生產一些服裝（選擇把產品做得更好，或只是不那麼匆促生產），但沒有人會因為失去工作或失去收入。想像一下，如果購物者願意多付一點點，這個產業會發生什麼改變？

值得注意的是，在低價成衣市場中困擾馬赫的快時尚力量，也阻礙了試圖為「去消費經濟」生產服飾的人。在地球另一端，林德勒（Amanda Rinderle）和丈夫克拉克（Jonas Clark）一邊呼吸著羅德島普羅維登斯的清新海洋空氣，一邊出售品質非常好的襯衫，可以穿上十年甚至更久。然而不幸的是，他們必須與馬赫非常熟悉的時尚系統競爭。

當林德勒和克拉克在二〇一三年提出塔克曼襯衫（Tuckerman & Co.）的品牌概念時，曾希望使用美國種植和處理的有機棉，來生產經久耐用的襯衫。由於服飾業致力於廉價、快速的生產方式，塔克曼想做的每一件事都是挑戰。

要製作一件耐用的襯衫，需要纖維較長的棉花才能紡出更細、更結實的紗線。美國種植了大量棉花，但對有機棉（約占市場一％）和長絨棉的需求太少，因此他們不得不利用全球供應鏈。他們打了五百通電話，才找到一家既能生產符合標準的布料，又願意切換傳統棉和有機棉庫存來處理訂單的工廠。那家工廠就是阿爾比尼集團（Albini Group），它是義大利北部一間傳承五代的家族企業。「這是我們唯一能獲得這種布料的地方，而他們可能是全世界最好的布料製造商。」塔克曼的執行長林德勒告訴我。

襯衫的其他原料，如有機襯布（支撐衣領和袖口結構的材料），全球只有少數幾家公司有貨，塔克曼選擇德國一間製造商；耐用鈕扣，巴拿馬利用可再生的植物象牙（corozo。譯註。生長在南美赤道附近名爲塔瓜的椰子樹果實，其種子呈現乳白色，壓制打磨後質感類似塑膠）製成，幸好塔克曼找到位於紐澤西州紐瓦克的甘伯特襯衫工廠（Gambert Shirts），才能在美國製作。最終，塔克曼放到貨架上的是每件一百九十五美元的襯衫，而沃爾瑪百貨則出售十五美元的襯衫——沃爾瑪販賣的許多衣物都是在孟加拉製造的。

一件做工精良的襯衫，在其使用周期內都是有所價值的：如果你連續五年每周穿一次塔克曼襯衫，等於每周花費七十五美分。這比買一件六十美元的襯衫，然後一年後就扔掉還要划算，更比穿十次後扔掉的十五美元襯衫好得多。儘管如此，許多家庭依然無法（或不願意）為一件襯衫掏出一百九十五美元，因為全球消費者已經從更快的時尚周期中獲得利益：在英美等國，家庭添購服飾的預算比例，已從二十世紀初的一五％下降到今天的五％或更少。根據美國勞工統計局的數據，人們主要將節省下來的錢用於支付不斷上漲的住房成本，以及所謂的「非必需品」：從周末假期到填滿房屋的種種物品，以及應運而生的收納櫃。

「我們對自己的價格落點很敏感。」林德勒說，她希望將襯衫售價降到一百美元，但想要如願，塔克曼需要與它所挑戰的時裝同業變得更像：外包給海外低收入工人生產襯衫，並使用更少的有機和可再生原料。「雖然這樣說讓我很痛苦，但要百分之百維持現在的生產品質並具有價格競爭力，是很困難的。」

新冠病毒來襲時，我們預期停止購買衣服會造成的種種效果，很快就變成現實。正如Levi's的迪林傑所預測的，服飾業開始分崩離析：僅在孟加拉一地，就有超過一百萬名服裝工人遭到解僱。根據紡織產業監管機構「工人權利聯盟」（Worker Rights Consortium）的說法，大多數時尚領導品牌甚至拒絕為正在生產或準備發貨的訂單付款，直到群眾壓力要求他們改變。

隨著全球第一次解除新冠疫情封城，我再次與馬赫聯繫。我想知道目睹停止購物的世界如何傷害他的國家之後，他是否還如此渴望看到服飾業的變化？在季風來臨的幾周前，早晨的熱浪襲來，馬赫和以往一樣開朗愉快。「把快時尚帶到你的國家，也是在傷害你的國家。」他回答。

馬赫表示，**服裝貿易面臨的最大危險不是減少購物，而是未能找到減緩購物速度的方法**。在早已擁有足夠服裝的世界裡，讓數十億人繼續購買的唯一方法，是產生不必要的需求；創造非必要需求的方法，就是加速時尚潮流；加快流行趨勢的方法，便是讓衣服便宜到人們可加速購買；製造如此廉價衣服的唯一方法，則是在品質、工作條件、工資或環境標準上偷工減料（孟加拉多年來一直承受著日常生活中的災難）。

過渡到減少服裝消費的世界，對孟加拉來說將是段痛苦的過程。即使國內服飾業將生產出數量更少、品質更好、價格更高的衣服，馬赫依然懷疑這個國家的六千家工廠能否像今天這樣，提供夠多的就業機會。「也許到時候只會剩下四千家工廠，或者三千家。」但這些工作會提供足以生活的薪資、減少汙染和浪費，並改進品質和效率，而不是一味追求貪婪和速度。

「那時不會有激烈的惡性競爭，」馬赫說，「而是一場真正的比賽。」

少買一件，多增加重複使用和回收次數

如果快時尚必須適應一個停止購物的世界，它也不一定會完全消失，而且已經有跡象顯示它可能會變成什麼樣子。

特羅夫古著（Trove）的全球總部看起來就像間典型的新創公司。它位於舊金山人工潟湖和灣岸高速公路之間的一個小型工業園區，有時可以看到禿鷹在頂上盤旋。創始人魯本（Andy Ruben）似乎知道倉庫裡每位員工的名字——儘管在美國商務術語中，人們已經不將其稱為「倉庫」了，而是「配送中心」（譯註：倉庫〔warehouse〕往往有陳舊、雜亂等負面意義，配送中心〔Fulfillment Center〕則有完成任務、得到滿足等正面意義）。

魯本曾有十年是出盡風頭的沃爾瑪管理菁英——用他的話來說，他當時處於消費文化的「心腹之地」。作為全球最大零售商中負責永續發展的先驅者，他見證到改變消費方式有多困難。他曾推廣節

能燈泡，結果造成美國家庭的燈泡數量從三十五個增加到六十個以上，幾乎翻了一倍；他曾嘗試提供持久耐用的電鑽，取代用完就丟的劣質品，卻沒有解決數百萬美國家庭擁有電鑽的浪費問題，因為許多人買完電鑽後幾乎從未使用。「這個過程總是向前走三步，然後又必須向後退兩步，有時甚至退了四步。」他告訴我。

他帶著一個具體的目標離開沃爾瑪：將新產品採購量減少二五％。他希望全世界減少四分之一的購物量。

他目前的公司特羅夫古著隱身於幕後，持續朝這個目標前進。「我過去學到的東西，簡單說來就是一次又一次的矛盾。如果事情太難，人們就不會願意努力。」魯本說。目前諾德斯特龍百貨公司（Nordstrom）、Levi's、巴塔哥尼亞、REI百貨和艾琳費雪（Eileen Fisher）女裝等，都是特羅夫的客戶，他們合作構建物流系統，讓消費者能輕鬆退回自己不再需要的產品。這些產品被運到特羅夫進行檢查、清潔和維修，然後透過品牌的網站和門市，以折扣價重新銷售。

儘管新聞媒體炒作，二手衣市場仍然很小：整體而言不到一〇％，其中還包括服裝租賃。但是，它仍然是個價值三百億美元的市場，並且還在不斷增長（二手衣是少數新冠疫情期間，銷售額有所成長的行業之一）。轉售衣服當然並非新概念，真正創新的是，透過特羅夫重新銷售的貨物沒有任何「用過」或「二手」的感覺。他們的倉庫沒有舊貨店惱人的氣味，這其實也是當今消費文化的另一個駭人之處：衣物在我們的生活中轉瞬即逝，以至於二手衣和新衣之間的差異往往微乎其微。

與特羅夫合作的品牌標準很高。例如，艾琳費雪只願意轉售「完好無損」的衣服，必須沒有一絲明顯的汙漬、破洞或其他磨損跡象，而他們收到的衣物有一半以上符合條件。許多來到特羅夫的產品，仍然帶著當初的價格標籤（稱之為「二手衣」根本是用詞不當）。美國家庭的壁櫥和地下室，就像世界各地的衣櫥和閣樓一樣，已經變成巨大的倉庫，存放著未使用和不受歡迎的東西，成為蔓延全球的「滯銷中心」。

特羅夫現在每年經手數十萬件商品。「我們開始做出了一點成績。」魯本說。但這種商業模式也受到消費文化的破壞。由於轉售商品通常更便宜，允許消費者以沒有負擔的方式購買更多東西。而退回商品轉售的人，通常會得到一張禮品卡，用來購買新東西。不過魯本估計這些轉售二手衣物的銷售額中，至少成功取代七〇%的新品購買額。他指出，巴塔哥尼亞預計二〇二三年將有一〇%或更多收入來自二手銷售。由於二手商品以較低的價格出售，表示需要賣出更多才能在整體銷售額中占有這麼大的分量。也就是說，幾年後巴塔哥尼亞售出的產品中，有五分之一將會轉售第二次、第三次或第四次。

推廣轉售的目標是讓消費品流動起來。在我們需要時，讓物品流入我們的生活；在我們不需要時，讓物品流出。這種做法絕非獨創：文藝復興時期的義大利，即使是非常富有的人，也會根據不斷變化的需求和收入，進進出出典當衣物。而這個過程中，最時尚的衣服往往遭到抑價，因為一旦趨勢發生變化，它們就會失去長期價值（這一傳統從未完全消失，新冠疫情流行期間，小額典當在義大利復興）；馬克思（Karl Marx）身為困苦的年輕經濟學家時，也曾典當他的西裝；在十七和十八世紀，許多商店一視同仁地出售新品與二手貨；一九七〇年代，即使在富裕的家庭中，繼承舊衣物、玩具和家具也是件很普通的事。而今天，「商品流」的循環模式適合那些不擅於管理物品、經常出差、長住在城市公寓而非郊區或鄉村住宅的消費者。

然而商品流並非沒有環境成本。轉售為產品的使用周期中，增加更多運輸、處理和其他形式的物流，但它（至少在理論上）取代了為製造新商品所需的原物料和供應鏈。這種物品流通的方式通常被描述為「使用權」，而不是「所有權」，儘管在特羅夫的商業模型中，真的會擁有購買的東西——也許是一天，也許是一生。類似的模式包括租賃、物品訂閱制或共享經濟。這些模式都做出一個違反直覺的承諾：我們可以使用更少的資源，並比以往更快獲取和處置物品。「總產品的數量會變少，但生活中總會有產品進出。」魯本一邊說，一邊狡猾地笑，「如果能進入『商品流』的經濟模式，我認為我們可能會消費更多東西。」

羅德斯（Cyndi Rhoades）倒是找到另一種可能性，讓快時尚可以在世界停止購物之後，依舊在我們身邊徘徊。一頭紅髮的羅德斯，曾經是音樂錄影帶和紀錄片的製片人，現在則是「舊衣再生科技公司」（Worn Again Technologies）的創始人。這家企業的總部位於英國，他們找到一種方法來溶解人們不再需要的衣服（是的，溶解），重新製成可以再次紡織為衣服的原料。這個過程類似永動機（Perpetual motion。譯註。不需輸入能源、能量，便能不斷運作的機械）：將一件舊T恤扔到製程的一端，一件新T恤就會從另一端冒出來。

「舊衣再生科技公司」目前的業務始於二〇一一年，羅德斯和曾是化學家的沃克（Adam Walker）偶然相識。當時他設計了一套軟體，輸入要分離的材料後，就能生成一份可完成這項工作的溶劑列表。於是，羅德斯向沃克提出關於紡織品回收的問題。「他走進實驗室，做了一個小小的電腦實驗，然後回來告訴我：『這裡是你的人造聚酯纖維，這裡是你的天然棉花纖維素』。」羅德斯說，他們花了三個月運行整個專案。「我們想說太好了，一切都完成了。以為自己發現了聖杯。」

然而事實並非如此，他們後來花了將近十年，才清楚該如何將這個過程商業化。不過基礎概念倒是很簡單：「舊衣再生科技公司」與其所屬的新興紡織品再加工行業，需要的原料是由棉、聚酯纖維，或以兩者混合物製成的織物（可包括高達一〇％的其他材料，如鈕扣或製造彈力長褲的彈性纖維等）。世界上大約有八〇％的服裝符合這些條件，也就是說，人類每年製造出超過四千萬噸的潛在原料——這實在是令人難堪的富裕。

接下來，這個過程需要一些嚴肅的化學工程：把這些衣服放在溶解聚酯纖維的溶劑中，然後再重新分離。這時會得到純聚酯顆粒原料，可以重新再變成纖維，與當初從原油製成的過程相同。而棉纖維也會經歷類似的過程，只是最後不會得到棉花，而是提取出棉的基本化學成分纖維素，但最終產品的外觀和特質都非常像棉，可用於製造類似於嫘縈、萊賽爾和天絲等紡織品，最後再於世界各地的工廠製成衣服。而這些回收服裝中所運用的其他材料（布料、染料、裝飾等）則必須被丟入垃圾桶。但截至目前為止，與丟棄衣服相比，平均減少浪費近九〇％的原料。

如果你聽說過「循環設計」或「循環經濟」，這就是了：**產品不斷重複使用或回收，不會被丟棄報廢**。目前全球循環經濟模式仍占少數，也沒有向循環模式前進的跡象（非營利組織「循環經濟」〔Circle Economy〕從二〇一八年開始追蹤這些數字，當時循環經濟模式占比有九．一％，然而到了二〇二〇年，這個數字已降至八．六%，全球經濟消耗的原物料數量比以往任何時候都高）。目前在服飾業中，只有大約一%的廢棄衣物被回收用以再製衣物，還有一二%被轉化為床墊填充物和抹布等劣質商品。從「舊衣再生科技公司」這種循環經濟公司的角度來看，每年最終有價值一千億美元的原物料都變成了廢物。

二〇二〇年二月，舊衣再生科技公司在英國雷德卡開設試驗性的研發設施，距離試驗版的舊衣再生處理廠僅一步之遙。該公司期望到二〇四〇年建立四十家營運工廠。最初會在西歐和美國開業，除了因為這些地區的高效率廢物收集系統，也因為「消費文化」本身就是原料。對服裝回收業而言，富有消費者扔掉的大量物品，可說是今日服裝業的棉田和煉油廠。

停止購物似乎會威脅到這種原料：每少購買一件襯衫或牛仔褲，都會少一件可以回收的衣服。然而羅德斯並不在意，即使全球服裝銷量減少一半，每年仍會生產兩千萬噸的新衣服。這符合服飾加工業的標準，要是全部變成舊衣再生科技公司的原物料，更足以供應四百家工廠的業務。

然而這只是九牛一毛。理論上，像舊衣再生科技公司這樣的企業，可以努力挖掘全球堆滿衣服和布料的壁櫥和垃圾掩埋場。「世界上已經有足夠的紡織品能滿足我們每年的需求，因此不必再次鑽探石油或種植棉花。」羅德斯說。「去消費文化」因此仍能容忍一點快時尚的存在，販售一些亮眼且新奇的東西、一些不斷變化然後再度循環的東西，為我們耐穿的褲子和經典款夾克增添時尚風格。

「對於想要選擇新道路的人來說，這將成為可能。」羅德斯說，「我們不會一直重複同樣的購物模式。」

然而龐大的消費規模，卻再度成為循環經濟的真正威脅。

循環經濟能否滿足全球近八十億人口的衣櫃？羅德斯認為可以；循環經濟能否提供所有人一種富有消費者般的快時尚生活方式？答案是不行。

如果對衣服的需求不斷增長，那麼這個循環就必須擴大，變成一個吸納能量和資源的黑洞、一個永遠不會停止成長的迴圈，或一個總是越來越氾濫、越來越快速的商品流，最終將會帶我們走向不斷成長的消費經濟。

於是我們該提出一個更具哲學意義的問題：「商品流」或「循環經濟」是否會終結我們習慣的購物生活？

事實上，這兩者都會改變我們獲得的物品以及獲得物品的方式，卻都沒有要求人們改變貪心的消費心態，也不要求人們質疑將消費作為生活核心的做法。但有些企業確實提出這些問題，因為他們仍然記得許久以前，根本沒有人談論所謂的「消費文化」。

13 / 百年老店

Business plays the long, long, long, long game

「四多」（four mores）是個商業概念，幾乎可說是現代消費資本主義的座右銘。然而內容聽起來既貪婪又卑鄙，所以很少在商學院以外的地方提及這個概念。事實上，四多是：將更「多」東西更「多」次賣給更「多」人以賺取更「多」錢。這麼做是為了實現永恆營利、銷售成長的終極目標。

黑川光晴從日本移居美國完成商業學位，然而他對這些概念感到困惑。他記得一位教授在課堂上提出的場景：假設客戶想要七百件產品，但你的工廠生產線設計卻是以五百件為單位，你該怎麼做？教授給出正確的答案：如果經過計算，交付七百件、報廢三百件，工廠仍然可以獲利，就生產一千件。

「我只是不認為這麼做有道理。」黑川啜著一杯抹茶告訴我，「我們從不試圖過度生產，也盡量減少供不應求。我們努力提高效率。」

黑川頗有遠見。身為獨生子，現年三十多歲的他將成為領導和菓子名店「虎屋」（とらや）的第十八代。虎屋自一六〇〇年代創立至今，大約有四百二十年的歷史（可說是眾多果蠅中的一隻烏龜、一群少年裡的長壽仙人）。即使是股票市場上最大的公司，其平均壽命也從一九二〇年代的六十七年，下降到今天的十五年，更不用說目前世界上的企業平均壽命只有十年。

幾乎每家公司都認為自己的品牌夠受歡迎、夠強大且具有永續性，可以在停止購物之後的世界生存下來。在這方面，虎屋倒是非常具有說服力。二〇二〇年新冠病毒來襲，也不過只是虎屋漫長生涯中經歷過的無數風暴之一。

一七八八年，虎屋在火災裡失去店門口的招牌，一場大火燒毀當時日本首都京都內近一千五百個街區。之後，日本皇室（虎屋的最佳客戶，有時占其銷售額一半）陷入財務困境，有兩年無法支付甜點帳單；一八六九年，日本首都遷至東京，虎屋也轉移總部（遠在機動運輸時代來臨之前），並隨著東京擴張成為世界最大都市，又搬遷了六次；一九二三年，虎屋在關東大地震中倖存。這場地震同時引發海嘯、吞噬近半個城市的大火，以及高達二十層樓的地獄火龍捲。這場災難中，共計有十四萬人死亡，但地震並沒有阻止虎屋在次年推出送貨服務；第二次世界大戰期間，美國對東京實施燃燒彈空襲，該地區化為灰燼，其面積幾乎是戰爭後期廣島和長崎遭原子彈摧毀面積的十倍，而虎屋的工廠就在其中。「如果工廠被炸毀，事情就很難辦了。」黑川說。虎屋曾遭受災難，並且在歷經這一切之後，仍然是一家致力製作精緻點心的家族企業。

「我自從出生以來，就完全被甜點包圍。」黑川坐在東京六本木高級消費區的虎屋茶室裡這樣說。在他周圍，穿著考究的東京男女吃著一種奇特的糕點。在西方人眼裡，這個糕點像是濕潤的葉子裡包著裹在淡粉色海綿蛋糕裡的小香腸。事實上，這個甜點的主體是塑型成圓柱狀的紅豆沙，包在將糯米蒸熟搗碎後製成的粉紅色米餅裡。外層的葉子是櫻花樹葉，已經在鹽水中浸泡了一年。這種甜鹹完美平衡的甜點稱之為櫻餅，用來慶祝今年提早到令人不安的櫻花季。黑川告訴我葉子不一定要吃。櫻餅很美味。

虎屋製作的點心被稱為和菓子，這些精緻的甜點旨在引動所有感官，甚至是聽覺，因為它們的名字是為了喚起人們腦海中的寧靜畫面：雲海、微風、秋月。其中最受歡迎的是一種名為「夜梅」的羊羹，切開時顯露整顆白小豆的圓形橫切面，就像黑夜中的白梅花，喚起人們對微光和梅香的記憶。

不幸的是，西方人經常將虎屋的產品誤認為肥皂。他們最受歡迎的和菓子羊羹，是種半透明的長方形條狀點心，其他許多點心的包裝上都有明亮的花卉，往往讓西方人聯想到沐浴。一九八〇年，黑川的祖父決定以法國為起點，將虎屋帶到日本以外的世界。他認為以法國人對美食的精湛鑑賞力，一定能懂得和菓子。他在距離協和廣場一個街區的地方，開了虎屋的巴黎分店。事實證明他的直覺是正確的，法國人確實「懂得」和菓子——只不過花了一段時間。

「我聽說大約有十年或十五年，巴黎分店並沒有多少來客。」黑川說，「如果不以長期經營的眼光來考量，就可能會在一年內關閉分店。但我們的目標是讓來自其他文化的人了解我們的文化，並透過理解法國文化，創造出更好的和菓子。所以我們決定保留這間分店。三十年後，我們終於能夠把它變成一間有盈餘的店鋪。」

三十年才能扭虧為盈，這是當今企業平均壽命的三倍。

不盲目追求經濟成長的企業經營

經濟多樣性就像生物或文化多樣性，是生命的寶庫。環境的突然轉變，可能會使當下的主導玩家迅速倒下，讓蟄伏且更適合新狀況的商業形式崛起。在自然系統中，像氣候變化這樣的力量可能會誘發改動；在經濟世界中，停止購物肯定會造成系統性的震盪。

追求利潤與成長是當今的主要經營模式。然而虎屋是個歷史悠久的家族企業，其經營模式有時被稱為「以諾式企業」（henokien。譯註。已經存在兩個世紀或更長時間的家族企業）。瑪莉白莎（Marie Brizard）這個家族企業於一七五五年在法國開設茴香利口酒公司，該公司負責人格洛廷（Gérard Glotin）於一九八一年，從聖經人物以諾的故事發想出這個詞彙，在某些基督教傳統中，據說以諾活了三百六十五年，然後完成一項甚至連耶穌都無法匹敵的壯舉：在沒有真正死亡的情況下升天。

家族企業常被低估。直到最近，他們才開始重新吸引目光。研究人員發現，家族企業占有世界各地約七〇%的公司數、六〇%的勞動力，因此被稱為經濟的「隱形冠軍」。這些家族企業可能是街角的雜貨店、當地餐廳、沙龍、鎖匠、工程承包商、自由工作者、醫生、律師和會計師事務所。他們可能會幫你補牙、修鞋、乾洗西裝、照顧孩子、美化環境、烤出最喜歡的披薩、經營最喜歡的酒吧或咖啡館。他們會遭受新冠疫情危機的重創，但也可能深受鄰里喜愛，因此成為眾人決定一同拯救的當地企業。

並不是所有的家族企業都是小公司。在美國和歐洲的主要股票指數中，家族企業便占了三分之一。眾人長期以來都爭論著，要取悅股東的大公司，在家族控制下是否會和一般公司不同；但私人所有且未上市的家族企業，其行為往往不同。對於那些經營了幾世紀的企業來說尤其如此。

就利潤問題，黑川說：「不能說我們不追求利潤——我們當然追求利潤。如果利潤或銷售是首要任務，我們有很多手段可以應用。為了削減成本，我能想到很多事情，比如停止手工製作和菓子，或關閉無利可圖的業務。」

虎屋確實使用機器和自動化設備，卻也依然保有手工生產部門。該公司的觀點是，虎屋的三千種和菓子食譜中，沒有一個是由機器發明的。在人工智能可達到和菓子大師的複雜性和創造力之前，機器只會重複程式分派的簡單任務。只有可以機械化製造的部分，才會進入自動化的過程。

如今虎屋擁有八十家商店和咖啡館、近一千名員工，每年銷售額約為兩億美元——與十年前一樣。二〇〇一年，黑川的父親為虎屋制定二十一世紀的願景。他沒有將利潤最大化列為優先事項，相反地，他採取以下措施：大幅提高客戶滿意度、傳承日本的生活方式和文化、承擔社會責任，並為員工提供有價值的生活。該公司是作家麥奇本（Bill McKibben）所謂「深度經濟」的例證之一：商業融入社區和文化。許多企業現在都將他們的客戶稱為「社群」，而在虎屋的案例中，這種心態至關重要。

黑川表示，虎屋的企業精神不是由他的家人單獨決定，他們還需要考慮：日本皇室，他們與虎屋的關係貫穿公司的悠久歷史；日本公認茶道技藝最高的三家族（譯註：此處指的是日本茶聖千利休傳下來的三個茶道流派：表千家、裏千家、武者小路千家），一直向虎屋訂購點心；群馬山區兩百七十名農民，受委託種植虎屋使用的白小豆，這些田地種植的歷史悠久，時間長到田裡的植物具有獨特基因；工廠裡的員工，一代代父子相承一起在虎屋工作；一位八十多歲的書法家，仍然為虎屋的包裝題字，而他的女兒未來很可能會繼承這項工作。

「這種代代相傳的人際關係，在虎屋的歷史中多不勝數。」黑川告訴我。虎屋絕對優先的事項是企業的連續性。對「以諾式企業」來說，過去和未來是至關重要的，他們鼓勵向長遠的目標著眼，因此會產生一種截然不同的經營方式。數百年的傳承中，沒有人願意成為帶領公司走向破滅的人。

歷史悠久的家族企業，傾向提供經濟學家所謂的「內在價值」（與心理學領域相呼應）：實用、美麗、富有傳統、或令人愉悅的商品和服務。但最重要的是其永恆的傳承。「以諾式企業」公認的名單上有釀酒師、珠寶商、鐘錶匠、醬油釀造商、林務員、出版商、清潔產品製造商，而每天製作一千五百把新武器的義大利槍械製造商貝瑞塔（Beretta）也是其中一員。

長遠來看，家族企業似乎也鼓勵更好的社會責任和環境實踐。因為對於家族企業主來說，他們今天的行為會創造子孫後代生活的世界，而這並不是抽象的概念。另外，榮譽也發揮作用。「許多家族企業都以家族姓氏命名，因此家族聲譽始終處於風險之中。」歐洲工商管理學院（Institut Européen d'Administration des Affaires, INSEAD）的家族企業戰略顧問莫勒（Lise Muller）表示。INSEAD研究所是世界上最重要的商學院之一，位於法國楓丹白露。

老牌家族企業一般來說是保守的，往往在經濟低迷時期表現良好，部分原因是有歷史經驗可以借鑑，同時也因為他們不需要專注於賺取短期利潤來取悅股東。

對於一個停止購物的世界，「以諾式企業」經營法中特別突出的要點之一是，他們並不專注於擴

張規模。問及虎屋將「成長」放在優先事項清單上的哪個位置時，黑川顯得很困惑。就像不關心政治的人，對任何相關議題都是興趣缺缺。虎屋是「不成長的」（agrowth）：如果成長是公司追求其價值觀的結果，那就成長吧；如果沒有，那也很好。有時，公司甚至視成長為警告信號，表示置傳統價值於風險之中。例如在日本傳統點心製造商中有個不成文的協議，除非在特殊情況下，如競爭對手（如果可以這麼說的話）退出市場，否則搶另一家點心屋的客源是不恰當的行為。

對西方資本家而言，漠不關心企業的成長簡直是種異端邪說。然而經濟中有很大一部分是非成長性商業活動：沒有人期望自家門口的家庭餐廳不斷擴大規模。曾與GAP和巴塔哥尼亞合作的產品創新顧問大原徹也表示，同樣的模式在長壽企業中很常見。大原在加州完成MBA學位，畢業時帶著他所謂的「老派」商業價值觀：如何占領市場分額、如何盡快成長、如何削減成本、如何提高零售價。但他的家人在京都從事織物印染近一個世紀，他自己在成長過程中也被介紹認識許多其他老牌企業。日本是全世界「以諾式企業」的溫床，百年以上的企業近三萬五千家，五百年以上的企業更有幾十家。

大原經常在大學和商學院中演講，有段時間他嘗試談論長壽公司的經濟模型，但美國學生尤其不感興趣。「他們對短期回報有興趣，喜歡增長，以及如何快速賺錢。這就是文化。美國沒有這麼長的歷史，尤其在加州，這個州曾有淘金的文化，人們今日仍在追逐黃金。」他說。

日本之所以能夠產生如此多具有深刻商業眼光的企業，有幾個原因：一方面日本歷史上一直深受可怕的地震、火災、海嘯、經濟衰退和戰爭所困擾，因此它的經濟模型不是永無止境的增長，而是一種興衰的文化，人民更具有「我慢精神」（這個詞彙表示堅定不移的耐心）。

另一個事實是，直到十九世紀後期，日本都在鎖國政策下孤立地度過了兩百五十年。那段時間的經濟增長非常緩慢，大部分的新生財富都花在改善實際生活，如建立更好的住房、清潔的生活用水系統；商店和餐館漸漸普及，像扇子和梳子這樣的消費品越來越受歡迎，但房屋大多沒有裝飾，人們擁有的財產也很少。消費歷史學家川特曼稱其為「簡單舒適的文化」，這種生活哲學使當時日本人的生活品質可能高於同時期的歐洲人。

這種簡單的舒適同時也具有環境資源上的意義：一個幾乎完全關閉邊界的國家，只能靠自己的資源生存，等同是「只有一顆地球」概念的縮影。相對於香蕉來自厄瓜多、智慧型手機來自中國、T恤來自孟加拉的現代消費者來說，鎖國時期的日本人更加覺得自然資源有限的想法切身相關。當日本人民可以花上好幾天由東步行橫越本州到西岸，當然也會養成一種道德觀念，認為扔掉三百件產品來完成僅需七百件的訂單極其瘋狂。

黑川是否覺得商業決策中，深度思考比短期思考更重要？他是個心氣平和的人，我承認自己希望他回答兩者都很重要，事實卻恰恰相反。他說：「當然是深度思考比較重要。」

他又替我上了一堂歷史課：一九一五年，東京決定建造一座神社和神聖森林，以紀念當時剛去世的天皇。他們選定的區域是東京城郊的一片沼澤農田。

林務員分階段計畫這個專案。當時這片地區只有少數幾棵松樹，於是他們決定在周圍種植十萬棵樹苗，百年後由橡樹、椴樹和樟樹組成的闊葉林，將會長成一片美麗的森林。然而參與計畫的所有人，都不可能在有生之年看到最終成果。

今天，茂密的森林覆蓋了原宿地鐵站旁一座平緩的小丘。這是都市中新綠的喘息之所，給人平靜的感覺，並散播清新的空氣。在它四周，舉目所見是今日的東京，都會水泥叢林一直延伸到地平線的盡頭。黑川深深被如此深謀遠慮的眼光而打動。

「如果你不用這種方式思考，」他最後說，「你對人類生命還抱有什麼熱情？」

減少消費，支持有用的創新

人們常常認為，長壽企業一定是枯燥無味、一成不變，在自己世界裡固步自封的機構。商業文化的準則是「不成長，就死去」。生活在充滿大量成長和創新的全球經濟之中，我們理所當然地以為兩者是不可分離的。

「以諾式企業」的運作方式與這種普遍存在的誤解正好相反。這樣的企業之所以稀有，很大一部分是因為需要不斷創新，才能在歷史的巨變下倖存。這表示他們必須一次又一次地重新進行發明。荷蘭的范埃根（Van Eeghen）成立於一六六二年，主要從事羊毛、葡萄酒、鹽和其他基礎商品的貿易。後來他們成立了銀行、買賣美國房地產、建造船閘和運河、種植菸草和棉花，並重返航運業。第二次世界大戰之後，他們經營香料、脫水食品，現在還經營保健品。

儘管當今所有關於企業敏捷度與持久度的言論莫衷一是，但INSEAD研究所的家族企業戰略顧問莫勒估計，**比起以成長為目標的現代企業，古老的「以諾式企業」能更快適應停止購物的世界**。即使像虎屋這樣追求「把一件事做好」的老牌公司，也習慣商業模式的不斷演進和消費者口味的變化。黑川說，虎屋現在做的每樣東西，都和幾年前大不相同。他們不斷培育新的小豆，以跟上氣候變化的步伐，最近還為羊羹找到了新的市場定位——災難時代（核災、颱風、海嘯、疫情）的應急物資。虎屋的座右銘是：「傳統就是不斷創新」，而這句話翻譯成法語後，甚至更加適切：傳統就是一連串的革命。

我們認為自己生活在一個前所未有的創新時代，但更準確地說，這只是一個「容易創新」的時代，科技記者德克爾（Kris De Decker）說。廉價的能源（其中大部分由石油製成）提供動力，使我們能不斷開採資源，並以極快的速度生產各種商品。他告訴我：「我們假裝這些能源會永遠持續下去，而且沒有缺點。從發現限制的那一刻起，我們就必須創新，來改善自己的生活。然後事情就會變得非常有趣。」

二〇〇七年，德克爾正為歐洲主要報紙撰寫科技方面的報導，接觸的資訊使他認為科技無法解決世界重大問題，其中最重要的議題是氣候變化，因此創辦《低科技雜誌》（*Low-Tech Magazine*）作為資訊平台，挑戰「高科技將解決一切」的心態。「有天晚上，」德克爾說，「我女朋友正在看書，然後突然抬頭問我：『你知道光學電報（optical telegraph）嗎？』」

德克爾從沒聽過這個東西，於是他開始收集資料，並向他所謂「被遺忘的整個世界」邁出第一步，研究不包含高科技的創新歷史。

光學電報其實是由高塔組成的系統，每座塔的距離剛好在彼此透過望遠鏡可見的視線範圍內，以便傳達訊息。這些塔看起來像是缺了葉片的古老風車，兩條信號臂懸掛在一根長橫桿上。人們使用槓桿原理來擺動信號臂，接力沿線傳遞編碼（字母、數字、單詞或短語）。這是一種更快、更聰明的煙霧信號版本，一條十五個字符的訊息，可以在半小時內透過史上第一條完整的光電報線傳遞出去。該線從巴黎延伸到北法里爾，全長兩百三十公里。德克爾計算出每個單獨的信號以每小時一千三百八十公里的速度移動，這比大多數客機還快。

那時還是一七九一年。不久之後，這項技術的速度翻了一倍：從法國里昂到義大利威尼斯的光學電報，可以在一小時內將一條標準訊息傳輸到六百五十公里遠。光學電報的發明比電報早了半世紀，比第一封電子郵件早了近兩百年。

令德克爾震驚的並不是光學電報在某種程度上優於現代通信技術（事實明顯並非如此），而是它在當今關鍵的資源限制條件下，依然可以發揮作用。光學電報的技術實現了快速、準確、長距離的通信（至少在白天、沒有霧的情況下是如此），其生態足跡僅限於少量木材和石材，並且不需要電力或化石燃料。「正如歷史所顯現的，人們非常有能力不斷改善人類的社會和生活狀況。我們本可以在二十世紀走一條完全不同的道路。」德克爾說。

長期以來，傳統經濟學家一直聲稱創新是由利潤所驅動，但這似乎並非創造力實際運作的方式。麻省理工學院經濟學家馮希培（Eric von Hippel）在不同國家領導了一項研究，發現許多創新甚至並非源自企業，而是經常自由分享想法的普通人。馮希培舉了一個業餘自行車製造商的例子：某人為越野自行車創造了一個新設計，然後騎著新車在市中心閒逛、上傳新設計的圖片，甚至鼓勵其他愛好者複製或改進他的設計。讓發明者滿足的不是賺錢，而是創造有用的物品，並在社群中獲得地位。科學家們也會發明對科學進步非常重要的儀器，但往往只能從中獲得少量利益，有時甚至根本沒有。

數以千計的例子可以證明，創新並非取決於對金錢和成長的渴望。最著名的案例就是一九六九年美國登陸月球：這比較是冷戰競爭和探索熱情的結果，而不是從外太空獲利的競賽；另一個例子則是電子郵件，程式設計師湯姆林森（Ray Tomlinson）開發美國政府資助、俗稱「阿帕網」（Advanced Research Projects Agency Network, ARPANET）的專案時，順手發明了電子郵件。「我們的贊助商國防部從未說過想要電子郵件，我的老闆也沒有提過任何關於電子郵件的事情。」湯姆林森後來說，「我只是覺得這是使用電腦和網絡可以做到的有趣應用成果。」這與現代新創公司試圖寫出一個短暫的應用程式，以吸引十億美元的投資截然相反。

近來的消費災難，多以缺乏創新為特徵，因為整體社會傾向等待由消費者驅動景氣復甦。另一方面，與突然停止消費相比，慢慢減緩消費更可能激發創造力。德克爾說：「我們必須重新思考一切。我們的社會需要大量創新，另一種意義的創新。」

多年來，德克爾一直在進行低科技生活的個人實驗。這是一種低消費的生活方式，包括停止大部分的購物。他明白在多數人眼中，自己看來像是個「頑固的白痴」。

德克爾來自比利時，在巴塞隆納附近租了沒有供暖系統的房子（他說自己都穿發熱衣）；他沒有汽車，使用一支按鍵式的諾基亞舊手機，和一部二〇〇六年生產的筆電；他經常在工作中出差，但從不坐飛機；他經營一個關於太陽能知識的網站。這些生活上的選擇，再加上對歷史上人類發明解決方案的知識（有些問題我們今天仍在面對），幫助他了解到為了減少社會消費，可能需要的改變。

舉例來說，他注意到歐洲的整體鐵路網正在分崩離析：要到達歐洲高速列車網絡上的許多地點，竟然比一世紀前乘坐鐵路旅行更花錢、更耗能源。而最令人驚訝的是，這些旅程比以前浪費更多時間。由於許多夜間列車已停駛，人們必須醒著穿越一大段距離。有時在白天前往機場、等待、飛行，最終到達目的地，竟會覺得比過去乘坐夜間列車浪費更多有用的時間（另一個被遺忘的發明是火車渡輪，這是一種設計來裝載列車的渡輪。「它們曾經很常見，甚至還出版過一本關於火車渡輪的書，我就有一本。」德克爾說。）。哲學家伊利希（Ivan Illich）曾發表過類似的論點，認為騎自行車的人總是比開車的人節省更多時間，因為他們花費更少的時間去賺取金錢，好擁有和運行自己的代步工具。

一個停止購物的世界將擁有更簡潔、更高效的消費文化，也支持真正有用的創新。商業媒體的喧囂，讓我們以為「創新」本身就是好的。事實上，只要粗略地觀察一下周遭，就會發現創新絕對有其好處（如眼鏡），但也同時有其壞處（如竊盜他人的數位身分），而最常見的創新則是有利有弊（如智慧型手機）。在金融海嘯帶來的痛苦中，美國聯準會前主席伏克爾（Paul Volcker）深入調查創新金融產品（如次級房貸），如何讓全球經濟陷入癱瘓。「這些是我們想要的精彩創新嗎？」伏克爾質疑，然後他補充道，「過去二十年來，我看到最重要的金融創新是自動櫃員機，它真的對人們生活有所幫助。」據說他這場演說獲得如雷般的掌聲。

我們是否能夠維持生活品質，同時減少二五％的創新產品：新口味的棒棒糖、新的深夜電視節目、可疑的投資、新的服裝剪裁和顏色、風行一時卻無用的聖誕禮物與時尚潮流？

「我認為甚至可以減少九〇%。」德克爾說。

當永續經營遇上變化的消費經濟

「法師」是間日式傳統溫泉旅館，也是世界上持續經營最古老的家族企業，是所有「以諾式企業」中的老祖宗。它建於西元七八一年，一千三百多年來持續在同一座溫泉上營業。這一切發生在哥倫布抵達美洲近八世紀前。旅館開張的幾十年前，維京人方才開始洗劫不列顛群島、墨西哥的瑪雅文明剛剛達到頂峰、《古蘭經》成書還不到一世紀、史詩《貝武夫》（*Beowulf*）還要一個世紀才會寫成。你或許會想像住在法師旅館中得在古老水域中沐浴，睡在巨樹製成的橫梁下，而其木材隨年歲染上神聖的深黑，而在此之前曾有五十代的人在此入夢。

但事情不完全是這樣：法師旅館是「永續經營」與「瞬息萬變」兩種商業模式碰撞之處，而這種衝突留下了痕跡，就像疤痕在舊皮膚上新生一樣。

「法師」旅館位於日本粟津，與東京的直線距離僅有兩百公里，但因為距離主要幹道極為遙遠，所以從東京出發需要將近四小時才能到達。早在新冠病毒大流行、各地上演末日景象之前，粟津就經歷了一場慢動作的末日災難。

許多廢棄房屋散布在粟津狹窄的街道上。其中一些因年久失修而倒塌，另一些屋內仍舊擺滿各式物品，直到最近才被遺棄。這些房屋給人的第一印象是蕭條，但與破敗的旅館相比，甚至還稱得上賞心悅目。一間間房屋沿著白山的翠綠山腰排列，巨大建築中隱約可見剝落的灰泥、生鏽的陽台、破損的瓷磚。高塔披著藤蔓織成的深綠斗篷，看來更像是從森林窺視世界的巨岩，而不是人類的居住地。旅館內有許多明明很新穎卻沾滿末日氣息的物品，令人毛骨悚然。

法師旅館的景象就美觀多了。一棵有四百年歷史的雪松亭亭立在門前，牆體油漆是新鮮的白色，與深色的木頭和瓷磚相映成趣。每位工作人員都穿著色彩鮮麗的和服迎客，並禮貌地引導困惑的外國人一步步學會換鞋、餐飲和公共浴池的禮儀（不要把毛巾掛起來或放在地板上，要折疊成整齊的長方形，然後敷在頭頂）。建築物中幾乎每間房都有大窗戶，能凝望以岩石、森林和流水組成的庭院。

旅館的現任負責人是法師善五郎，現年八十多歲。他以跪姿替客人送上日本茶與和菓子，並以談論有生命物體的慈愛語調，聊著流溢在旅館浴池中的古老溫泉。但他的聲音裡也隱隱流露遺憾：「善五郎這個名字現在已經延續四十六代，而我可能是成就最少的一代。」

據說幾百年前，一位偉大的佛教僧侶因為被白山召喚而來到這個地區。此時一個神祕的聲音指點他找到具有療癒力的溫泉，於是朝聖者絡繹不絕地來到粟津，希望治癒自己的疾病。這位高僧將水源留給自己的弟子初代善五郎，自此溫泉及這間旅館代代相傳，從父親傳給長子（譯註：法師家族長子繼承旅館時，也會繼承善五郎的名號）。日本人對地震、洪水和颱風都習以為常，粟津人會對自己家進行簡單修繕，然後繼續窩在世界上一個安靜、緩慢變化的角落裡過日子。

然而「日本奇蹟」的出現改變了一切。一九八〇年代末期，在金融放鬆管制和低利率的鼓勵下，日本早已蓬勃發展的經濟頓時陷入瘋狂。當時不理性的投機行為後來被稱為「泡沫經濟」，就像一九三〇年美國經濟崩潰被稱為「大蕭條」一樣。日本房地產的市場大小約是美國的五%，鼎盛時期甚至飆高到美國所有房地產總值的兩倍。

粟津變成大受歡迎的渡假小鎮。一夕之間，無數富有的日本人湧進，擠滿一間間旅館，到此燃燒過剩的金錢和壓力。善五郎回憶每天都見到商人們進行歡宴，僱傭無數藝妓和交際花（通常是外國女性，提供美麗又令人愉悅的陪伴服務）。有人曾告訴他：沒有人願意再看到古老的黑色木材，他們想要鋼鐵、色彩與玻璃。

接下來發生的事情，經濟學家也曾多次提醒。如：「天下沒有白吃的午餐」「人無千日好，花無百日紅」。日本過熱的經濟在一九八九年十二月二十九日達到頂峰，緊接著的是長期的經濟衰退，一直持續至今。

「幸運的是，我保留了旅館大門和一幢木製建築，但有些舊的、有價值的建築是在我手裡拆除的，我真不應該這麼做。我一個人獨斷地做出決定，現在每一天都在後悔。」善五郎告訴我，「從現在開始，**我們不應該根據社會的變化而改變，而是根據自己的一套價值觀來調整**。」

隨著有歷史的建築被更現代的建築取代，法師旅館現在沒有太多痕跡可以提醒遊客，這家旅館早在火藥發明前一百年就已開業。此處最明顯的古蹟，是用日本柏木製成的獨幢小屋，曾經接待過日本皇室成員。整座建築物沒有使用任何一根釘子，靜靜矗立在花園裡，幾乎像是從泥土中冒出來一樣。

除此之外，法師旅館給人的感覺比較像開業幾十年的旅店，而不是一間百年老店。旅館整體樣貌既現代但又有點凋零，曾經專門用於禪修的房間，現在裝有五台發光的零食飲料販賣機。

法師家族也深受個人悲劇所苦：本應繼承事業的長子（第四十七代善五郎）英年早逝，於是幾年前，僅存的女兒久江（ひさえ，音譯）回到粟津，開始學習經營旅館。

善五郎對自己非常嚴厲，走在旅館大廳裡，他看起來就像背負著實質重擔的男人，馱著一個片刻不敢放下的包袱，並且不認為自己有所成就。

作為一個全球化的社會，我們很久以前曾經打賭，未來將永遠建立在不斷成長的財富和經濟之上，一切將不斷汰舊換新。然而在粟津地區，過去為了泡沫式未來搭建的一切正漸漸化為塵土，唯有法師依然屹立不搖。

14

身分轉換

If we're no longer consumers, what are we instead?

幾年前的秋天，哈雷爾（Zoe Hallel）在住家附近看到一家商店即將開業。住在倫敦郊區達格納姆的她，很好奇這家新商店。事實上，她對附近任何新鮮事物都感到好奇，因為她迫切希望自己的生活有所改變。

「我非常孤獨。有些人天天在街角遇見，或者一起住在這個社區裡好多年，但除非有理由開口談話，否則大家就只是擦肩而過，從來不打招呼。」

哈雷爾明白自己只是在空想而已，她沒有理由真的認為一家商店會影響到自己的生活。儘管商店主導了城鎮的公共空間，卻不是典型的社交場所，況且如果沒有錢消費，即使是咖啡館和酒吧，也與空白的牆壁相差無幾。儘管消費文化看似充滿瘋狂的群體性，卻往往孤立又私密——一群人單獨湊在一起花錢。

當時二十五歲的哈雷爾帶著一個年幼的女兒，需要面對的不僅僅是現代世界的疏遠鄰里關係。近十年來，她一直為「廣場恐懼症」所苦，如果試圖走到離父母同住之處超過一個街區的地方，她就會恐懼不已。不過比起過去五年只能在臥室裡度過的生活，這已經算是有所改善。

有天，商店名稱以紅色字體呈現在櫥窗上：日日分享（Every One Every Day）。哈雷爾一直試圖走上人行道，好抵達新景點。目前尚未成功，因為她邁出腳步時心臟怦怦直跳，很快就陷入恐慌。有一天，這家店終於開啟大門，店門口擺了一張張鮮豔的海灘椅。

那個周末，哈雷爾的母親帶著一份「日日分享」的傳單回家，原來這間店不販賣任何東西。傳單上寫滿人們預計在這裡進行的活動：製作南瓜湯的烹飪課、彩繪鳥屋的創作課，還有舞蹈課等等，而一切都是免費的。哈雷爾說：「我覺得自已有許多精力不知道怎麼使用，突然之間我可以學這些東西，因此我不想錯過任何一天。」

她走進這家商店，而這改變了她的生活。

除了消費者，我們也可以是參與者

我們今天在社會中的主要角色是「消費者」，所以在停止消費之後，自然而然會有新的身分。批評消費文化的人往往高瞻遠矚，認為人們的行為一定會變得更加崇高：我們將更加睦鄰、更有責任感、更富有哲理、更福至心靈。

亞歷山大（Jon Alexander）認為這是個危險的假設。

亞歷山大以前是倫敦的廣告創意人，也是「新公民計畫」（New Citizenship）的創始人。該組織的目標是：尋找放棄消費者身分之後可以扮演的新角色。他曾在倫敦泰晤士河畔，快速背誦他最喜歡的一段話給我聽，來自電影《阿拉伯的勞倫斯》（*Lawrence of Arabia*）中第一次世界大戰回憶錄：

「未來世界早晨的清新讓我們陶醉。我們被一些無法表達、模糊不清的想法所鼓動，願意為之奮鬥。……然而當我們取得成就，看見新世界的曙光時，老人們捲土重來，挾持了我們的勝利，按照他們所熟知的舊世界形象進行改造。」

亞歷山大說，在第一次世界大戰之前，地球上多數人是「臣民」，是忠於上帝、統治者或國家的個人。戰爭結束時，仍在暗火中燃燒的廢墟向我們提出一個問題：我們該重新啟動舊社會，還是建立一個不同的新社會？新冠病毒大流行使世界停擺時，人們也多半提出同樣的問題，並且給出相同的答案。「我們嘗試進入新世界，卻經歷了一場堪稱迷人的失敗。」亞歷山大說。

必須在經歷另一場世界大戰之後，全球秩序才得以走上一條不同的道路。第二次世界大戰產生了真正的新思想和新機構，如《世界人權宣言》（*Universal Declaration of Human Rights*）和世界銀行等，並促使公共服務急速擴張。新社會將是一個消費社會，GDP增長是衡量成功與否的主要標準，個人角色也在其中經歷轉變。「**我們從前只是消費，但現在變成了『消費者』。這曾經只是人們的眾多身分之一，後來卻變成了唯一身分。**」亞歷山大說。

「日日分享」則提出不同的可能性：首先，我們可以成為參與者。

十多年前，英國社會活動家布里頓（Tessy Britton）收集了世界各地新型社區活動的範例，發現通常不需要太多金錢或規定，人們就可以聚在一起學習、分享或創造。例如將空地開拓成花圃，或設置免費的自行車維修空間。布里頓在這些努力中看到的，並不僅僅是流行的中產階級波利安娜主義（Pollyannaism。譯註。指人們普遍認同別人對自己的正面描述，與流行語「自我感覺良好」意義類似）。這些活動一方面經常將來自不同宗教、種族、社會階層的人們聚集在一起；另一方面，雖然此類型的活動都只觸及少數人，但只要在同一個地方聚集夠多人，最終就會產生一種參與式的生活。

「在這個願景中，我想人們幾乎沒有時間做任何『正式工作』，」布里頓在二〇一〇年寫道，「而是忙於種植、製作、烹飪、聊天、學習、教學。」

七年後，作為參與城市基金會（Participatory City Foundation）的執行長，布里頓主導了兩家「日日分享」商店，分別在倫敦市郊巴金和達格納姆開張，打下灘頭陣地。他們二〇二二年的目標是擁有五家商店、一個裝滿創意生產工具和機器的倉庫、多達五十個由當地居民領導的「迷你中心」，以及在這個擁有二十萬人口的行政區中，展開數百場免費或低成本活動。

對於世界上最大的「參與式文化」實驗來說，巴金和達格納姆並不是理想選擇。從倫敦市中心乘坐地鐵，要花上一小時的車程才能抵達這裡，而巴金和達格納姆的志願服務率只有全國平均的一半，失業率則為一一%，是當時全國失業率的兩倍多。在其他指標上，如未成年懷孕、預期壽命、貧困兒童、犯罪、年收入、肥胖兒童等，巴金和達格納姆都比平均水準更糟。

這兩個郊區中，距離較遠的達格納姆是倫敦最貧窮的地區，工人階級的居民主要從事低薪的服務性工作。在英國，任何城鎮或社區的主要購物街都稱為「高檔大街」（high street）。這個詞聽起來很氣派，但達格納姆的高檔大街卻不是如此。這裡沒有時尚連鎖店或誘人的櫥窗展示，只有基本生活服務、外帶餐廳以及少數家族企業，如「史達都床單店」和「哈羅德便宜珠寶」等。在這些地方，你可能會看到有人從沒有紙幣或信用卡的錢包中，挖出一枚枚硬幣來支付購買的雜貨，然後在典型的倫敦暴雨落下時，衝進遮雨篷躲避，惹得其他行人抓緊購物袋閃躲。

然而在「日日分享」開張之後，八個月內有超過兩千人參與近四十個地點的七十項活動。數字至今一直急遽攀升。

突然之間，達格納姆的人們聚在一起，烹煮一鍋鍋可以帶回家分享的飯菜、共同美化公共空間、在快閃店出售自己手做的工藝品、把道路變成臨時遊樂場、學習拍電影或寫口語詩歌；當地居民也主動提供調酒、瑜伽、編辮子、製作肥皂的免費課程；一位「聽故事理髮師」為坐在椅子上練習大聲朗讀的孩子，提供半價理髮服務。該基金會計畫建造三百坪的「創意空間」。這將是一個裝滿設備的倉庫，配備3D列印機、金屬加工鑽床和專業廚房。最後，他們在基督教福音派大教堂的隔壁，開設了比原計畫大上三倍的設施。

但統計數據無法精確反映「日日分享」帶來的影響，因此我們需要像哈雷爾這樣的證人。她與我見面時看來非常有自信，以至於我幾乎不敢相信幾個月前的她，還生活在幾乎完全與世隔絕的環境中。哈雷爾每天都待在店裡，認真執行「日日分享」的概念。她的一個新朋友是達比里（Yetunde

Dabiri），兩人的女兒年齡相近。這兩對母女住在步行相距兩分鐘的地方，卻一直到達比里在商店門口停下來才認識彼此。達比里告訴我：「哈雷爾跟我打招呼，然後我們一起喝杯茶，聊聊天，我就此愛上這個地方。」這兩對母女走在教堂旁的榆樹巷中——黑人婦女和她的白人朋友、白人女孩和她的黑人朋友，這個景象在某些地方可能並不特別，但達格納姆在十年前，白人民族主義者仍然握有許多地方議會席位，仍然可以在街上看到類似納粹的標誌，有時甚至就印在路人的T恤上。

我詢問達格納姆的參與者，在「日日分享」開店前，他們如何度過空閒時間。我以為他們會回答購物、做指甲、在酒吧和咖啡店閒聊、帶孩子們去遊樂園、進行周末一日遊或去看電影。然而我一次又一次聽到：「我什麼也沒做。」

「我在這裡生活了十四年，」達比里說，「我所做的就是去上班，開車回家，然後待在家裡。即使是周末不工作時，我也會在周五晚上回家，下次踏出家門會是星期天早上要去教堂。家裡只有我和丹妮拉，她總是問：『媽媽，我們要去哪裡？』我想著我們哪裡都不去。」

事實證明，巴金和達格納姆至少在一個重要的層面上，具有達成「參與文化」的完美條件：如果在消費社會中，人們的主要角色是工作和消費，那麼在達格納姆就有不少人被排除在外。許多人沒有穩定的工作、退休後收入有限，或者正面臨失業。還有更多人的收入在支付帳單後，沒有足夠的錢進行額外消費。這個社區是個鮮明的案例，提醒人們在消費文化中無法消費時，就什麼事都不能做了。

擺脫消費文化，投入參與式生活

放棄一個社會角色並採用新角色並不容易。在推出「日日分享」商店之前，基金會成員坐下來回顧從多年基礎工作中學到的東西。他們發現，讓人們參與的最大障礙竟然是參與文化太新穎了：人們不知道什麼是「參與」，或者這種活動如何運作、如何執行，因為這不是常態。

我們可以停止購物，但心中仍存有消費者心態。「它深深根植於我們心中。」「日日分享」的副執行長迪福藍（Nat Defriend）說，「**我不認為消費是人類的天性，但它肯定存在於我們的文化中，同時也是建立人類社會、社區的重要驅動力，當然也是經濟關係的重要推手。**」

迪福藍長得像友善版的影星史塔森（Jason Statham），曾經是名假釋官，厭倦刑事司法和社會福利系統自上而下、事後解決問題的方法。他認為，參與式文化會為更多人提供自童年培養起的社區意識、目標感和機會，從而在社會問題開始之前就予以防範。然而參與感不會自動發生，必須加以打造。

「日日分享」由兩個重要元素組成：首先是「參與」的基礎設施，包括商店、倉庫、安全設施、訊息傳遞等；其次則是訓練有素的團隊，幫助人們適應「參與者」這個新角色。他們的目標是打造完全參與的生態，巴金和達格納姆的居民將在離家十五分鐘以內的地方，每天有二十次機會與鄰居一起參加免費活動。

「學術上有個什麼詞？啊，『典範轉移（Paradigm shift）』。」迪福藍說。「日日分享」在消費主義的世界裡運作，企業目標之一是五年內在巴金和達格納姆開一百家新店，但也希望擴張到這個區域之外。在這裡，許多人共享許多東西，但迪福藍不認為這是種「共享經濟」，因為這個詞已被汽車共享和房屋轉租等營利性企業劫持。在巴金和達格納姆，分享往往簡單直接。一群婦女在工作空間的地板上寫寫畫畫，標出一個可以輪流照顧彼此孩子的區域地圖。這是個很清楚的例子，說明**在消費文化缺席或功能失調之處，參與者的生活品質如何在不透過金錢、沒有經濟成長的情況下顯著提高**。

亞歷山大認為，使社區參與文化更容易傳播的工具（如社群媒體、即時通訊、用戶友善的數位平台等），也可以用來讓人們參與社會上的更大決策。「為什麼公民參與必須是無聊、沉重和『有價值』的？」他說。現今社會中，公民參與社會並發揮作用的例子之一是陪審團。在庭審過程中，來自各行各業的人聚集在一起，深入了解案件情況，其中往往摻有複雜的知識，然後大家被要求共同決定如何以最佳的方式應用法律。而關於氣候變化政策、學校如何教育孩子、我們希望從媒體獲得什麼，以及如何花費稅收等問題，應該也可以用一樣的模式進行。

「我們今天多半是投票的消費者，但我認為我們可以反過來成為進行消費的公民。」亞歷山大說，「這會改變我們所做的事情，微調我們的社會。」

哈雷爾則發現，參與式文化最重要的貢獻是增加了社會連結。在達格納姆「日日分享」的店裡花點時間，就可以充分理解許多人是多麼孤立於社會之外，並同時認知到自己也有點孤獨。

例如一名移民中年婦女看到一群帽T男向她走來，害怕地想要穿越馬路，不過她認出曾在社區聚餐中看過這群年輕人，而他們經過時微笑著向她打招呼；一位年長女士走進商店，詢問每周一次的「科技午茶」課程是否能幫她丈夫學會使用智慧型手機，有人向她表示可以提供幫助，這位女士很高興，因為她丈夫有智慧型手機已經兩年了卻不知道如何使用；一名年輕女孩第一次走進達格納姆的店裡，人們告訴她後院有個雞舍。「這裡有雞？」她驚訝地說，好像剛剛聽到哈利王子正在後院開設馬球課一樣，而一分鐘後，她生平第一次撫摸母雞背上的羽毛，臉上流露出難以置信的神色。

「這是一項非常困難的工作，但同時也有非常驚人的回報。」史塔賓斯（Carley Stubbins）說。她因為個人緊急情況，不得不在短時間內搬遷到巴金和達格納姆。曾住在該地區的一位朋友警告她，自己住在這裡時每晚睡覺枕頭下都放著一把刀。「我因此對這個地方有了可怕的看法和印象。」史斯塔賓斯說。

她很快就發現「日日分享」，一次又一次地參加活動，最後在達格納姆的店裡工作。她說自己正在寫日記，裡面記錄了許多「神奇的事情」：目睹陌生人建立連結、人們發現自身潛力。那年聖誕節她去西班牙度假，而後在旅程中體悟到自己的改變：「我愛上這個社區。在回家的航班上，我迫不及待想回到我在達格納姆的破房子裡。」

不斷進行的參與式文化

達格納姆創造了一個不太可能的烏托邦。

一開始，人們很容易將其視為不可能，然而正如倫敦人對當地天氣的描述：請堅持一段時間。春天的某日下午，一場傾盆大雨拖下夠多雲層後，太陽終於露臉。「日日分享」的活動設計師哈斯楚（AJ Haastrup）和當地一名女學生相約，要在人們忽視的街邊種植一些樹，而我加入他們。

我們帶著蘋果和梨樹樹苗、挖掘工具和獨輪推車到達現場，一名肌肉發達的男子從聯幢公寓牆後出現。

「你不會是要把樹種在這裡吧？」男人問。

「是的，這是我們的計畫，並且得到鎮議會的許可。」哈斯楚回答。

「你他媽的不能把樹種在房子旁邊！」男人吼道。

這名憤怒的男子只看到問題：樹根會損壞建築物、春天蘋果花和梨花會落下並腐爛、秋天樹葉也會如此。他見過太多了，這種好心好意的果樹計畫永遠不會持續下去。在一、兩年內，他只會看著一堆亂七八糟、未經修剪的樹木，而腐爛的水果會在街區發臭。

「這種事常發生。」我們撤離現場時，哈斯楚對我說。在接受樹木之前，附近還有更多協調工作要做。「我已經習慣了。」哈斯楚嘆了口氣，似乎說著他在巴金和達格納姆的經驗。這裡可能需要注意的是，哈斯楚是年輕的黑人，而那個憤怒的人是中年白人。

從一開始，「日日分享」就不是個烏托邦。它是為了讓我們接受身為人類，在扮演任何新角色的同時體驗到種種挫敗感、日常麻煩、不公平和衝突。但最重要的是，我們必須學習如何面對。與消費文化一樣，參與性文化是持續不斷進行的。

某天下午，一群人在達格納姆的商店裡相互開著玩笑，突然就因為爭論其中一個笑話是否越界，構成種族歧視而發生衝突。名叫澤納布（Zenab）的女子衝出商店，幾分鐘後她回來時極其平靜且鎮定。

澤納布（大家都不知道她的姓氏）小時候從肯尼亞移民到英國，在巴金的低收入住宅區長大。她最近搬到達格納姆，一直在努力結交新朋友。有天她看到一家「日日分享」商店正在裝修，她不知道這是什麼商店，而當它開門營業時，她女兒跑來坐在店門口的一張沙灘椅上。「這就是一切的開始。」澤納布說。

「我認為這應該是整個倫敦都需要的東西，甚至連倫敦之外都需要。」澤納布說，「在商店裡的體驗非常好，我甚至無法讓自己不來店裡逛逛。如果我不在巴金的店裡，就在達格納姆；如果我不在達格納姆的店裡，就一定在巴金。」

她說店裡有時依然會發生衝突，但這也是社區生活的一部分，況且今天下午她還有工作要做。幾分鐘後，她開始教一小群不同種族、年齡、階級、性別的參與者如何製作 Urojo，這是一種肯亞經典湯品。她透過電話，從住在格拉斯哥的母親那裡學習基本做法之後，自己研發了一個新版本。澤納布希望每個人都能參與。

◎澤納布的 Urojo

材料：

- 三顆木薯（或番薯），切成一公分圓片
- 三顆小型紫洋蔥，切丁
- 三顆甜椒，切丁
- 四顆番茄，切丁
- 一湯匙植物油
- 兩湯匙青芒果粉（或三到四顆未成熟的芒果）
- 一茶匙薑黃
- 鹽

步驟：

一、將木薯煮沸約三十分鐘直至變軟。

二、在大平底鍋中用中火翻炒洋蔥和甜椒約五分鐘。

三、加入番茄（和芒果，如果有的話），加鹽調味，然後煮到番茄軟化分解，並且開始微微沾黏在鍋邊。

四、加入足夠的水使湯不再黏稠，然後用小火慢燉，直到它再次開始收汁。

五、把木薯瀝乾加入湯中，加入足夠的水直至蓋過食材，嚐嚐鹹淡，如果需要的話再加點鹽。

六、加入青芒果粉（在印度超市可以找到）和薑黃。煮至湯汁變得濃稠，然後再用小火煮十分鐘，最後呈現濃稠的燉菜狀質地。

七、請慢慢享受！

15 / 關掉冷氣

We are still consuming way too much
(part one: inconspicuous consumption)

打開冷氣，算是在購物嗎？

隨著越來越深入了解停止購物之後的世界，正是這個問題讓我意識到可能需要擴大這個思想實驗的範圍。自行選擇積極消費與日常生活消費（吃飯、洗衣服、取暖和開冷氣、開車上下班）之間的界限，曾經朦朧模糊，現在卻已經變得不可忽略。

甚至有人說，談論氣候變化和其他環境危機時，呼籲「停止購物」根本就是沒抓到重點。人們往往關注能源效率、自己吃多少肉、房屋大小以及駕駛汽車或搭飛機的次數，「少買東西」幾乎從來沒有出現在綠色生活指南上。這一部分是出於我們計算事物的方式，而購物的影響常常被低估，因為它們分布在服裝、電子產品、電器等不同的類別中，有時甚至只能被歸類為「雜項」。

最近的一項研究中，調查了全球近一百個主要城市與消費相關的溫室氣體排放。加總不同消費類別的排放量之後，食品和私人交通的排放量竟然不相上下。雖然世界新興經濟體使用的大部分自然資源，都集中在道路和住房等基礎設施，但在最富裕、技術最先進的社會，影響最大的是消費品總體過剩——這卻是全球大部分地區渴望的生活方式。

然而若只關注那些傳統定義上的消費，反而會漏掉很多。本章即將探討的冷氣案例中，將會發現一種消費的結束，反而是另一種消費的開始，而這通常只是時間早晚，以及我們怎麼描繪「正常生活」的問題。

市場要求消費者購物

一九三六年八月二十七日，紐約的天氣很好，但對開利（Willis Carrier）來說，這種天氣反而很糟糕。他更希望今天是典型的紐約夏日，熱到讓人頭昏腦脹，悶熱的潮氣讓濕透的襯衫黏在背上。那天的溫度是攝氏二十二度，非常適合在室外活動，開利卻必須在WABC電台的曼哈頓工作室裡向人們解釋，只有「室內天氣」才能使人類發揮最大潛力。

「未來的空調生活將是這樣的。」開利說，「一名商人只要在冷氣房裡小憩片刻，就可以充足休息，然後精神煥發地開始工作。他將乘坐有空調的火車旅行，在有空調的辦公室、商店或工廠裡工作，並在有空調的餐廳中用餐。此後，只有將自己暴露在充滿不適的戶外自然環境中，才會被熱浪或北極冷氣團影響。」

日後被稱為「現代空調之父」的開利，不太可能真的相信自己描述的科幻小說式未來。當時的美國只有一小部分家庭裝有冷氣，地球上幾乎沒有任何地方有這種產品。十多年後，他自己公司的研究人員仍然估計，一九四八年美國的住宅冷氣市場只有三十一萬兩千戶富裕家庭，主要集中在悶熱的墨西哥灣沿岸和夏季灼熱的麥田帶（在開利接受電台採訪那天，堪薩斯城的氣溫為攝氏四十一度，正處於沙塵暴的可怕乾旱之中）。華盛頓特區在濕黏的沼澤地上，並被早期的英國外交官視為熱帶的前哨戰，然而開利公司僅將這個地區歸類為一個「偶爾出現不適氣候」的區域，開利的團隊也認為，替紐約或芝加哥等北部城市的夏季住宅降溫，屬於「極度奢華」的行為。

想讓冷氣進入美國家庭，挑戰並不在於技術。當開利描繪一個全空調的未來時，已經有許多機器正在工廠、百貨公司、電影院和政府大樓裡噴射著冰冷的空氣。空調行銷的真正困難點在於，大多數人認為它過於昂貴，而夏季的炎熱並不是太大的問題。

人類早已慣於應付炎熱和寒冷，並擁有種種解決辦法。在較熱的地方，人們建造可以打開窗戶、雙向通風的房屋（自然通風的詳細指南，可以追溯到古羅馬帝國時期建築師維特魯威〔Marcus Vitruvius〕出版的《建築十書》〔*De Architectura*〕）；為了遮蔭，人們就搭建有棚子的陽台，透過屋簷並利用樹冠遮陰；厚實的石牆、磚牆或粘土牆，則複製了穴居生活的涼爽。在日本，許多房屋都有可移動的拉門，以便調整通風；在熱帶地區，房屋可能根本沒有牆體；在阿拉伯世界，則發明有植物和噴泉的庭院遮蔭花園來應對炎熱的氣候。

如今已成為世界空調之都的美國，人們過去常常坐在門廊的鞦韆上、涼亭中；路易斯安那州以生產巨大天花板吊扇聞名；西南方的沙漠區域也發明了「沼澤冷卻器」，可以透過蒸發將空氣冷卻二十度；紐約人睡在戶外的防火梯上，或在電扇前擺一盤冰塊。

當然，技術總會有其限制，當氣溫升到攝氏三十五度時（這大約是人體血液的溫度），連微風都開始像是帶著熱度的吐息。超過這個臨界點之後，就輪到傳統文化提供解決方案：受西班牙文化影響的世界裡，人們往往以午睡、吃飯、喝水和休息等活動，度過一天中的酷暑時分；在歐洲部分地區，人們會遷移到山區或海灘；在美國，丈夫成為「夏季單身漢」，必須留在悶熱的城市工作，因為妻子和孩子跑到更舒適的環境中避暑；在日本，則以正念覺察應對炎熱潮濕的氣候，家家戶戶外頭都掛著風鈴，使人注意清涼的微風，屋內則掛上山澗的繪畫，引動清涼的思緒。

最重要的是，儘管夏日極端炎熱，人們還是很享受這種天氣。

一九七一年，法裔加拿大科學家卡巴納克（Michel Cabanac）發表研究結果，解開人類適應氣溫的謎團。測試對象坐在浴缸裡，將一隻手浸入另一個裝滿水的容器中。如果浴缸水冷到令人覺得不舒服，但手伸進裝滿熱水的容器中（有時甚至熱到讓皮膚刺痛），受試者反而認為很愉快；如果浴缸水太熱而容器水太冷，受試者還是覺得很愉快。但兩邊的水都太熱或太冷，測試對象則會認為這種經驗令人不快；如果兩方的水都處於舒適的溫度，受試者則沒有特別愉悅或不快的感覺，結果是中立的。

洗個熱水澡或冷水澡，就像吃根巧克力棒或喝杯水一樣，可能非常令人愉快也可能讓人心生厭惡，一切取決於具體情況。但背後的原因是什麼？卡巴納克得出結論：快樂的根源不是舒適，而是不適，因為快樂是從不適中解脫而得到的。他將這種效果稱為「饑餓效應」（alliesthesia），其拉丁語字源大致的意義為「改變感覺」：一大清早在寒冷屋子裡生火解除寒冷的感覺特別好，啤酒也是在炎熱潮濕的日子中提供清涼時，味道顯得最為誘人。

當空調進入市場時，這種能夠控制氣候的生活，等於要人們在「能得到許多小樂趣的不適」與「始終舒適」之間做出選擇。毫不訝異地，這項發明遭受冷漠應對和抵制。由於不能作為必需品出售，必須先作為奢侈品推進市場。一九〇二年，紐約的第一套機械冷氣系統啟用，卻沒有為待在地下室或閣樓工廠中工作的婦女和移民帶來舒適感（「血汗工廠」一詞顯然有美國血統），因為這套空調其實安裝在紐約證券交易所。即使如此，在富人之間銷售也不見起色。

空調市場終於在一九五〇年代開始起飛。與其說是市場滿足消費者的需求，不如說是市場要求消費者產生需求。自一九三〇年代以來，供應電力的公營事業一直在推廣當時的電子產品，從電熨斗到烤麵包機再到冰箱，空調理所當然地加入名單之中。此時，一連串的熱浪巧合地推波助瀾，「新技術等同人類進步」的觀點也幫助推銷。

研究發現，每當社區裡出現一台從窗戶伸出來的冷氣機後，其他冷氣很快就會像蘑菇一樣在家家戶戶窗邊發芽。**人們以一種炫富的形式消費冷氣，讓它變成范伯倫財**。

到了一九五七年，空調系統開始包含在房價中，表示它首次從人們選擇性購買的工具，轉變為日常生活必需品。同年，開利公司聯合創始人之一路易斯（Logan Lewis）為公司員工編寫了一本手冊，提醒他們空調的市占率來之不易，而且從來都不是理所當然的（歐洲家庭就一點都沒有要採用這項技術的意思）。路易斯警告，空調在市場上的成功並非不可逆轉。

所謂的正常生活，消費了大量資源

冷氣涉及大量的能量消耗。它比美國家庭的任何活動消耗更多的電力（緊隨其後的則是暖氣），但這些活動與購物並沒有直接相關，它們已經成為隱形消費（invisible consumption）或不顯著消費（inconspicuous consumption）的一部分。「隱形消費」指的是，人們因為系統的設計或遵循社會常態進行的消費，如果不與它對抗，就無法實現一個低消費的社會。

「我對購物活動不感興趣。基礎設施、機構和技術反而更能引起我的興趣，因為它們定義了所謂的社會『常態』，然後人們便遵循這些框架。」蘭開斯特大學的社會學家肖夫（Elizabeth Shove）說。這間大學位於英格蘭西北部，校園北方的盧恩河從本寧山脈的山丘上緩緩流淌鋪展。

幾十年來，肖夫一直在建立一張清單，列出那些我們習以為常卻絲毫沒有意識到的消費方式：用洗衣機洗衣服、擁有冰箱、開車去雜貨店（如果你正好住在郊區的話）。事實證明，**所謂正常的生活充滿不斷變化的期望、模式和結構，而這些變化可以大量增加個人消費**。

肖夫發現，清單上有許多事項都與「三個C」有關：舒適（comfort）、清潔（cleanliness）、便利（convenience）。家中的冷暖氣是改變「舒適」標準的範例；洗衣機和烘乾機改變了「清潔」的定義。這些電器原本可以幫助家庭主婦在更短的時間內清洗衣服，以享受更多個人休閒時光，女性如今卻更頻繁地清洗衣服（英國人洗衣服的頻率是一世紀前的五倍，這仍然比美國人洗衣服的頻率低，美國人習慣用更大的機器洗更多的東西）；而近年來隨著人們對「便利」觀念的轉變，人們除了原本開車去雜貨店和餐館之外，在網路科技的協助下，現在還增加叫外送食物上門的次數。

回想一下，可能還會想到幾十個類似的例子，其中許多都是由市場上的新消費產品或創新服務引起的。關於「清潔」的另外一個例子是：拋棄式的塑膠瓶裝沐浴乳，在二十一世紀幾乎完全取代固體肥皂；隨著新冠病毒大流行的第一個冬天到來，似乎也出現了新的舒適標準，人們開始熱切地購買露台取暖器、建造庭院篝火，其中大部分都由化石燃料提供動力。我們現在不僅享受室內空調，甚至還熱衷於加熱戶外世界。

隨著時間推移，這些新的「生活常態」往往會變得更加耗能。

不妨讓我們重新思考「室溫」這個概念。一個世紀以前，這個詞彙根本不存在。「空調標準」及「理想室溫」是在一九二〇年左右制定的，當時工程師們面臨巨大的反對意見，因為公眾認為打開窗戶讓新鮮空氣進來才是對的，以至於有些學校讓窗戶保持敞開，使室內氣溫降到接近冰點，然後再將孩子放入軟墊做成的睡袋保暖。對於冷氣的推廣者來說，找到多數人認為「中性」或「可接受」的氣溫，等於是幫助科學對抗強烈依戀自然天氣的民眾。歷史學家庫珀（Gail Cooper）在《冷氣之邦：美國》（*Air-Conditioning America*）中寫道：「沒有城鎮能提供理想的氣候時，所有城鎮都成為冷氣的潛在市場。」

在英國和荷蘭等歐洲國家，一度認為室溫十三到十五度是正常的；在美國，冬季舒適度的標準從一九二三年的十八度，上升到一九八六年的二四．六度。這一趨勢幾十年來一直在緩慢上升，今天工作場所的室溫通常在二十二度左右。若溫度高於這個標準，冷氣啟動；若溫度過低，暖氣加熱。

「正常舒適溫度的想法是項驚人的發明，需要大量資源來維持。」肖夫說。一九四八年八月的紐約酷暑，由於冷氣使用量激增，造成紐約史上第一次部分停電。今天一個普通美國家庭用來開冷氣的電力，可以滿足一個普通歐洲家庭總電力需求的一半以上。但歐洲的冷氣使用量也在增加，同樣的情況也發生在中國、印度和世界其他地方。

這是我們這個時代的另一個諷刺之處：冷氣使氣候變暖，而氣候變暖讓我們使用更多冷氣。法裔美國微生物學家杜博斯（René Dubos）推廣「全球思考，在地行動」，他曾經寫道：「符合當今世界需求的狀態，可能與未來世界的生存格格不入。」

隨著舒適成為常態，即使想要討論改變都變得很困難。再次回憶一下一九七三年石油危機期間，出身共和黨的尼克森總統對美國人使用冷氣的看法：

「你們當中有多少人還記得，當年家裡裝冷氣是非常不尋常的？然而這個景象在全國都已成為常態。因此，一個美國人在接下來七天內消耗的能量，將與世界上多數人一整年消耗的能量一樣多。美國只占世界六％的人口，卻消耗了世界三〇％以上的能源。現在我們不斷增加的需求，已經超越了能源供應。」

尼克森隨後提出了一項減少能源消耗的計畫。如今，只有激進的環保主義者才會提出這種想法，希望在一夜之間改變國內的消費標準。現在已經難以想像一位現任美國總統竟敢發表這樣的言論。

尼克森希望將航空公司的航班數量至少減少一〇%（這種措施後來只在九一一和新冠疫情大流行等危機期間能被容忍）；呼籲降低行車速限；限制「不必要的」照明；提倡更頻繁使用大眾運輸工具和共享汽車。最重要的是，他將焦點放在溫度控制。當時美國將進入冬天，尼克森要求美國人降低家中的恆溫器，將全國平均室溫維持在攝氏二十度，這將讓石油使用量減少一五%。

「順道一提，」尼克森轉過頭說，「如果這樣說可以安慰到大家的話……我的醫生告訴我，在攝氏十八到二十度的溫度下，會比在二十三到二十五度時更健康。」

減少隱形消費，享受自然與健康的變化

當我們改變消費方式時，我們也會改變自己，而且這種轉變有時會令人大吃一驚。

幾年前，里滕貝爾（Wouter van Marken Lichtenbelt）受邀參加在荷蘭愛因荷芬舉行的一次會議，與設計「人工環境」的建築師、工程師、城市規劃師等專家會面。里滕貝爾是名研究員，也是馬斯垂克大學營養學和運動科學博士。他驚訝地發現，這些專業人士認為自己工作中的重要目標是提供讓一般人感覺舒適的室內氣候。「這是多麼奇怪的想法呀。」里滕貝爾告訴我。

里滕貝爾的研究場所更加專業，他們研究人體如何加熱和冷卻，以及這個過程與新陳代謝和健康的關係。在這個圈子裡，業界早已公認「沒有平均舒適度」。古語有云：「一個人的微風可能是另一

個人的寒流。」女性喜愛的溫度往往比男性高，大多數老年人也比成年人更喜歡溫暖；熱帶國家舒適的「室溫」通常高達攝氏三十度，遠高於溫帶氣候國家（溫帶這個詞也值得商榷，這個「溫」是對誰而言呢？）；在辦公桌前打字的人，比經常運動的清潔工想要更溫暖的環境；大塊頭通常比瘦皮猴更喜歡涼爽的空氣；生病、懷孕、更年期、喜歡穿著輕薄或厚重衣物的人，各自對溫度也有偏好。

里滕貝爾說得很好。為什麼不讓室內氣溫隨時間和季節變化，而要追求固定的平均舒適理想溫度呢？他聲稱這將更有益於人們的健康。「然後我想，健康？我們在這個問題上從不討論健康。」於是他決定來做個實驗，和他的同事開始測試輕度暴露於寒冷之中對健康的影響，很快就對人體機制有了新發現。

這些實驗類似卡巴納克的溫度愉悅實驗。例如在一項實驗中，受試者斜靠在空調帳篷內的溫控水床上，床墊從攝氏二二．三度開始逐漸變冷，直到受試者開始顫抖。此時，床墊溫度會回升到讓受試者停止發抖，然後再於寒冷但不發抖的狀態下，待上不太舒服的兩個小時。

這些研究提供一些初步但明確的證據，表明成年人和許多哺乳動物一樣，不僅有一般的白色脂肪，還有棕色脂肪，後者是一種利用營養物質和白色脂肪為燃料來產生體溫的結締組織，但我們身上並不多。里滕貝爾和他的同事讓受試者暴露在輕度寒冷中，並發現人體隨後出現一種稱為「非顫抖性產熱」（Non-shivering thermogenesis）的情況，測試對象的身體會開始運作以保持溫暖。

「非顫抖性產熱」不需要殘酷的低溫來啟動，瘦弱、穿著輕薄的人可以在十四到十六度的溫度下啟動這個機制，溫度上升到十九度時此機制甚至依然活躍。更重要的是，里滕貝爾和其他人發現，大多數人很容易就能適應比空調建築中更冷或更暖的溫度，然而我們卻花了越來越多時間沉浸在舒適的溫度之中，生活在科學家所謂的「熱中性」（thermoneutral。編按。指動物不隨環境溫度變化維持低代謝率的溫度區間）。

「舒適和健康可能有所相關，但兩者不是同義詞。」里滕貝爾說。他和其他研究人員得出的結論是：在富裕國家流行的「代謝症候群」（metabolic syndrome）——因新陳代謝減慢，導致體重增加、第二型糖尿病、免疫系統減弱和其他健康問題——不僅由飲食和身體活動引起，也受溫度影響。作為代謝健康的第三大支柱，我們應該在生活中學習面對更多不同的溫度，讓身體努力運作以保持溫暖或涼爽。

不過，這一切說來容易做來難。社會學家肖夫表示，人們對正常生活方式定義的轉變，往往是個如螺紋般循環往復且不斷上升的過程，使需要的能源和資源不斷上升。一旦某項科技進展根植在人們的期望、法規和建築環境中，就很難被逆轉，想透過個人的行動來改變更是困難。肖夫說：「這不是個人層面的問題。這些標準完全是世界性的，無論喜不喜歡，人們都會被吸引。因此一個人穿多少件套頭衫或使用多少其他東西，並不是一個人的問題：如果你在辦公室上班，溫度是設定好的，因此穿著厚重衣服就會過熱。我基本上反對人們用個人態度、個人行為、個人選擇的觀點，來批評這件系統性的事情。」

即使在個人生活中，也很難選擇不同的規範。你可能會決定讓自己家的溫度隨自然氣候變化，因為你可以適應；但對於習慣一年四季穿著T恤看電視的訪客來說，你的住所就變成難以忍受的地方。

他們會發現你家夏熱冬冷，可能考慮送你一件毛衣或發熱衛生褲（這東西既奇怪又不衛生）。

肖夫表示，許多能源和環境政策旨在更有效地滿足狹隘的舒適標準，但這麼做並沒有抓到重點。「將舒適度設限得過於狹隘，才是最大的環境問題，而非滿足舒適度的效率。」近幾十年來，綠色消費的努力大大提升供暖和製冷技術，以及採用這些系統的建築物能源效率。不過我們自己就可以在瞬間取得同等的節能效果：只需將定溫器調高或調低幾度，然後調整自己的穿著即可。

「科技當然是討論的一部分，但我們需要的可能是服裝科技，而不是加熱科技。」肖夫說。她提到日本政府推動的清涼企業計畫（cool biz），鼓勵工作場所關閉空調，直到室內溫度升至二十八度為止。同時也進行一場公關活動，將社會對夏季商務服裝的西裝和領帶，轉變為輕便的夏褲，甚至配上夏威夷風格的襯衫。這個計畫已經減少數百萬噸的碳排放（領帶業最初損失數百萬美元的業務，但他們現在已經開始推銷夏季風格的領帶）。

「人們對『正常』的觀念具有極大的可塑性。由於沒有固定的舒適度、清潔度或便利性衡量標準，未來對環境的要求完全有可能降低。」肖夫這麼寫道。

一個停止購物的世界似乎只是個開始。我們並沒有「購買」那些屬於隱形消費的商品和服務，只是無意識地「使用」他們。但假設我們確實停止「購買」冷氣，並將富裕國家內的使用量至少減少五〇%，將能夠節省大量能源。除此之外，是否還能造成其他改變？

「我們仍在研究這件事的重要性，但人們應該開始認真思考。」里滕貝爾說。根據現在對溫度和健康影響的了解，世界停止使用空調的那一天，罹患第二型糖尿病的人數會降低，感冒和流感患者也會減少，甚至還可能減少肥胖症的人口。而一些人所說的「熱無聊」（thermal boredom），也就是令人厭煩、千篇一律的室內環境，也可能就此終結。「我們總是從舒適的角度考慮室內環境，」里滕貝爾說，「但為什麼不考慮冷熱變化所帶來的愉悅呢？」

里滕貝爾住在馬斯垂克的一座舊農舍裡，他把暖氣定溫器調低，而且沒有安裝冷氣。大部分的冬日時光，他和家人都在廚房裡度過，這裡有個傳統爐子，大家可以親密地窩在一起取暖，也有現代的加熱地板。然而，一年中的大部分時間，里滕貝爾更喜歡敞開書房的窗戶，享受吹進來的涼爽早晨空氣，這讓他清醒並充滿活力。接著，他會享受一天中不斷上升的溫暖。

「有時天氣的確有點冷。」他承認，「但後來我會想，嗯，這對我的健康很好。」

16 / 金錢陷阱

We are still consuming way too much (part two: money)

要真正實現「去消費」文化，還有另一個更棘手的挑戰，就是歷久彌新的麻煩製造者：金錢。我們該如何思考金錢、如何處理金錢？金錢在什麼狀況下會帶來好處，什麼狀況則會造成麻煩？金錢該怎麼擁有與分配？

就先從最後一點開始：**如何在停止購物的世界中變得富有？**停止購物後，富裕家庭的消費會急速減緩。他們是地球上迄今為止消費最多的人，因此比其他人更需要縮減自己的生活方式。然而他們很快就會發現，金錢具有驚人的適應性。

華頓（Edith Wharton）是美國二十世紀之交的偉大作家，出生於紐約上流社會，原名伊迪絲・紐伯德・瓊斯（Edith Newbold Jones）。部分學者認為，是她娘家的親戚啟發諺語「跟上瓊斯（keeping up with the Joneses。譯註。意爲跟上朋友或鄰居的消費水準）」。那個時代，上流社會的生活方式當然是奢侈的：一九八七年，一名富豪決定舉辦晚宴，模仿一世紀前被革命者砍下頭顱的奢侈法國皇室成員風格（譯註：此處指法王路易十六的皇后瑪麗・安東妮）。會場裡裝飾無數蘭花、百合和其他花卉，需求量大到紐約溫室供應不足，不得不從其他地方運送過來。以今天的貨幣價值計算，這些晚宴的成本高達數百萬美元。

然而與今天相比，當時的生活在許多方面其實合乎一定的生活水準。在華頓的小說《純真年代》（*The Age of Innocence*）裡有個場景，紐約上流社會貴婦之一的傑克森（Sophy Jackson），描述當年歌劇院年度開幕之夜時女性穿的衣服。「這些衣服太奢侈了……」傑克森小姐啞口無言，然後喃喃說道。接著她思考了一下，解釋自己的震驚：全場只有一件衣服是她在前一年的開幕式上見過的，其他人都穿著新衣服。「我年輕時，」傑克森小姐說，「人們認為穿上最新時裝是件很粗俗的事。」

華頓也在書中描述了另一位以熱愛奢華聞名的女士，每年會訂購十二件衣服。《紐約時報》曾採訪Z世代的「超快時尚」購物者，發現即使是中產階級的年輕女性（必須在課餘時間打工或上三流大學的女性），每年也會購買八十到兩百件時裝。然而，十九世紀「鍍金時代」（Gilded Age。譯註：一八七〇年代到一九〇〇年的美國，數百萬歐洲移民前來，大量重工業快速發展，財富突飛猛進的時期）非常富有的人們，基本上也生活在沒有電力和現代管線的環境中；駕駛的是馬車而非汽車，或許每年乘一次船到海外旅行；他們的房子通常不比今天普通郊區居民的房子大。

換句話說，「富有」是種奇怪的狀態。今天的窮人與一個世紀前並無不同，都在缺乏基本物資的狀況下掙扎；然而富人就不同了。他們之所以富有，是因為在特定時間與他人相較之下的結果，不是因為擁有奢侈或舒適等固定條件。

在停止購物的世界裡，富人可以找到自己的定位嗎？財富的歷史給了肯定的答案。

富人消費主義的原型，至少可以追溯到義大利文藝復興時期。當時歐洲全球貿易版圖擴張，幾乎各行各業的人都成為購物者。十六世紀義大利曼托瓦的年輕貴族德斯特（Isabella d'Este）因為對事物的渴求無法獲得滿足，便要求「最時尚的新奇事物」，還提到「越快擁有想要的東西，她就會越珍惜」。有次她要求前往法國的朋友替她帶回全世界最好的黑色布料，並任性地說：「如果這塊布和其他人穿的一樣好，那我寧願不要擁有它。」

然而在文藝復興時期，基本上不容許個人放縱，富人應該關起門來安靜地享受財富，並且必須花錢建設公共工程、資助軍隊、贊助盛宴，尤其是要建造一座教堂，在上帝和不安分的群眾眼中，證明自己財富的正當性。歷史學家川特曼指出：「一座裝飾華麗的教堂，與現代的法拉利可是大不相同。」在中國早期的消費文化中，富人的社會地位則是表現在擁有古董或舞文弄墨之上。

位於紐約州塞內卡湖畔的赫伯特和威廉史密斯學院，其歷史學家胡德（Clifton Hood）是為數不多的美國富豪學者之一（他堅定地告訴我，研究一個主題並不一定是為了讚美它）。他表示，富人過去都很容易接受反物質主義、反消費主義，甚至是反資本主義的價值觀。在十八和十九世紀，美國的富人與現在完全不同，並不會公開追求賺大錢。「在美國，上層階級總是非常刻意將自己與中產階級區分開來。」胡德告訴我，「其中的區別是，上層階級認為自己更文雅、更特別、更精緻、更熱愛藝術，也通常更有知識、活得更細緻。」

在那個時代，成為上流階級不僅需要財富，還得遵守嚴格的語言、教育、衛生、禮儀、著裝和行為標準；大眾期望上流社會的成員能夠（或至少看起來）為知識、公共福利或科學的進步做出貢獻；

他們多半也擅長繪畫、寫作、針黹等手藝，並且精通英語以外的語言。所謂上流社會的富人以這些品質來定義自己，以至於在當時的人口普查中，有些人會在自己的職業欄填上「紳士」。

「成為上流社會，意味著不必工作謀生，或不必汲汲營營地工作。」胡德說，「這與我們現在的態度截然相反。今天的上層中產階級不僅工作時間更長、更努力，還以此為榮。」

早期的美國「藍血階級（blue bloods。譯註。具有貴族血統者，因與長期曝曬的農民相比膚色較白，可明顯看見靜脈藍色血管而得名）」承襲歐洲的貴族生活態度，寬裕的經濟條件讓他們看不起需要花時間賺錢的人、白手起家的商人和投資者。他們的反物質主義當然不是出於環境責任或簡單生活的理想，而是用來維持地位和特權的勢利心態。然而這種生活方式，也顯示了財富的不同形式。

當范伯倫批評十九世紀晚期的富人時，大部分是針對富人享受娛樂，並將不愉快的工作留給下層階級的這種特權。雖然他認為浪費是富人彰顯地位的一種方式，卻不一定等同於無止盡的消費，因為他們可以透過購買昂貴但並不比較有用的炫耀性商品，來實現相同目的。今天有些人懷疑「買得更少、買得更好」的消費方式，認為這只是「付出更多，得到更少」。此時彷彿能聽見范伯倫的嘲笑隱隱迴盪。

「富人做的，是從一堆商品中挑選最珍貴和最令人愉悅的東西，他們的消費只比窮人多一點。」一個世紀以前，經濟學家亞當．斯密曾這麼寫道。雖然這無疑是誇大其詞，但當年英國上層階級享受的飲食、衣著、娛樂、衛生和旅行標準，對於當今富裕國家的普通人來說，似乎可稱為貧乏。亞當．斯密也對唯物主義持保留態度，認為這樣追求財富的方式會導致「身體疲勞」和「精神不安」。他似乎很欽佩古希臘哲學家錫諾普的第歐根尼（Diogenes the Cynic）。據傳，亞歷山大大帝曾拜訪露宿街頭的第歐根尼，並表示願意提供他想要的任何東西，而第歐根尼則回答想請亞歷山大靠邊站，這樣他的影子才不會阻擋自己享受美好的陽光。

美國文化最終走上了物質主義的道路，讚揚瘋狂賺錢和炫耀性消費，並將商人和企業家提升到英雄的地位。儘管如此，二十世紀富人的消費多半依然受到抑制。隨著一九三〇和四〇年代，以及一九六〇和七〇年代再次出現經濟衰退、戰爭和社會動盪，富人追求更加低調和私人的生活，有時甚至為此出售在漢普頓和紐波特的豪宅。

談到炫耀性財富時，一位長期在紐約工作的房地產經紀人認為，「這種行為是非美國式的。」消費水準較低的經濟體中也有富人，只是不那麼富有而已。根據稅收政策中心（Urban- Brookings Tax Policy Center）的數據，大蕭條之後的五十年裡，最高收入階層的稅率平均為八〇％，美國最富有的大部分財富因此得以重新分配。然而從一九八〇年代開始，隨著美國雷根總統和英國柴契爾夫人等政治家出現，越來越視經濟成長為經濟生活的全部和最終目的，人們對富人的要求便少得多。二〇二〇年，相同階層的稅率僅為三七％（譯註：相應於前文中社會對富人蓋教堂、貢獻社會的要求，在追求經濟成長的資本主義社會中，富人的資本是重要的生財工具，政府對富人有所求，因此對財富的規範便少得多）。

胡德說：「如果你在三十、四十、五十年或更早之前，去一趟著名的鄉村俱樂部，不會看到最新款的高爾夫球桿，而是看到人們穿著老舊的布克兄弟（Brooks Brothers）或保羅．斯圖爾特（Paul Stuart）休閒褲，因為他們真的不需要向誰證明什麼。人們以其他方式建立自己的誠信。」

在一個停止購物的世界裡，不難想像財富的樣貌會被加以重塑。也許人們會重新建立起傲人的品味和禮儀標準、僱用僕人、享受不必工作的自由、建立炫耀性的慈善事業或政治權力。在生活舒適度和財產方面，富人仍然會比其他人擁有更多，他們的巨型豪宅不會顯得空曠，而是堆滿各種物品。

然而從購物活動停止的那一刻起，金錢帶來的另一個問題就出現了：沒人花錢的話，錢就會累積。如何處理未使用的金錢不僅是富人的難題，也是其他人的難題。

花更少錢購物，比綠色消費更好

一九九八年，日本政府啟動一項名為「節能大戰」（Top Runner）的計畫，提高主要家用電器的效能。這項政策大獲成功。不到十年，最新型冰箱、空調和電視機的耗能降低了七〇％，一切看似是「綠色消費」的勝利。按照常理，由於電器效率更高，日本家庭的用電量肯定有所下降。

但人們的用電量卻一路上升。

井上希和松本茂是東京青山學院大學的兩名研究人員。他們決定調查此現象，但越是深入檢查數據，這個謎團就顯得越深奧。理論上，日本用電量應該下降，因爲除了節能電器之外，還有兩個重要因素：首先，日本人口在研究的五年間一直在減少；其次，日本經濟低迷意味著普通家庭收入減少。兩人的研究總結，認為人們使用更多電力是因為日本消費者決定將電器省下來的錢，花在更多更大的電器上：人們在家裡裝設第二台電視或第三台冷氣，並將家裡的冰箱升級到最高規格。井上和松本認為，綠色消費的效率已然喪失。

兩位研究人員將他們觀察到的結果，與「傑文斯悖論」（Jevons paradox）比較。該悖論以經濟學家傑文斯（William Stanley Jevons）命名。他曾研究十九世紀英國的煤炭使用量為什麼會以「超出供應並使國家陷入困境」的速度上升，並帶來一個黑暗的時代。一八六五年，傑文斯得出一個違反直覺的結論：隨著人們找到更有效率燃燒煤炭的新方法，使用的煤炭也越來越多，因此在產品價格、消費者需求、更高利潤之間的複雜相互作用之下，人們要達到相同的能源供給，並非降低煤炭的使用量，而是越來越廣泛地使用煤炭。

傑文斯崇拜經濟成長和技術進步，但身為一名經濟學家，他立即嗅到這件事背後潛藏的危機。然而，他也沒有提出任何辦法來解決問題，只是假設人們的消費欲望並非永無止盡，否則就只會變得越來越難以滿足。「事實上，我們不可能不斷將鐵路長度、船舶、橋梁和工廠規模翻倍。」他寫道，「在每項行業中，追求便利時，毫無疑問地都會遇到自然極限。」一個半世紀後，全球幾乎所有東西的消費量都在繼續增加，包括煤炭（儘管需求最終可能會趨緩）。

停止購物似乎終於讓我們擺脫傑文斯悖論。如果在一個消費減少的世界裡，發明了一種效率提高三倍的電視，我們並不會用節省下來的錢購買額外的電視，或使用效率更好的新電視。效率的提高實際上會得到回報：我們最終擁有相同數量的電視，但它們消耗的能量更少。

然而住在巴塞隆納的環境科學家維萬科（David Font Vivanco）還是將金錢視為騙子，他專門研究因技術和社會行為變化引起且通常出乎預料的「反彈效應」（rebound effect）。傑文斯悖論和日本的節能大戰涉及能源效率進步的反彈效應，事實上，購買更少東西本身也有它自己的反彈效應。

「我思考這件事的方式很簡單，」維萬科告訴我，「如果你有一些儲蓄，那麼你有一天會花掉，而它會流向某些地方並產生影響。」反彈效應的研究人員稱這個現象為「再度花費」（respending）。停止購物之後會省下一些錢，如果我們隨後將相同數量的錢，花在自己認為不屬於消費主義的事情上，例如串流服務、戶外探險、物理治療或空調系統，那麼這種生活方式對環境的影響其實很容易保持不變，甚至還會惡化。

這裡有條經驗法則：**如果你花越多錢，你的生活方式對環境的影響就可能會增加；如果你花越少錢，這種影響則可能會減少。錢流到哪裡，哪裡就有消費的足跡**。在美國，平均每花費一美元，就會轉化為排放大約〇．二五公斤的溫室氣體。因此一百美元的經濟貢獻，將產生大約二十五公斤的碳汙染。但除此之外，金錢還有另一個奇怪的特性：儘管美國是世界最大的人均消費國，但在較貧窮的國家中，平均消費一美元對氣候的影響更糟。

對於整個地球而言，每花費一百美元，就會造成四十公斤的氣候汙染（比同等消費額在美國造成的汙染多上六〇％）。這是因為在許多地方，人們將大部分金錢花費在基本的能源密集型商品，例如食品、汽油和電力；但美國人可能會將錢花在儲蓄債券、應用程式或名牌毛衣；較富裕的國家也傾向使用更環保的技術生產商品。因此諷刺的是，對於印度的窮人來說，拿同樣的錢購買 iPhone，比購買實際需要的食物和電力更「環保」。

如果把錢重新用於投資呢？不幸的是，你投資的公司會為消費經濟生產商品和服務；如果將錢存入銀行，銀行則會為你投資（儲蓄和投資是富人增加環境影響力的兩種關鍵方式）。無論哪種情況，都只是將消費推遲而已。儲蓄者經常計畫購買金額龐大的商品，例如出國旅行。維萬科說：「如果你搭乘飛機到處旅行，對世界環境不會有任何幫助，對吧？如果是參加藝術課程，那麼也許有點幫助。」然而你可能會開車去上課、租一個工作室練習手藝，或者想飛到法國亞爾由導遊帶領，在梵谷畫中的場景寫生。「這種認為服務比產品更好的想法，並沒有多大意義，因為服務也有其足跡。」**我們使用的服務、購買的經驗，每一分錢都對消費產生影響**。

反彈效應主要會以三種方式發生。

其一是直接反彈，例如高效率電視的發明，反而讓人們買更多台電視；也有間接影響，例如人們將高效率電視省下來的電費，花在其他商品和服務上；最後還有一些神祕且鮮為人知的「整體效應」或「轉型效應」，例如電視耗能效率提高使它們變得更便宜，因此人們購買更多電視，從而將大家一起看一台電視的家庭常態，改變為一人一台電視、每人看自己節目的新文化，進而鼓勵產業創造目標觀眾更專一的電視節目和廣告，讓整體消費經濟向十幾個不同方向增長。基本上，這一直是全球近期經濟發展的模式。新發明往往弊大於利，對環境造成的影響更遠遠大於其更綠化、更環保的部分。反彈效應將我們帶到比原本更糟糕的處境，適得其反地重傷地球環境。

也就是說：我們創造了一種適得其反的經濟，一種適得其反的文化。

反彈效應從頭到尾都很奇怪。杜徹（Elisabeth Dütschke）專門研究公眾如何應對能源系統的技術變革，並認為一些反彈可能是由「道德許可效應」（moral licensing）所造成。也就是人們做出良好行為之後，就容易放縱自己進行一些不良行為。

想像某人因為環保採取純素飲食（因為肉類生產會導致大量碳汙染），因此覺得自己可以正當地搭乘飛機旅行。德國一項研究還發現，採用節能汽車會導致人們更常開車。杜徹表示，燃油效率的提升還可能讓人們似乎獲得許可去購買更大、更有力或更豪華的汽車；購買電動汽車的挪威人，比起駕駛汽油動力車的人，同樣更傾向開車出去辦小事。事實上隨著電動車數量的增加，各種相關浪費的報導也越來越多。有些人在冬天預熱電動汽車，或是為了讓車上的狗保持舒適而在車主購物時運轉空調。由於反彈效應，即使是那些努力走向綠色的人，造成的正面影響通常也比他們想像要小，或者根本沒有。有時他們甚至會對環境造成更加負面的影響。

目前反彈效應影響人類行為的研究仍處於初期階段，但似乎有很小一部分的人（真的很少），確實從更環保的生活方式和技術中獲得所有好處。當這些人購買更省油的汽車時，也會改變自己的行為，並減少駕駛新車的頻率。這種現象稱為「充足行為」（sufficiency behaviour）。有時充足行為會導致「溢出效應」（spillover），其效果與「反彈效應」正好顛倒。在溢出效應中，選擇在生活某方面走向綠色消費的人們，會不斷做出更多綠色選擇，如減少開車的頻率、開始吃素。他們停止購物，然後因此受到啟發，在冬天也關掉暖氣，並減少洗衣服的頻率。更重要的是，他們通常不覺得這些行為會犧牲自己的生活品質。杜徹說：「自願削減開支時仍然感到高興，那才是『充足』。」目前沒有人知道是什麼讓有些人能覺得充足，其他人卻無法做到同樣的選擇。

研究員克羅菲爾德（Maren Ingrid Kropfeld）負責的一項研究中，觀察四種抵制主流消費習慣的人，以了解他們減少環境影響的方式多有效率。這四種人是：具有環保意識的綠色消費者、以省錢為樂的節儉者、純粹討厭花錢的吝嗇鬼，以及主動選擇減少消費的自願極簡者。研究結果顯示，在減少環境影響上，極簡者取得最大的成功，其效率幾乎是第二名節儉者的兩倍。事實上，節儉的人幾乎沒有減少自己造成的環境影響，綠色消費者亦然。從個人層面來看，近幾十年來興起的綠色消費未能發揮作用，因此研究得出的結論是：**比起擁抱綠色生活的人，也許過著簡單生活的人更應該成為人類在地球的生活榜樣**。

然而即使是看似最簡單的反消費主義行為（如先前提過買得更少、買得更好），也會造成反彈效應。花大錢買一雙做工精良的鞋，而不是劣質的便宜鞋，看似可以抵制反彈效應（因為花更多錢來獲得同樣的消費品，可以花費在其他消耗品上的錢就更少）。但花在優質新鞋的錢其實會被重新分配，用以支付工人與商店經理的薪資、供應商的費用等等，並再度進入消費系統。你當然可以把今年度的服裝預算拿來請家教，學習一門新的語言，從而減少自己的生態足跡。但此後這筆錢怎麼流動，將取決於這位家教怎麼消費，不是嗎？

事實上，不會產生反彈效應的花錢方式並不多。可以從能減少有害消費的產品開始：例如購買露營裝備，以取代搭乘飛機出國的假期；降低自己的債務，也許會帶來一種財務安全感，心理學家更證明財務安全有助於降低物質主義；也可以捐款給能直接減少消耗的機構（如圖書館），或是保護土地和水資源免受開發；為了使世界更加公平，也可以捐款幫助人們滿足基本需求的機構，讓自己減少的消費直接用來幫助他人；也可以要求政府提高稅率，以便實現類似的目標。

或者你可以乾脆避免累積現金，最直接的方式就是減少工作。「如果你減少收入，就可以確保減少消費。」杜徹說，而這正是她曾經做過的事，減少自己「反彈效應研究人員」的帶薪工作時間。她發現自己依然擁有相同的工作時數，但確實可以花更少的錢。但後來她意識到，雇主可能利用從她身上節省下來的薪水，去聘請其他人。

消費的反彈效應

十八世紀末，著名的政治經濟學家馬爾薩斯（Thomas Malthus）提出：人口成長對有限的食物供應會構成威脅，並認為解決的方法就是人類生產力的永久成長。從那時起，經濟學的中心思想就停留在資源稀缺的世界生活。然而最近有些思想家認為，人類最大的挑戰不是資源的缺乏，而是資源的豐富，而歷史上提出此說的人不在少數。

一九四九年，法國哲學家巴塔耶（Georges Bataille）是最早描述過剩財富問題者之一。他曾寫道：「真正向生命和人類提出基本問題的，不是『必需品』，而是截然相反的『奢侈品』。」在某種程度上，一個社會可以透過提高生活水準來吸收財富，然而財富最終會開始在麻煩的地方積累。巴塔耶認為，第一次和第二次世界大戰中出現的可怕暴力，是因為國家變得夠富裕才可以參與危險的軍備競賽。使戰爭成為可能的這些多餘財富，他稱之為「受到詛咒的分額」。

巴塔耶也提到：「不論是否出於自願，不論是光榮還是災難性的，金錢最終都必須被花掉。」在古埃及，財富會與死者一起埋葬；在文藝復興時期的義大利，財富會傾注在光榮的公共建築和紀念碑上；即使是現在，中美洲的一些瑪雅村莊也有個平衡機制，任何開始為自己聚集大量土地或金錢的人，都會在年底獲得贊助年度盛宴的殊榮。他們在盛宴後會備受推崇，但不再富有。這種做法在世界各地的歷史上如此普遍，以至於人類學家認為，故意破壞財富是人類生態系統與自然的關鍵差異。

事實上，當今社會也不例外：在二十世紀初，西方社會爭論如何利用工業的新力量創造非凡財富，製造超出人類需求的商品。而我們找到的答案是製造會自我毀滅的產品，也就是「計畫性報廢」。消費主義本身可以比作一個沒完沒了的節日，迅速不斷地浪費財富。我們其實已經將「破壞財富」變成經濟前進的引擎，偏偏這樣做卻又創造出更多的財富。

現在，少數人擁有史上超高金額的財富，這種貧富差距增加了全世界的生活成本，導致經濟過熱，並毀滅投機投資和房地產市場。當我們未能有序地摧毀財富，往往會不自覺地透過其他方法達到同樣的效果，也就是所謂的「修正經濟」。金融海嘯讓世界上的百萬和億萬富翁們損失二．六兆美元，也影響了各行各業的人們。為了好好感受這個數字的規模，不妨把它寫出來：二六〇〇〇〇〇〇〇〇〇〇〇美元。此後，經濟又可以重新開始成長。正如巴塔耶所說：「我們有必要打散大部分能量，將其化為煙霧。」

當維萬科把反彈效應的想法推演到極致時，倒是找到一種可靠的方法，可以處理停止購物後累積的所有財富。

「那就燒錢吧！」他說，「這是最直接的解決方案。只擁有基本的東西，放棄奢侈品，把錢燒掉。」

第四部

轉型

Transformation

17 / 拯救鯨魚

We finally, actually, save the whales

鯨魚想逃出人類的魔掌，已經等了很久。

一八五九年本來有次好機會。當時在賓州泰特斯維爾鎮工作的礦業探勘者德雷克（Edwin Drake）成功鑽透二十一公尺厚的泥土和岩層，開啟地下石油鑽探的時代，也稱為「現代工業時代」。兩年後《浮華世界》（*Vanity Fair*）上刊載一則漫畫，一群穿著華麗的抹香鯨開香檳慶祝，在寫著「有了石油忘了疼」（譯註：原文「Oils Well That Ends Well」爲美國諺語「All is well that ends well」諧音，諺語本意是「好了傷疤忘了疼」）的橫幅下跳舞，因為石油產品將取代鯨魚油脂所有消費性的用途（製造肥皂、潤滑工業機械齒輪、以油燈和蠟燭照亮世界），充滿血腥的捕鯨業將走向盡頭。

事實卻正好相反，人們很快就藉由石油燃料的種種益處殺死更多鯨魚：新的化石燃料為捕鯨船隊提供動力，讓他們駛得更遠、更快，並幫助大型漁業加工船就地加工鯨油和冷凍鯨肉，無需返回岸邊。甚至利用石油來運行壓縮機，讓死亡的鯨魚魚身充氣漂在海上，從而增加獵捕的物種。幾十年來，儘管人們不斷發明出可以代替鯨油的石油產品，捕鯨者依然每天平均屠宰一百頭鯨魚。

一旦我們開始消費某種東西，就很難對其「去消費」。

鯨魚在一九八六年再次得救。這一年世界多數捕鯨國同意結束大規模工業捕鯨，但此時大部分種類的鯨魚都已被認為出於商業目的而滅絕，牠們的數量太少，以至於尋找和獵殺的成本比市場價值還要高。其中，如世界上最大的活體動物藍鯨，則幾乎完全被消滅。不過，至少鯨魚的數量自此開始緩緩回升。

然而不久之後卻出現令人擔憂的跡象，表示人類可能以全新的方式殺死這些巨型海獸。一位鯨魚研究人員表示：「我們不會再出海，實際用一根鐵叉刺死鯨魚，只是一點一滴毀掉牠們的生活。」

這種新的毀滅方式有跡可循。當年九一一恐怖攻擊開啟了短暫且令人意外的實驗，新冠疫情大流行的那幾個月，也見證過類似的現象：當消費文化戛然而止時，一夜之間，天上的飛機消失，海上的交通也幾乎停頓，只有一群海洋生物學家駕著一艘船，在美國邊境以北的加拿大東海岸芬迪灣巡航，以收集北大西洋露脊鯨的糞便，測試牠們的壓力荷爾蒙。

地球上目前只剩下大約四百五十頭北大西洋露脊鯨。某些人認為，極度瀕危的物種是生物演化史中的曇花一現。牠們表達生命多樣性的獨特之處，卻不足以應對不斷變化的世界。然而露脊鯨不符合這樣的論點，牠們早在四百萬年前就已經演化完成，存在於地球上的時間是人類早期祖先的兩倍。一頭成年露脊鯨的體重可能超過七十噸，大小與配備兩間廁所和一個衣帽間的休閒房車大致相同。他們可以存活一百年，甚至更久——不過人類很少有機會發現。

露脊鯨的鯨脂和鯨鬚商業價值極高，在美國獨立戰爭時期已經非常稀有。一九三五年立法禁止蓄意捕殺露脊鯨，但同年三月，一群顯然沒有跟上國際法步伐的漁民花了六小時、七枝手投魚叉和一百五十發步槍子彈，才殺死佛羅里達州勞德代爾堡外海一頭十公尺長的幼鯨。露脊鯨會面臨滅絕的威脅，絕不是因為牠們不夠堅毅，而是因為牠們的家橫跨三千公里的海岸線，一直從加拿大南部到佛羅里達州北部，毗鄰地球上最富有、最繁忙的消費社會之一。早在十多年前，露脊鯨就被稱為「城市鯨魚」。

九一一恐怖攻擊後研究露脊鯨的研究人員，來自波士頓的新英格蘭水族館。館中收藏北美東海岸的數位化地圖，上頭顯示航運交通、漁業交通、海底管道和電纜等，眾多管線讓這片海域看起來像紐約曼哈頓一樣擁擠。研究顯示，鯨魚可能和人們一樣感到忙碌：例如在冰島，牠們似乎更常出現在捕鯨船偶爾出現的海域，而不喜歡待在常被賞鯨船尾隨的近岸保護區。北大西洋露脊鯨暴露在所有人類文明的惡臭中，血液被各種化學物質（DDT、多氯聯苯、多環芳烴等）、石油和天然氣、阻燃劑、藥物、殺蟲劑等汙染；牠們的食物來源主要是稱為「橈足類」的跳蚤狀浮游生物，其數量卻隨著人類活動的頻繁變化而變得難以預測。雖然鯨魚的睡眠方式與人類不同（牠們一次只讓大腦其中一個半球入睡），但在嘈雜、繁忙、髒汙的海洋入睡，一定比過去安靜的海洋更具挑戰性，而某些鯨魚確實老到可以記得從前的海洋。

科學家們將這些負面影響描述為「尚不致死」，然而新英格蘭水族館的資深科學家羅蘭（Rosalind Rolland）指出北大西洋露脊鯨和南露脊鯨之間鮮明的對比：兩種生物的親緣關係密切，但南露脊鯨生活在全球消費文化的邊緣。羅蘭曾前往紐西蘭的奧克蘭群島（距南極洲約五百公里），探訪這些南方的表親。「牠們很胖、很快樂，身上沒有皮膚損傷，並充滿好奇心。我們面對的是一種完全不同的動物。」她說。

這些尚不致死的因素中，最糟糕的是噪音。一九九二年，現已退休的康乃爾大學研究所教授暨海洋聲學家克拉克（Chris Clark），曾經是美國海軍的海洋哺乳動物科學家。他能利用海軍的水下監聽站，在比奧勒岡州還大的一片海域中辨認出長鬚鯨的歌聲（一種體型僅次於藍鯨的巨大鯨魚）。他後來將這些數據視覺化，讓歌唱的鯨魚在地圖上不時出現，成為一個個閃動的光斑。牠們間歇地傳播自己的聲音，然後消潛於無形。接著，地圖上冒出巨大的光炬，那是地震氣槍的聲學印記，它正在探測海底下的石油和天然氣沉積物。

「那是我頓悟的瞬間。」克拉克說，他親眼目睹在這麼大的範圍中，人為聲響竟然能讓鯨魚無法在海洋中好好傾聽和接受訊息。

克拉克將北大西洋露脊鯨的日常生活稱為「聲學地獄」。在人類活動頻繁的水域中，無論是為了尋找配偶、追蹤幼鯨、宣布發現食物，或純粹與另一隻鯨魚相伴，兩隻鯨魚聽到對方聲音的機會，大約只剩下一個世紀前的十分之一。船的噪音有時異常地響亮且持續，以至於鯨魚決定保持沉默，而牠們通常只有在強烈的風暴期間才會選擇這麼做。

「**人類無法理解自己讓海洋變得多吵雜**。」克拉克告訴我。**這些噪音的主要來源是商業船舶的螺旋槳和馬達，而上頭載運了所有的消費品**。由於受到「尚不致命」因素影響，北大西洋露脊鯨的健康狀況明顯惡化，比三十年前更瘦、鯨蝨寄生的狀況更嚴重、表皮損傷和疤痕更明顯、雌性鯨魚產下的幼鯨更少。這些動物現在的生活狀況極為糟糕，尚不致命的因素已經累積成為致命的影響。

船隻也可以徹底殺死鯨魚。牠們死亡的主因是撞上船隻或被船隻輾過。每次我們點下海外發貨的「立即購買」鍵時，鯨魚面臨的風險就會增加。北美東海岸是海上交通最繁忙的地區之一，為世界上最大的消費者群體提供服務。航運量如此繁重，讓有些人開始將海運航線稱為「海上公路」，也有著空氣汙染的問題。要運輸世界各地的商品，船舶是最節能的方式之一，因此世界上有八〇%的商品都透過海運傳送。這也表示人類擁有非常多（也越來越大）的貨船，並且占有二．五%全球溫室氣體排放量。目前全球船舶每年運送超過一百億噸的貨物，也就是說，每個人平均消費超過一噸的商品。不過與其他消費相同，有些人擁有的總是比其他人來得多。

在加拿大和美國之間的太平洋邊境水域發現北大西洋露脊鯨和南方定居虎鯨，這兩個種群因消費經濟高度成長，正面臨短期內滅絕的威脅。**如果人類不改變消費習慣，滅絕物種的名單只會越來越長。在世界停止購物的那一天，才有可能真正拯救鯨魚。**

回到九一一恐怖攻擊之後。數據顯示，於芬迪灣工作的新英格蘭水族館研究人員在詭異航運停滯期所收集的鯨魚糞便，其壓力荷爾蒙總量（也就是鯨魚們有多焦慮）遠低於「正常」情況下的數據。也就是說，在航運、漁船、觀光船、動力遊艇等現代海上生活的喧囂都靜止下來之後，鯨魚們顯然非常享受一片寧靜的海洋。科學家們非常震驚，居然能透過監測的設備聽到的清晰鯨魚鳴聲。這就好像他們站在寂靜的高速公路旁，突然間聽到鳥兒開口歌唱。

那是減少消費的世界裡，鯨魚發出的聲音。

人類減少消費，自然世界就會前進

停止購物將會為大自然生命帶來曙光。無論是因為市場投機者或流行病毒，經濟衰退和蕭條總是有利於人類以外的生命。推土機減緩在大地上的蠕動、河流中的汙染減少、把山坡變成坑洞的礦業也放慢腳步。夜鶯和糞金龜得以獲得更多黑暗、鯨魚得到安靜歌唱的空間，也不會有另一個露天礦場，進一步縮小馬達加斯加彩虹蛙等稀有物種的生存範圍。這種蛙類比任何寶石都更加豐富多彩，而且只生存在馬達加斯加的幾個峽谷中。

夏威夷大學的海洋生物學家弗里蘭德（Alan Friedlander）不必等待新冠疫情到來，就可以見證人群消失時大自然產生的變化。他每周都有一天的機會，在夏威夷火奴魯魯郊區一個小型保護區「恐龍灣」（Hanauma Bay）進行觀察。這個形狀像蛤蠣殼的海灣，其實是個被海水淹沒的火山口，孕育了遊客常造訪的珊瑚礁之一。每年有一百萬人（也就是每天約三千人）來到這裡浮潛、游泳和玩耍，但每周二不對外開放。弗里蘭德及其他科學家，會趁這一天進行研究。

「這裡每到周二都會變得不一樣。」弗里蘭德說。通常被遊客嚇到留在水域深處的海龜，會游到岸邊進食藻類；瀕臨滅絕的夏威夷僧海豹也可能會帶著害羞的笑容探頭，甚至扭動身軀爬到海灘上曬太陽。「有一大群北梭魚經常出現在腳踝深的水中。如果周圍沒有人，我認為那將是牠們首選的棲息地。」弗里蘭德說。北梭魚是淺灘中的細長幽靈，游過海面時，尾巴會在水面上畫出花紋。「我總是在想，一周裡的其他六天，這些動物都在哪裡？」

新冠病毒疫情來襲之後，夏威夷的旅遊業務幾近停擺，一夕之間所有地方都像是周二的恐龍灣。弗里蘭德當時正在另外兩個海洋保護區進行研究：其一是莫洛基尼，這是一個幾乎完全被淹沒的火山口，位於毛伊島和大島之間風聲狂嚎的通道中；另一個則是普普基亞，位於歐胡島北岸崎嶇的海岸線上，此處海浪的力量會將巨岩從海岸上掃入深海。平時這兩個地方都是人聲鼎沸。

莫洛基尼是一個三十公頃左右的小型海洋保護區，面積大約是曼哈頓中央公園的十分之一。在早晨，通常會有二十艘商業旅遊船將一千名浮潛游客投入水中，探索位於火山口邊緣的新月形珊瑚礁。「在旅遊旺季，基本上可以從一艘船跳到另一艘船上，一整天都不會碰到水。」弗里蘭德告訴我，「這裡實際上已經變成半封閉的大型游泳池。」

普普基亞位於卡美哈梅哈高速公路旁一間購物中心的對面，景點中包含兩個大型潛水區。這個水域長期過度捕撈，以至於許多當地人認為此處已被搜括一空。停車位也是當地長期存在的問題之一。

旅遊業者與船舷梯都在新冠疫情中關閉後，弗里蘭德目睹莫洛基尼的巨大變化。大約有一千條橫帶鰺移居到珊瑚礁上，每條銀藍色的魚都有一個餐盤那麼大。浮潛者若有幸看到牠們將欣喜若狂，但弗里蘭德從來沒有在保護區擠滿人群時目擊到這些魚群。

他很快就發現，普普基亞也發生類似的事情：一大群魚出現在淺水區。這次是夏威夷湯鯉，牠們像鱸魚一樣全身銀白，只有尾巴像是沾到煤灰一樣有著花紋。「岸邊有一大群湯鯉，」弗里蘭德說，「這有點罕見，因為這是種很好吃的魚。」

我們可能不認為自己在與大自然交戰，然而種種現象證明：人類退步，自然世界就會前進。

這種變化在海洋中發生得最快，因為自由移動的生物可以即時感覺到人類離開並填補留下的空間。新冠疫情流行期間，突然空曠下來的水域經常出現空間初步「重新野化」（rewilding）的跡象：威尼斯平靜清澈的運河中出現了魚群和水母；印度加爾各答為沐浴者設置的巨大河岸階梯邊，三十年來第一次出現淡水豚（river dolphins。譯註。非單一物種，通指適應江河湖泊等淡水生境的鯨豚類）的蹤跡；墨西哥受歡迎的海灘則出現衝浪的鱷魚。

弗里蘭德說，同樣的原則也適用於土地，一旦人類活動持續施加的壓力得到釋放，野獸逐漸回歸、動物數量增加，自在地履行牠們天然的探索衝動。疫情期間處於就地避難令（shelter-in-place order）之下的芝加哥，一隻美洲郊狼一大早就穿過空蕩蕩的市中心，一路逛過 Cartier、Gucci 和 Louis Vuitton 商店門口；在印度北部，大象重新奪回了多年前因人類侵占而放棄的古老遷徙長廊，一隻大象甚至停下腳步，嘗試爬上一座小寺廟前的階梯。

要拯救自然世界，人類並不需要完全消失。在莫洛基尼，弗里蘭德和同事們發現一個「神奇數量」，似乎可以防止大量魚群因浮潛游客而消失：一天十二艘船，而這大約是平時人類活動量的一半。

「人類自以為了解生態系統，並知道如何有效管理，但我們其實一無所知。」弗里蘭德說，「大自然在自我管理方面，做得比任何時候的人類都要好。我們只需要讓它接手就好，你知道，就是給自然足夠的呼吸空間。」

菁英消費，吃掉了物種的未來

人類因消費對其他物種造成的影響，許多都是無意為之。澳大利亞土地開發的一項研究，調查移除野生棲地去建造汽車商場、度假住宅區（第二套住房所有權的興起，一直是二十一世紀增長最快的消費趨勢之一），或者在網路購物時代到處湧現的龐大無名數據中心和運輸倉庫之後，土地上會發生的改變。很遺憾地，這可不是讓動物收拾一下行李，牠們就可以在新的地方重新開始。「明確的科學共識是，一個地點的大多數動物（在某些情況下甚至是所有動物），都會因為植被被移除而死亡。若不是立即死亡，就是在幾天到幾個月後死去。」研究人員寫道。

他們詳細列出動物所受到的痛苦：許多動物被壓碎、刺穿或撕裂；有的被活埋；有的忍受內出血、骨折、脊椎損傷、眼睛與頭部傷害、失去四肢、活著時被部分剝皮。那些逃離家園的動物（牠們非常不願意這樣做），經常在附近的道路上被碾過、被柵欄纏住、死於曝曬，或成為掠食者的獵物。沒有人想聽到這些，但是樹棲物種可能會蜷縮在牠們的洞裡，直到鋸木機或木屑機穿過牠們；也沒有人想知道，清理開發土地後，無尾熊可能會挨餓。「這個問題意外地沒有引起太多討論。」該研究的主持者說。據估計，僅在澳大利亞的兩個州內，每年就有五千萬隻哺乳動物、鳥類和爬行動物因土地清理而死亡。

我們也消費野生動物。即使是吃下肚的野生動物，也往往與身分地位有關，而不是身體飢餓，齒鳩就是一個最好的例子。這是一種南太平洋島國薩摩亞的特有種。

在薩摩亞的叢林中，數十座金字塔狀的建築上覆滿藤蔓和樹木。這些神祕的建築並不小，通常比籃球場還寬，而且至少有一層樓高，四周還有圓形平台從中央建築突出。這些結構被稱為「星丘」（star mounds），曾用來捕獵鴿子，齒鳩則是目標之一。這種鳥類帶有深藍綠色與栗色羽毛，落日色的鳥喙上則有奇特的鋸齒。由於它與現已滅絕的渡渡鳥是親緣最近的生物之一，因此有時被稱為「小渡渡鳥」。

今日薩摩亞人的祖先在三千年前乘船抵達時，這些島嶼上只有經由游泳、飛行或漂流到此的生物。包括齒鳩在內的鴿子是體型最大、最美味的野生動物，因此在等級森嚴的社會制度下，狩獵這些鳥類成為主要運動之一，就像英格蘭的獵鹿曾是英國貴族專屬活動一樣。當村莊舉辦鴿子狩獵活動，受邀的薩摩亞酋長（稱為「馬泰」）會站到分配好的星丘圓形平台上，然後使用長柄捕網看誰能捉到最多野鴿。這是一種儀式、一種觀賞性運動，也是社群聚集和舉辦盛宴的理由。十九世紀初，因為歐洲傳教士的影響，獵鴿儀式迅速消失，其行為卻沒有消失，而是被重新發明。

二〇一四年，薩摩亞統計局完成一項關於當地人飲食習慣的調查。來自紐西蘭的生物學家斯登曼（Rebecca Stirnemann）掌握這個契機，想知道到底是哪些人在食用鴿子。此時許多人認為鴿子已不再是酋長的晚餐，而是窮人的食物，因為他們必須為了止饑而狩獵。斯登曼想確定一下這個想法，因為當時齒鳩已被列入「世界上最稀有鳥類」，估計只剩下大約兩百隻（實際數目可能遠遠少於此）。

斯登曼發現薩摩亞人食用的鴿子，比任何人預期的都要多，然而吃最多的並非窮人：近四五％的鴿子在一〇％全國最富有的家裡被吃掉。若將統計範圍擴展到最富有的四〇％，竟占有驚人的八〇％

鴿肉消費額。「看到這個結果，我們都非常驚訝。」斯登曼說，「人們沒有意識到他們對鴿子的數量有如此大的影響力，更不用說齒鳩了；人們也沒有意識到，到底是誰吃掉鴿子。」

在薩摩亞，消費鴿子代表的地位象徵和文化意義從未消失。雖然現在不再有人故意獵殺齒鳩，但牠們仍然會意外地被獵鴿的獵人殺死。獵人捕到鴿子，許多會出售或作為對酋長、政治家和教會領袖等人的尊榮贈禮。儘管薩摩亞人的富裕程度與全球百萬富翁等世界級菁英相去甚遠，但他們吃鴿子的頻率似乎依然與財富、權力和地位有關。「這裡的有錢人不是那種『家裡有泳池』的富豪，比較像是普通人之中較富有的人。」斯登曼說。

這不是消費文化應該發展的方式。幾十年來，專家預測擺脫貧困的人們，將不再捕獵野生動物作為食物和藥品，而是像富裕國家那樣，在雜貨店和藥房購物。這種看法認為經濟發展將拯救世界上的野生動物，但事實截然相反。越來越多的研究表明，隨著不再需要將野生動物作為「食物」，牠們逐漸被轉化為「消費品」。

巴西亞馬遜流域的研究則表示，隨著當地人民離開農村遷移到城市中，竟然吃掉了更多野生動物。因為較貧窮的家庭仍在捕獵野生動物謀生，並同時賣給較富裕的人。尤其是受威脅的有名物種：包括一種猴子、一種叫做駝鼠的大型囓齒動物，以及一種重量相當於德國牧羊犬的巨型魚類，其主要的消費者都是富人。

秘魯熱帶雨林城市的一些野生肉類，最大買家是來訪的軍事人員、商業高級主管和遊客；在越南，犀牛角仍然被用作藥物，但治療的其實是「富貴病」（affluenza。譯註。由富裕〔affluence〕和流行性感冒〔influenza〕兩字組成，指通常因過度富裕引起的身心問題），幾乎八〇%的使用者以其治療宿醉或現代生活中的三高症狀。在某些場合中，人們將犀牛角粉末直接混合到酒中，製成一種被描述為「百萬富翁雞尾酒」的飲料；據傳，新型冠狀病毒很可能是透過不知名的野生動物首次在中國傳播給人類。野生肉類是種美味佳餚，而其他動物產品，如毛皮和傳統藥物，則已成為奢侈品。隨著國家財富的增加，野生動物的貿易量也急遽增加，而不是減少。

負責監督《瀕危野生動植物種國際貿易公約》（*Convention on International Trade in Endangered Species of Wild Fauna and Flora*, CITES。譯註。主要透過進出口限制，確保野生動植物的國際交易行為不會危害到物種本身的延續。又常被簡稱為《華盛頓公約》）的機構觀察到這個趨勢。該組織在二〇一四年宣布：「我們看到人類對某些物種的需求，從健康因素轉向財富炫耀，這種轉變令人深感不安。」**受威脅的物種作為炫耀性消費的亮點，被醉酒狂歡的商人、向遊客致意的富裕家庭、希望與農村根源重新連結的城市人口所食用。**

西方人一般都認為，隨著較貧窮國家的經濟發展步上軌道，野生動物的食用量會減少，因為他們以為西方國家也是這樣走過來的。但在十九世紀末和二十世紀初，專職的「商業獵手」仍然為美國上層階級提供如鑽紋龜和帆背潛鴨等被視為珍饈的野生美食，甚至在這些物種數量銳減時也沒有停止。整個西方世界只是因為嚴格執行保護法而減少消費，對野生動物的需求並沒有消失。美國和英國是野生動物產品的主要進口國，而針對 eBay 的一項研究發現，三分之二受保護物種交易的最終目的地，正是美國。

即使是合法的野生食品，也反映出向菁英消費靠攏的轉變。國際漁業科學家團隊於二〇一八年進行一項研究，調查在公海（不屬任何國家管轄範圍之外的海域）捕撈的魚所進入的市場。環保主義者擔心公海被過度捕撈，漁業捍衛者則表示在公海中捕撈的漁獲，有助於養活世界上飢餓的人們。但研究人員最後發現，絕大部分公海漁業都在為美國、歐盟和日本等地的高檔消費者提供食物。有些物種幾乎完全被用作魚塭或寵物的飼料（消費地同樣主要集中在富裕國家），另一些則被製作成「營養品」來優化健康人的身體狀況，而不是對抗飢餓或疾病。新冠病毒的迸發，也清楚揭示出富裕國家仍食用的野生動物，大多數是「消費品」而非「食物」。因為當餐廳、飯店和度假村都關上大門，海鮮的需求量便急遽下降，顯示這其實是我們很少在家吃的奢侈品。研究預計壽司中需求最大的鮪魚，將因新冠疫情造成短暫的「魚口激增」，因為其最大捕食者（也就是人類）一夜之間消失無蹤。

「所有人在某種程度上，都是野生動物的消費者。」雪菲爾大學政治生態學家杜菲（Rosaleen Duffy）告訴我，「我們食用野生動物，將其製成衣服和配飾、當作藥物消費，並購買以牠們製成的裝飾品。」

一個停止購物的世界，對這些物品的消耗會少得多。**而作為回報，我們將會得到曾經錯失的東西：更湛藍的天空、肺裡更新鮮的空氣，以及自然世界重生的跡象**。人們也意識到，就像我們壓縮了野生動物的生活空間，人類也經常生活在過於擁擠的環境。看到威尼斯、羅馬、羅浮宮、人面獅身像、泰姬馬哈陵和馬丘比丘遺址沒有以往熙攘的遊客，才記起這些地點成為世界奇觀的理由，並思考如果我們追求更少次但更高品質的旅遊，是否可以重新恢復往日的美好體驗。將夏威夷莫洛基尼的游船減半，受益的並不只是珊瑚礁裡的魚群，調查顯示，這也是遊客想要的結果。

海洋生物學家弗里蘭德說，如果世界上的旅行者減少出遊的頻率，周圍的自然世界就會變得越來越壯觀。來到莫洛基尼的人會看到一些真正值得一遊的東西，更多、更大的魚和更豐富的物種；珊瑚礁生物的行為也會改變，而且變化可能來得很迅速。在新冠疫情封城數周後，弗里蘭德在一次訪談中提到潛水時遇到蝠魟造訪，還有兩隻寬吻海豚來接觸他。「如果水中有成群的人類，我認為牠們不會這樣做。」他說。

這是長期演變的結果。在人類捕撈魚類的珊瑚礁生態中，魚類自然膽小怕事；在沒有獵殺但與人接觸的珊瑚礁生態裡，許多魚類選擇消失，留下的魚則顯得了無生氣；在人類既非威脅也不持續存在的珊瑚礁生態中，是對魚類最好的狀態，此處的生命不恐懼也不冷漠，反倒充滿好奇。

在一個減少消費的世界裡，當我們真的踏出野外旅行，就更有機會沾染到一點魔法，能跨越物種之間的藩籬，充滿好奇地面對面相互認識。

18 簡單生活

We need a better word than happiness for where this ends up

「走路去採購生活用品時，我會非常興奮。」盧爾斯（Janet Luhrs）告訴我。她選擇的詞彙滿奇特的，一個人當然可以享受散步去當地商店的樂趣，但購買生活用品會「令人興奮」嗎？這聽起來有些誇大其詞，然而盧爾斯一臉真誠地坐在她華盛頓州西雅圖市色彩繽紛的客廳裡，身為作家暨記者，她的遣詞用句非常謹慎。

我來到西雅圖，與幾十年來一直有意識地選擇減少生活物質需求，實踐「自願極簡」（voluntary simplicity）的人談談。我想聽聽從長遠來看，「去消費」之後的生活方式會是什麼型態？在一個停止購物的世界裡，我們可能會變成什麼樣的人？

盧爾斯的故事非常典型。她曾經是名律師，卻在大約兩周後決定離開這份工作，因為她發現自己不希望年幼的女兒由保姆撫養長大。但不久之後，她意識到除了家庭，還有房屋貸款，以及許多不知該如何處理的事物。此時，盧爾斯看到當地簡樸生活團體的廣告，感覺命運之眼將目光投向她。她參與這次活動後，驚訝地發現與會者竟高達幾百人。這一瞬間，盧爾斯知道自己將會追求更簡單的生活，而這一追就持續了三十年。

「這就像墜入情網，」她說，「我全身心都渴望它。」

「自願極簡」是美國社會哲學家格雷格（Richard Gregg）於一九三六年創造的詞彙。不過奇怪的是，他提出這個新術語並不是為了提倡真正簡單的生活，而是「比較簡單的生活」，也就是相對於佛陀、老子、摩西和先知穆罕默德等精神領袖實行的純粹苦行而言，一個更寬鬆、更舒適的版本（歷史上還有各種傳奇的群體，以及格雷格稱之為「偶爾出現的天才」，如梭羅和甘地等人，也實行這種禁絕物質欲望的生活）。在我們的時代，這種生活方式已經失去絕大部分的意義，當時許多人對死後的精神世界仍抱有懷疑，腦海裡也還刻印著大蕭條時代的艱辛，因此認為某些消費依然是有價值的。「每個工業化國家的金融和社會穩定，似乎都建立在預期大規模生產會不斷擴大市場。」格雷格如此寫道。他在八十五年前就點出消費者困境，並從社會上大量的廣告、無止盡的新玩意，以及各種一枚硬幣就可以消費的廉價商店、連鎖雜貨店、百貨公司和郵購倉庫的爆炸式增長中，嗅到了人們對「簡單生活」不變的需求。

直到一九八〇年代，這個詞才進入文化主流。當時消費資本主義視物質炫耀、過度疲勞和忙碌為榮，以財富為主要衡量標準，將所有東西商品化，對利潤和成長著迷不已，並排斥其他價值觀，廣告和品牌更是無所不在。在許多人的記憶中，一九八〇年代是個繁榮的時期，同時也是社會極度不平等的時期。一九八六年，道瓊指數飆升，股市繁榮昌盛成為頭條新聞，作家特克爾則在他經典的口述歷史著作《艱難時期》中，記錄了骯髒的一九三〇年代，調查關閉的工廠和為尋找工作大排長龍的人們，表示自大蕭條以來，他從未見過社會如此絕望。

八〇年代末期開始興起「慢活」的趨勢，這是一種自願極簡的形式，不僅強調減少生活中的物質，並且希望同時減少收入。媒體刻板地將「慢活者」描述為富有的三十多歲白人（一位評論員稱其為「良心發現而拒絕消費的雅痞」）。然而慢活的群體其實更多樣化，有些人繼承（或決定回歸）六〇和七〇年代嬉皮時代的價值觀；其他則是X世代的年輕人，反對自己成長中曾面對的消費文化亂象。大多數參與者的確是白人，但當時八成的美國人是白人。根據社會學家休爾的研究，相較於其人口規模，黑人和西班牙裔的美國人，實際上比白人更有可能選擇慢活。

富裕的人不需要冒太大的風險，就可以嘗試更簡單的生活，但許多慢活者的簡單生活卻不是自願的：隨著一九九〇年代初全球經濟衰退，人們面臨失業或工作時數不足的問題，這個群體因而必須自願選擇接受變革。近四〇%慢活者的起點就非常「簡單」，他們的年收入往往不到二．五萬美元（相當於今天的四萬美元）。低收入者通常並不知道自己參與了什麼樣的文化浪潮，面對日益艱困的經濟狀態，他們只是試圖為自己重新定義「美好生活」。在一九九〇年代中期的慢活高峰，五分之一的美國人生活中的東西更少，並表示自己很樂意這麼做。

最常見的動機，是希望減輕壓力並恢復所謂「工作與生活的平衡」，但他們同時也停止購物。多數人的消費支出減少了約二〇%，而休爾指出，人們幾乎沒有為此感到悲傷。即使在三十年前，富裕國家中也有許多人可能大幅削減消費，並幾乎不曾注意到其中的轉變。近三分之一的慢活者減少二五%的支出，五分之一的慢活者縮減了一半甚至更多。對他們來說，生活的轉型比較艱難。他們不得不接受被人看到穿著陳舊的衣服、騎自行車或搭乘公共汽車，而不是開著一輛新款的SUV送孩子上學，更別說無法使用手機和個人電腦等越來越受歡迎的新工具。

這是一場安靜的革命。大多數慢活者都穿得和其他人一樣，住在普通的社區，而不是集體住宅或樹林裡的小木屋。西雅圖成為自願極簡的樞紐，是因為不斷發展的科技產業（微軟的總部就在這裡），使這座城市與過度勞累、炫耀性消費的雅痞等名詞畫上等號，然而此地許多居民卻依舊深陷於無法擺脫的經濟衰退中，導致這裡成為實驗現代世界停止購物最深刻的地方：一個以「拒絕消費主義」為主流的城市。

近十年來，這裡的日常生活各方面都因這份「影子文化」鮮有改變，這裡最具影響力的時尚趨勢是復古二手服裝和垃圾搖滾（grunge）——一種以基本、耐用的工作服，如法蘭絨襯衫、牛仔褲、皮靴等為基礎的著裝方式，把同一套衣服穿到壞掉為止；在年輕人之中，陳設簡陋的公寓是家常便飯，人們並不屑炫耀財富。那個時代許多城市都有由購物者合作經營的非營利生活用品店，西雅圖也有合作餐廳、咖啡館、汽修廠、醫療中心、木工工作坊和助產服務，當然也有與日報競爭的獨立周報，和大量價格親民的場所，播放著廣播電台拒絕的音樂。這段時間，只有幾次短暫興起消費文化。

「九〇年代時，我們確信自己的生活方式將是未來大眾的選擇。」討論慢活的經典作品《富足人生：要錢還是要命》（*Your Money or Your Life*）作者之一魯賓（Vicki Robin）這麼告訴我。一九九五年，《紐約時報》一篇報導表示，十個美國人中，就有八人同意自己的購買和消費已遠遠超過需求；同年，紐約萊茵貝克趨勢研究所（Trends Research Institute of Rhinebeck）將「自願極簡」選為十年來的十大現象。

隨著全球經濟恢復生機，西雅圖開始以億萬富翁而聞名（而非平淡的生活），慢活風潮漸漸消退。不過依然有些人（如盧爾斯）繼續維持低消費的生活。這些人半輩子前就停止購物了，這麼做對他們的生活有造成什麼改變嗎？他們會比其他人更快樂嗎？他們散步時真的會興奮嗎？如果答案是肯定的，究竟又是為什麼呢？

減少消費，創造簡單生活的良性循環

李邁克（Michael S.W. Lee）是紐西蘭奧克蘭大學市場行銷學教授，在一種他稱之為「受保護的上層中產階級環境」中長大。二〇〇二年開始攻讀市場行銷博士學位時，他讀了克萊恩（Naomi Klein）談論企業權力和市場行銷影響力的《NO LOGO：顛覆品牌統治的反抗運動聖經》（*NO LOGO: No Space, No Choice, No Jobs*），認為書中描述的人（反對品牌和消費文化的人）聽起來既奇怪又極端，因此決定把這個群體作為自己的研究主題。

三年後，他創立了「國際反消費研究中心」（International Centre for Anti-consumption Research）。在研究抵制、怨恨或拒絕消費主義的人群時，他意識到人們對這個群體所知甚少。於是，他想要印證這些「反消費者」是否具有與消費者不同的核心價值觀，事實證明的確如此。

第一項差異是，反消費者比主流消費者更重視控制自己的消費行為。盧爾斯撰寫《簡單生活指南》（*The Simple Living Guide*）這本去消費指導手冊，認為「自願極簡」的重要元素之一，是了解自己、了解每個行為背後的原因。「我認為多數人都沒有用心生活，但我有。」盧爾斯說。舉例來說，她了解自己並不喜歡做消費者選擇，有了這種自知之明，「不購物」就不是一種犧牲，而是一種解放。

古典經濟理論認為，消費者知道什麼對自己最有利，並出於自身利益理性行事。這觀點今天仍然具有影響力。矛盾的是，最能實踐這點的卻是反消費者，而不是主流消費者：**反消費者更可能就自身消費（或不消費）做出積極、明智的選擇，也較少受到廣告和時尚的影響，更不會覺得被困在消費之中，或以消費作為逃避其他事情的手段**。「我並不是節儉嚴苛，」盧爾斯說，「我只是一直都知道自己需要什麼。」

兩者之間更明顯的區別是，反消費者比較不重視物質欲望。然而結果可能會令人驚訝。

卡普羅（Deborah Caplow）是西雅圖另一位資深的簡單生活者。一九七〇年代後期，當年二十七歲的她跟隨男友來到這座城市，那時她所有家當都裝在一卡皮箱和幾個盒子裡。卡普羅走上簡單生活這條路時還很年輕，並不記得有「過渡」的感覺：雙親在她九歲時離婚，卡普羅說：「我父親變得很富裕，而我母親決定盡量不要擁有很多財富。」她與母親和姐姐一起生活，有次搬家到一個新城鎮，她們竟然打地鋪躺在睡袋裡，在沒有傢俱的情況下過了一年。父親則住在豪宅中，這讓她認為父親是個自私的人，一心追求地位。

「我被徹底灌輸的價值觀就是：不想成為富人。在我的生活中，不賺錢是一種選擇。」她說。

簡單生活者通常會覺得自己已經解決凱因斯的「經濟問題」，也就是滿足人類的絕對需求：他們

透過減少這些需求來達到平衡。

如今，卡普羅住在一個種滿茂密針葉林的陡峭山坡社區。在這裡，西雅圖更像是座樹屋之城，而不是現代化大都市。她和丈夫同住的房子（她以前和女兒同住）大約二十一坪，是當今美國典型房屋的三分之一，甚至比普通公寓還要小。身為華盛頓大學退休的藝術史學家，卡普羅二十多年來的傢俱都是二手的；有輛高齡二十五的速霸陸汽車，直到最近發生交通事故而退場前，這輛車的里程數不到全國平均里程數的四分之一；從未擁有洗碗機（這似乎是簡單生活的標準做法）；二十多年來都搭乘公車上下班；大部分的書都是從圖書館借來的；除了襪子、內衣和鞋子，很少購買全新的衣物。「我真的很喜歡漂亮的衣服，但我不想成為那種全身上下穿滿漂亮衣服的人。」她說。

卡普羅清楚意識到自己的特權：她是白人，總覺得想賺更多錢不會多困難；如果財務狀況真的很糟糕，也可以向親戚求助。然而從數字看來，卡普羅一生中多半都處於貧困之中，靠著年薪一萬五千美元（有時甚至更少）生活了好幾年。儘管如此，她依舊逐漸感覺「小康」：擁有想要的東西、保有積蓄而非債務、能夠旅行、有舒適的退休生活，並資助女兒上大學。她有種財務上的安全感，而專注於追求金錢的人往往缺乏這種感覺。新冠病毒危機使美國經濟陷入混亂時，卡普羅很驚訝自己並不擔心經濟崩潰。「從前更艱困時我們也挺過來了，這次我們一樣會挺過去的。」

斐德里克森（Syd Fredrickson）將這種反直覺的繁榮感，與更高的理想聯繫起來：個人自由。斐德里克森來自明尼蘇達州，在一九九一年慢活時代遷居西雅圖。「我並沒怎麼慢下來，因為我從來就沒有快過。」她告訴我。

許多人認為簡單生活是種限制，但斐德里克森表示自己可以自由地做出不同的選擇、質疑社會的一致性、自發行動，並透過言詞和衣著表達自己。成年時的她，一直看著周遭的人因為不敢冒險靠低收入過活，只好從事不喜歡的職業，或停留在討厭的職位上。「這些人會說自己的生活都是空洞而瘋狂的，但他們只是純粹害怕去做其他事情。」她說。

反消費者和消費者之間的另一個區別，在於雙方尋求幸福的方式不同。

正如心理學家卡瑟所預測的，大多數簡單生活者最終都會傾向追求個人發展和社區意識等內在價值。消費文化會在惡性循環中不斷迴圈，鼓勵我們永無止盡地獲取新事物，而追求內在價值也可能會這樣推動我們前進，但卡瑟將其稱為「良性循環」。根據卡普羅的說法，不再藉由物質財富來衡量地位，也讓她不那麼重視社會地位。「你是一個人，而對方也是一個人，就這麼簡單。我非常滿意自己的社交圈，可以認識透過不同方式生活的人、看到他們的觀點。我覺得自己是人類社群的一部分，而這種想法確實來自簡單的生活。」

簡單的生活只會讓生活更簡單。人們往往以為，簡單生活者似乎只喜歡園藝、閱讀、散步和談話等安靜的活動。到底該怎麼解釋這個現象呢？只有成熟的人會被簡單生活吸引？還是簡單生活會讓人變得成熟？即使目前覺得這類活動很無聊的人，在停止購物的世界裡是否也會被賞鳥或寫日記等活動吸引？

卡瑟認為，這種轉變的確會發生。「自願極簡之所以有趣，就在於有很多扇門可以通往這項選擇。有些人決定簡單，是因為對工作沮喪。還有些人想要更多時間陪伴家人、或是想要追求靈性、保護生態，有些人則是政治行為。」他說，「一旦人們走進那扇門，就會進入同一間房屋。即使最初進入的原因不同，隨著在那裡度過的時間越長，也會變得越來越相似。」

用一句話描述簡單生活者：他們有很多時間。

為本書進行研究的過程中，我遇到在世界各地實踐簡單生活的人，幾乎所有人都像來自另一個時代。我不敢確定究竟是過去還是未來，但肯定不是充滿各種計畫的現在。他們不僅有閒還很能聊（在令人難忘的案例中，我們在巴塞隆納吃吃喝喝並走了七小時）。換句話說，他們絕不可能在五周前跟你約定一場十五分鐘的約會——他們知道這顯得很奇怪。卡普羅說：「我曾跟那些忙到沒時間聚會的女性朋友們說：『嗯，妳總要吃早餐吧？也要喝咖啡啊？我可以跟妳約吃早餐。』」後來我意識到必須停止這樣做，因為如果一直提出這樣的要求，人們會只認為你需索無度。

人們對簡單生活的刻板印象其實是種錯覺：簡單生活者並不是只做平靜的事，而是他們的生活中有空間可以做這些平靜的事。然而這不僅是用一小時的工作時間換取一小時的冥想時間，或是犧牲一小時的購物時間以便得到一小時的烤麵包時間。**由於以內在價值為導向的活動，比物質主義更能滿足心理需求，簡單生活者通常會因此減少消費社交媒體、電視或音樂。**

停止購物的世界似乎會變得更加平靜。如果簡單生活就是清楚聽到自己內心的聲音，那麼我們需要的，就只是真正安靜的時光而已。正如盧爾斯所說：「一旦真正了解自己，可能會發現自己想做的，只不過就是傾聽池塘裡的蛙鳴罷了。」

減少消費，實現真實的自我

不過，這些都無法解釋步行到雜貨店購買生活用品如何變得「令人興奮」。為此，我們需要探討「內外一致」（congruence）這個概念。

幾乎人人都知道該怎麼做，卻不一定做得到。一個人越是重視物質，這種心理差距可能就越大。不管是有意還是無意，物質主義者經常會因為自己未能成為更好的人而矛盾──他們體會到「理想自我」與「真實自我」之間的不協調；然而簡單生活者的心理差距往往更小，其理想與現實是更一致的。

「內外一致」的想法，在描述簡單生活的文學歷史中屢見不鮮，更曾以「自知」「自我掌握」和「自我控制」等名稱出現。在馬斯洛著名的需求金字塔中，它則是「自我實現」，並且位於金字塔的頂端。

這些名詞留下懸而未決的問題：所有知識、技能和控制是為了什麼？在物質社會中，通常是透過個人掌有的財富、名聲、成就，甚至是身體的吸引力，來實現自己最大的潛力。然而從內在價值的角度來看，則是透過仔細探索內心和靈魂，達到理想自我與真實自我的完美契合。

自古以來就有這個概念，另一種名稱是「忠於自我」（authenticity），能夠自然誠實地面對自己的人。其詞源來自古希臘語的「行為的實施者」（authentes），就是完全成為自己行為的主人。在希臘人看來，要達到這種真實性，必須充分自我認識和自我掌握，以了解欲望和責任、短暫快樂和深刻滿足之間的區別，並根據其價值分配時間。

亞當．斯密寫道，經濟發展是為了從日常煩惱中解放出來，以追求「完美的寧靜」。他沒有將這份寧靜定義為和平與安寧，反而認為它是思想與精神不受貪婪、野心或虛榮刺激的生活——也就是達到內外的一致。「在我們漫無邊際的幻想中，無論想像出多麼閃耀、多麼崇高的情景，能提供真正幸福樂趣的，幾乎都與在簡樸生活中能得到的樂趣相差無幾。這些樂趣對我們而言本就唾手可得、盡在掌中。」

最早研究反消費者的學者之一是社會學家扎維托斯基（Stephen Zavestoski），他在二十一世紀之交觀察慢活者之間進行的交流後指出，當經濟的成功未能帶來消費文化承諾的幸福時，這些簡單生活者會覺得被欺騙和愚弄。扎維托斯基記錄了一段言論，精準地抓住許多人的共同感受：「我擁有應該讓自己覺得成功的所有東西——車子、衣服、在對的社區裡買房子、加入對的健身俱樂部。外表看來都完美無缺，但我的內心卻被一個大坑一點一滴地吞噬。」

為了理解這些人的生活中究竟缺少什麼，扎維托斯基提出三個「建立自我的基本要素」：自尊、效能（有能力實現自己想做的事）和忠於自我。他遇到許多簡單生活者都擁有較高的社群地位，並且擁有能標誌為「成功人士」的各種房屋、汽車、珠寶等。因此他得出結論：消費社會可以滿足對「自尊」和「效能」的需求，因此人們缺乏的是「忠於自我」。**消費社會發展的方向，只會不斷擴大理想自我與真實自我之間的差距**。扎維托斯基預測，行銷人員和廣告商即將說服消費者：透過購物來忠於自我。這是個了不起的遠見，因為根據二〇一六年《廣告時代》（*Ad Age*）的雜誌報導，「忠於自我」可能是廣告中被濫用次數最多的詞彙。

多數人都明白，不誠實面對自己的感覺有多糟糕，卻很少有人經常體驗到內外一致、忠於自我的感覺有多好。而正是這一點，讓步行到商店裡購買生活用品變得令人興奮，因為每次的購物選擇都往理想中的自己更近一步：你會知道自己想怎麼做事、知道為什麼想這麼做。卡瑟稱這種感覺為一種無聲的刺激，並順帶補充：「而這種刺激並不會幫你在 Instagram 上博得點讚數。」

令人驚訝的是，關於簡單生活者和其他反消費者的研究仍然很少。迄今為止，研究發現這些群體確實享有高於平均水準的幸福感，但談到「快樂」，情況就比較複雜了。

簡單生活不是對抗命運滄桑的護身符，人生的苦難從疾病、失業，到親人的死亡或遭他人虐待。許多簡單生活者也會為生活是否「夠簡單」而糾結，也批判不如自己用心生活的主流消費者。追求內在價值，並不只是學會欣賞生活中的簡單事物這麼容易。

反消費者和一般消費者之間的另一個核心區別，就在於前者的關注範圍通常更廣泛，或者說，他們更加留意自身個人需求以外的問題。他們更可能參與氣候變化、物種滅絕、種族不公和貧困等議題的討論與活動。這些問題可能令人不安、沮喪甚至害怕，但因為這與反消費者的價值觀一致，因此即便不會令人愉快，卻會使他們的生活變得更有意義。

最重要的是，簡單生活者因被視為「局外人」而困擾。雖然他們與自己達成內外一致，卻沒有與消費文化達成一致，因此必須一輩子在孤立、排斥和群體差異中掙扎。「由於我的生活方式很簡樸，就得想辦法戰勝自己的自卑感。我沒有什麼和同類人相處的經驗。像我這樣的人並不多。」卡普羅說。

許多嘗試簡單生活的人發現這是條艱難又孤獨的道路，很快就決定放棄。成功的人通常是天生反骨、充滿自由精神或偶像破壞者，藉由建立自己的身分認同來反對主流，而不是支持任何特定的對象。李邁克說：「我認為反消費心態和消費心態必須共生並存。唯一的問題是兩者之間的平衡。」因為人人都有一些消費欲望及物質主義的想法，這也同時提醒我們，人類的任何行為都不應該像消費主義一樣，在我們的生活中占據那麼多的空間（無論是過去或未來）。

然而每個社會都有特立獨行的人。帶走消費文化之後，反消費的人將需要一個新的場域來放置叛逆的精神。結果顯而易見：他們將成為未來低消費社會中，那些叛逆的過度消費者。

19

網路購物

Now we're all shopping in cyberspace?

停止購物的世界裡，消費主義還有機會在數位領域裡保存最後一點生機。你討厭重複穿著同一件衣服出現在公共場合嗎？在電子遊戲中，可以隨意改變自己的外表（以網路遊戲術語來說，就是你的「皮膚」），更不用說可以變成一隻戰士兔或能像麥可．傑克森一樣跳舞的火焰殭屍。在虛擬世界中，更可以擁有並駕駛一百輛車、穿上一千雙鞋，或建造十幾座城堡，與現實生活中類似的活動相比，這些活動只需要消耗微不足道的一點點地球資源。

這會是未來的趨勢嗎？拋棄賣場、商店、劇院、餐廳、體育場館、水療中心和度假村，大家一起來做虛擬消費者？新冠疫情中的隔離生活似乎給我們一個非常肯定的答案。

新冠疫情期間，網路活動爆炸式擴張，被稱為「數位浪湧」（digital surge）。其中有些活動是必須的，如遠端工作、與朋友的線上聚會，或學校的線上課程。但以前從未著迷於線上活動的人，也開始在線上賭場玩撲克牌、將健身腳踏車連線參與線上自行車賽，或透過虛擬實境眼鏡與蒙娜麗莎對視（她平常只能待在一個玻璃盒子裡，身邊永遠擠滿了參觀者）、參加要塞英雄（Fortnite）遊戲世界中的虛擬饒舌歌手超大型音樂會、嘗試線上直播混音、學習水彩畫課程，以及觀看「逛播」（shopstream），收看其他人購物的影片來決定自己要購買什麼。拍賣行推出私人的放大觀看功能，將一些珠寶銷售的價格推至歷史新高：一條卡地亞的水果錦囊手鐲（Tutti Frutti），在第一次封城的高峰期，以一百三十四萬美元高價賣出，幾乎是原本預估價格的兩倍（這條手鐲乍看就像一顆顆彩虹糖融化在鑽石中，不過這些彩虹糖是藍寶石、紅寶石和祖母綠）。

我們使用 Google 地球的功能，漫步在遙遠城市的街道；學會如何不需看見、嗅聞和觸摸，就可以在線上訂購水果和蔬菜。《動物森友會》（Animal Crossing）的銷售速度比史上任何電玩遊戲都快，然後瞬間轉型為虛擬時尚平台，玩家在遊戲裡排上數小時，使用遊戲貨幣參加知名設計師的線上獨家銷售。線上收藏品公司謎戀貓（CryptoKitties）曾與中國藝術家王卯卯合作發行限量版虛擬貓，開賣三分鐘就售罄。人們生活中的必需品快速更新：我們不太買新手機，但消費更多遊戲機、高檔電視、擴增實境效果套組（這些效果器可以在視訊時，為通話者掛上天使的翅膀和光環）。我們大量地將日常生活轉移到網路上，導致整體經濟嚴重衰退，但某些數位工作的就業率竟然超過疫情前的水準。

最重要的是，我們開始瘋狂追劇、掉進各種自動播放的兔子洞裡，或者收看二十四小時的新聞頻道。到了二〇二〇年四月底，串流媒體服務獲得史上最大幅度的成長，四分之三的美國家庭都成為訂閱者。在封城的那個春天，針對英國和美國消費者的調查發現，八〇%的消費者比平時消費更多的媒體服務（目前為止大部分是電視和網路影片）。人們的螢幕使用時間攀升得太高，以至於歐盟要求 Netflix 和 YouTube 降低影片解析度，減少數據傳輸的需求，防止網路服務因過載而中斷。美國人每周看電視的時間最多長達四十一小時，比新冠疫情前增加了四分之一，這還不包括盯著其他螢幕的時間。

甚至在新冠疫情迸發之前，就有越來越多證據表明數位消費可以代替物質商品的消費。佛羅里達理工學院哲學系教授派克（Kenneth Pike）曾就此撰文，靈感則來自家裡四個孩子的臥室。「比起一九八〇年代我小時候雜亂的臥室，我很驚訝孩子們的臥室竟然比我乾淨得多。有時走進去，我會覺得裡面很空曠，忍不住覺得他們應該擁有更多東西。但後來轉念一想，嗯，不，還是不要好了。」

派克兒時的臥室裡堆滿了塑膠玩具箱（他記得裡面有太空超人和超級英雄戰隊的公仔），牆面上裝飾著海報，書架上堆滿書籍和獎盃。他的孩子們的玩具和遊戲大多數位化，主要在電子閱讀器Kindle上讀書，得到的許多獎盃和獎勵也只存在網路遊戲世界中。我與派克交談時，他的孩子們最喜歡的遊戲是《機器磚塊》（Roblox）。只要在網路上搜尋一下，就可以輕鬆找到許多影片展示玩家在遊戲中花費貨真價實的數百美元，購買虛擬的怪物卡車、野馬和法拉利。「他們絕對是數位消費者。」派克說。

我們多數人現在也都是數位消費者。舉例來說，現在幾乎沒有人只聽現場音樂表演，音樂串流媒體服務甚至在世界上較貧窮的地區也很受歡迎，包括印度農村和整個非洲。數位革命讓家裡不再被時鐘、手電筒、計時器、立體音響、計算機、傳真機、印表機和掃描器所占據，更不用說書籍、相簿、百科全書和地圖等收藏品。然而早在數位化浪潮之前，各家各戶就已經充斥各式各樣的應用程式、電子書、電子遊戲和電子相簿，但一切都只存在於煙霧縹緲的「雲端」之上。

以虛擬消費取代物質消費？

二〇二〇年七月，芬蘭裔的英國經濟社會學家萊頓維塔（Vili Lehdonvirta）遭遇的事情，暗示未來人類將更深入虛擬世界。研究數位技術如何塑造經濟的他住在東京，當時這座城市還沒有很多針對新冠疫情的限制，不過人們一直保持警惕。某天晚上，他最喜歡的一位藝術家開始在 Instagram 直播畫廊展覽。

藝術家山本太郎以日本傳統為基礎，創作當代藝術。他最著名的作品以一架有四百年歷史的折疊屏風為靈感，將任天堂的超級馬力歐兄弟取代原先的日本古典風神和雷神。這件作品採用金箔等材料製成，具有多層次的質感，因此從不同角度觀察會有不同的光線反射，在網路上很難完全欣賞。山本在直播中感嘆畫廊空無一人。

平時在牛津網路研究所工作的萊頓維塔，突然意識到自己可以去陪伴山本，畢竟他們都在這座城市裡。他乘坐地鐵穿過安靜的都會區，出現在畫廊裡，與藝術家共度兩個小時。然而萊頓維塔告訴我，他們並沒有討論觀眾是否會很快回到畫廊中，或者如何吸引觀眾回到現實世界。他們談論的是山本能否將他的藝術帶入虛擬實境的三維空間，如《動物森友會》的遊戲世界。那天晚上，東京和世界其他地方的許多人都在這個虛擬空間裡閒逛。這個場景非常超現實：兩個活生生的人物在面對面交談中，接受了面對面時代的終結。

這些現象可能是好消息。萊頓維塔表示，他在一九八〇年代中期開始學習編寫基本程式碼，當時他只有五、六歲。二十一世紀初，他在芬蘭一家實驗室工作，製作可以透過照相手機等擴增實境設備查看的虛擬服裝和配飾。他記得，另一家當地公司正在研究如何針對虛擬家具做同樣的事情。如今，滿街都是可以做到這些事情的應用程式，讓我們在擴增實境中嘗試一種口紅的顏色，或在購買前看看客廳角落的新架子是什麼樣子。這種購物方式儼然已經成為主流。

虛擬實境很乾脆地解決了凱因斯的經濟問題。這是一個資源豐富、永不枯竭的世界，無窮無盡的新奇事物讓過時的流行和計畫性報廢幾乎變得無害。「你可以加速消費、可以扔掉東西。在不增加材料需求或碳足跡的情況下，時尚周期可以越來越短。」萊頓維塔說。一件件更換虛擬服裝就只是「翻轉位元」，將一種數位訊息轉變成另一種。

然而萊頓維塔並不會為了虛擬世界而放棄現實生活。跟許多芬蘭人一樣，他通常每年都會在鄉村小屋度過一段時間（「那裡的手機網路速度甚至比牛津好得多」）。他知道如何分辨可食用的蘑菇與毒蕈，並將芬蘭的藍莓和野味帶回英國，避免食用大量生產製造的食物。他描繪了一個未來世界：現今在物質經濟中所做的大部分事情（展示自己的選擇、探索自己的身分認同、炫耀品味或能力等等），未來都將透過虛擬消費完成，現實世界的消費則會萎縮，並集中在基本物質需求上。

「這會是種很穩定的狀態，每個人的電腦都相互連線、有螢幕，也有輸入資訊的方式——這就是虛擬消費需要的一切。我們必須為這些設備供電、修復與更換。但實際的經濟成長可能發生在螢幕裡。」他說。

一九九〇年代有一小部分人購買虛擬商品卻遭到羞辱。「根本就是把錢丟到水裡！」有些人這麼嘲笑，卻沒有意識到自己為T恤上印的品牌象徵多付一點錢；「這買的都是垃圾！」也有批評者這麼說，卻沒有意識到自己受到愉悅、焦慮或地位驅動，花掉大部分的收入（換句話說，就是根本沒買到什麼有用的東西）。十年之後，諸如「第二人生」（Second Life）的虛擬世界用戶集體累積價值約十八億美元的數位財產（衣服、汽車、房屋、玩具），這似乎讓我們看到一線希望，可以透過虛擬消費替代對環境有害的物質消費。一位虛擬消費者在二〇〇六年告訴《沙加緬度蜂報》（*Sacramento Bee*）：「我在現實生活中節省了很多錢，因為『第二人生』裡的消費中讓我很滿足，而且還幾乎不需要花到錢。」

現在大眾早已遺忘「第二人生」。目前為止，多數人還是無法接受以虛擬物品替代真實事物。我們可能會在虛擬空間試擺家具，但最終還是會買一張可以坐的椅子，以及能放置書籍的架子。然而是否完全投入虛擬消費，可能只是技術問題。在新冠疫情期間，每個世代玩電子遊戲的人數都在增加，許多人並沒有意識到自己已經成為虛擬商品的常客。「至少有一半的收入模式，是建立在遊戲中銷售的物品。」萊頓維塔說。而這些金錢原本可以用來購買的東西（食物、衣服、運動、旅行），都會對遊戲玩家所稱「肉體居住的陌生土地」造成環境危害。

我們已經可以在物質空間中看到虛擬物體：擴增實境能提供數位雕塑、永不凋謝的室內植物，或者可以瞬間改變色調的牆壁。目前只能透過笨重的特殊眼鏡看到這些東西，但如果可以改用輕便的眼鏡，或甚至是隱形眼鏡來實現虛擬技術，人們大有可能熱切地擁抱虛擬財產。就像一個多世紀前，人們欣喜地接受脫離實體，透過無線電、留聲機和電話等技術錄製的聲音。

大眾廣泛接受虛擬財產之後，消費文化將在那裡等待我們。「這就是資本主義運作的方式：待在人們所在的地方，然後在那裡賣東西給他們。如果那個空間看起來像這樣——」萊頓維塔的手指滑過我們視訊通話中出現的方框，「那麼這個空間就會變得更商業化。不一定會變好，但絕對會更商業化。」

減少線上購物，避免數位浪費

到目前為止，**已經有跡象顯示數位消費與現實世界的消費完全相同。它無止境地成長，每年吞噬越來越多資源，並始終想把消費「綠化」的種種努力遠遠拋在後頭**。更精準地說，現在的數位消費其實就是現實世界的消費。

數位技術的能源效率有了驚人的改善。使用相同原理建構的第一台電腦，當年稱為「電子數值積分計算機」（Electronic Numerical Integrator and Computer, ENIAC），由美國軍方在一九四〇年代開發。ENIAC絕對不是消費品，因為它和一頭藍鯨一樣長，和一台二戰坦克一樣重。根據環境科學家蓋爾文（Ray Galvin）的計算，如果使用ENIAC技術製造一台桌上型電腦並具有相同效能的話，這台電腦將重達五百萬噸；如果從倫敦開始一路往西建造，這台電腦最終會大到橫跨大西洋，然後深入加拿大荒野；啟動的那一刻，更會吞噬英國七〇%的電力。

今天的電腦顯然利用能源的效率更高、製造所需的資源也更少。然而在過去兩百年，能源效率和能源總消耗量都並肩而行，逐步增長。隨著擁有及運行電腦和目前所謂「科技」的成本越來越低，它們也擴展到全球的每個利基市場，這是一種能將社會轉型的反彈效應。

「基礎設施的能源效率很重要，」英國蘭開斯特大學的計算機研究員威迪克斯（Kelly Widdicks）說，「卻因為急速成長的需求，讓它們顯得無關緊要。」

一九九二年，全球網路每天傳輸一百GB的數據；到了二〇〇七年iPhone上市時，全球網路傳輸量已經達到每秒兩千GB；今天則超過每秒十五萬GB。以一年的時間來衡量，這將近五ZB（五十億GB）。這個數字聽起來難以理解，寫出來的話就是：五〇〇〇〇〇〇〇〇〇〇〇〇〇〇〇〇〇〇〇〇〇位元。

近年來，每年的數據消耗量增加二五%。而且與消費物質的方式相同，變得越來越資源密集。在不久的將來，能處理大量數據的技術浪潮即將到來，包括人工智慧、擴增實境、虛擬實境、加密貨幣、智慧家電、無人車和物聯網，將連接起我們所有的設備。

威迪克斯說，還無法預估這一切會對地球造成多大的危害，也或許毫無損傷。雖然並沒有相關的環境成本數據，不過還是有些模式值得關注。其一是反饋循環（feedback loop）：新的數位設備和服務傳輸數據更大，因此需要更寬更快速的網絡，進而推動網路基礎設施的成長（例如光纖、數據中心、輸電線塔和個人設備）。隨著擴展的基礎設施到位，會不斷循環重演這種模式，最後造成數位世界的物質能源需求不斷增加。

不過大眾仍然認為網際網路是個聚寶盆、富足的無底洞。「大家沒有意識到網路也使用能源，反而只想到手機充電會耗能。」威迪克斯說。與此同時，**全球數位基礎設施和個人電子設備的電力需求，以每年約七%的速度成長，是經濟成長率的兩倍之多**。保守估計，在二〇二〇年代結束前，全球用於資訊與通信技術的電力將占近五分之一。這也表示，為了應對氣候變遷，不僅需要生產足夠的可再生電力來取代目前投入數位生活的能量，未來還必須應付越來越多的需求。

威迪克斯謙虛地提出替代方案：「我們需要減少對網路的需求。」特別的是，做到這點的方法之一正是停止購買過多物質商品：不再升級手機和個人設備，也不購買新的遠端遙控電燈、蓮蓬頭、烤麵包機和汽車。**停止線上購物，也會減少數據消耗**。解決方案的另一部分，則是選擇更少但更優質的線上體驗。

我們在網路上做的事情，很多都是「數位浪費」。其中有許多事情連你自己都會承認毫無意義，甚至損害健康或自身利益。我們以更無聊的網路內容，填補可拿來做白日夢的無聊時間（例如在餐廳等朋友）。新一代的網路用語精巧地捕捉到這種動態：我們被吸入了「末日刷新」（doomscrolling）的黑洞，每天不停為自動播放功能的時間吸血鬼注入新血。觀看一部部可愛的貓咪影片時，我們並沒有停止汙染世界，更不用說現在甚至還開串流影片給貓咪觀看。

幾十年前，大多數家庭共用一台電視機；今天，最新趨勢是多人觀看，不同的人（有時甚至是同一人）同時在不同的設備上觀看不同的節目。近來還有媒體多工處理：一邊看串流影片一邊線上購物、一邊線上購物一邊查看社交媒體、一邊查看社交媒體一邊打線上遊戲。人們同時也發展出「瑣碎觀看」的習慣，這些影片的內容對生活幾乎沒有任何影響，甚至不會讓我們產生罪惡的愉悅感，或協助我們逃避現實。

威迪克斯和九位同事曾嘗試練習減少數位消費．兩個星期以來，他們努力只在有必要時才連上網路，將數位消費變得更接近「需求」而不是「欲望」。參與練習的人全都發現自己可以改變原先的數位消費習慣（在家聽串流音樂、在做家事時看影片、在運動時聽podcasts、不斷查看社群媒體，或在網路上搜索亂七八糟的事情），卻不會造成任何不便或痛苦。他們通常會將省下來的時間拿來閱讀、烹飪、聊天、創作，甚至是睡覺和洗澡。「人們會適應斷網生活的。」威迪克斯說。

不過她也不苛責無法選擇放棄網路生活的人。有次她忍不住在工作空檔看完熱門電視節目《絕命毒師》（*Breaking Bad*）全部六十二集。威迪克斯告訴我：「真是太好看了。很明顯地，串流服務有效的驅動因素之一是它的設計：影片會自動播放，所以看完一集之後，下一集會自動載入，就會忍不住覺得，『喔，好吧，不然繼續看吧。』」

威迪克斯表示，電子設備和數位服務可以經過「反設計」，幫助人們減少使用網路的次數。舉例來說，除了自動播放，還可以設計自動關閉，或允許自己設定想要使用的最長時間。一些串流媒體可以轉移到能源密集程度較低的無線電視台上播放，也可以立法禁止所有數位消費的行銷活動（「到底在什麼樣的情況下，過量消費竟會被視為中性甚至是正面的？」威迪克斯說）。為了維護人類健康或對抗氣候變遷，甚至可以選擇限制數據傳輸。而所有這些舉措，以及許多減緩數位消費的想法，都與停止購物一樣，涉及到社會模式大轉彎：從永無止盡的物欲，轉向緩慢踏實的充足感。

也許我們學習充足感的第一個地方將會是在線上。萊頓維塔表示，完全發生在虛擬空間的虛擬消費，其成長和商品的極端高速變化，或許可以讓人們的物欲有所節制。

電子遊戲和其他虛擬領域的設計師已經注意到，用戶們並不喜歡擁有太多商品或選擇。與專注擴大GDP的現實世界經濟學家不同，數位世界的商品製造者則專注於提升用戶滿意度和享受感。因此，他們傾向讓總虛擬產出（gross virtual product, GVP）保持穩定，而不是永無止盡地成長。因為**過度生產的物品沒有獨特性，太常推出新產品則會讓新品的新鮮感降低**，這些因素加總起來，則會讓人們不再享受遊戲，最後決定退出。

「虛擬消費的瓶頸不在於生產或銷毀虛擬商品，而是能夠不斷推出開啟新消費周期的虛擬商品。」萊頓維塔說，「消費者不會無盡地追逐時尚、跟隨趨勢，並因此感到興奮，我認為其中一定有某種平衡。生產虛擬商品不會有環境生態的限制，但我並不認為在完全虛擬化的非物質經濟中，人們會渴望無盡的成長。」

世界停止購物的那一天，或許真的可以將消費文化轉移到數位空間，任其發展加速，直到最終準備好讓它消失無蹤。不過，我們可能還要再等等。消費者的胃口達到極限，並不是什麼新鮮的概念。早在一百五十多年前，經濟學家傑文斯（William Stanley Jevons）也對物質經濟發表過同樣的預測。

20 / 人口縮減

It's like a world with fewer people but without losing the people

尾畑留美子總喜歡說自己是在釀酒廠裡出生的。她的家族在日本海沿岸城鎮釀造清酒，已經延續了四代。尾畑酒廠是座深長的穀倉式倉庫，一間間窄小的房間，構築起一個地下王國。這裡的發酵氣味如海霧般瀰漫不去，角落裡則有一個奉獻給酒神的神社，在黑暗中發出微光。尾畑小時候還會在這座迷宮玩耍，長大後卻夢想逃離如此厚重的古老傳統。她想離開佐渡島，走進現代世界。

從地圖上看，佐渡島就像一道閃電，落在本州西海岸三十公里處之後化為岩石，就此固定在大海中央。佐渡島乍聽很遙遠，但從東京乘坐新幹線和渡輪只需三個小時。因此尾畑一有機會就搬到大城市，在一所著名大學裡獲得法律學位，並開始為在日本放映的好萊塢電影擔任公關人員。

在泡沫經濟的高峰，尾畑實現了東京夢。那時年輕女性可以不用帶錢走進酒吧消費，因為其他男性上班族肯定會替她們支付。結束狂歡者在深夜高價競標回家的計程車。一片片閃亮的食用金箔出現在甜點與雞尾酒上。最重要的是，這是東京澀谷廣場成為世界未來願景的時代，巨大的廣告螢幕和聚光燈看板，對參與消費主義狂歡節的群眾，灑下超凡脫俗的光芒，青少年次文化更爭相推出領導全球的街頭時尚：泡泡襪、蘿莉裝、超級卡哇伊的一切！無論男女老少都爭相購買 Versace、Dior 和 Louis Vuitton，創造日常奢侈品的購物潮流，並很快就風靡全球。

從統計數據上來看，泡沫經濟在一九九〇年前夕就已經戛然而止，但東京市民的狂歡仍持續進行。一九九五年一月，神戶的強烈地震導致六千多人喪生；兩個月後，一支末日邪教襲擊東京地鐵系統，在早晨尖峰時間登上列車，然後用雨傘尖端刺破一包沙林液體。這種神經毒劑很快蒸發成致命的氣體，造成十三人死亡，數千人遭受永久傷害（譯註：此指奧姆眞理教成員發起的攻擊事件）。

雖然日本以其克服逆境的能力聞名，但日本人的做法並不是簡單地「忍忍就過去了」，他們傾向自我反省，希望能從創傷中擷取出意義。

當神戶的新摩天大樓因地震倒塌時，許多日本人開始質疑現代性和進步的觀念；遭沙林毒氣襲擊時，他們懷疑自己社會文化中的和諧，是否已在泡沫經濟的物質主義祭壇上成為犧牲品。諾貝爾文學獎得主大江健三郎的話，可以代表數百萬人的心聲，他認爲這兩次危機表明日本人已經「走到靈魂中的死胡同」。

在事件發生一年前，尾畑留美子也開始出現類似的想法，童年時代夢想的東京生活正漸漸失去光彩。在一九九五年世界末日烏雲籠罩日本的那一刻，她得到頓悟：「我想，如果明天是世界的最後一天，我會希望回到我家又小又黑的釀酒廠裡喝杯清酒。」

消費的未來思維

尾畑回到佐渡島上的家，已經過了四分之一個世紀。她與曾在東京大出版社擔任編輯的丈夫一起，成為家族中第五代的尾畑酒廠生產監督。她說自己剛剛回來時，一直想用企業管理的慣例經營，試圖擴大自家產品在國內外的市場。一段時間後，她發現自己失去本心，意識到自己「為了銷售而銷售」。

直到那時，她才注意到島上閒置的房屋和衰敗的村莊。原本開滿購物商場的商店街，現在被戲稱為「喪店街」，因為整條街上百業蕭條，一扇扇拉下的鐵捲門遮掩著早已歇業的店面。

「佐渡可說領先東京三十年。」尾畑告訴我。她裹在一身細條紋套裝中，擁有超越嬌小體型的旺盛生命力。尾畑是個樂觀的人，但聲稱偏遠的佐渡島領先東京，依舊是個大膽的主張，也是令人不安的主張。如果極簡生活者讓我們了解停止購物幾十年後，世界可能會成為的樣子，那麼佐渡島展示了更大的格局。然而，無論對消費文化抱持何種觀點，大概只有最激烈的厭世者，才能在抵達佐渡島時不感到絕望。

該島人口已從當年高峰期的十二萬人減少到約五萬五千人，並且還在繼續下降。僅從人口統計數據來看，佐渡島的經濟活動已經減少了一半。拿張地圖，坐下來與居民談天，他們會指著一個又一個城鎮告訴你這是「空屋」或「廢墟」。

島上的相川縣記錄了這段歷史。十八世紀早期，這裡是世界上最大的金礦之一，開採的礦石量多到把這座山一分為二。當時佐渡所在的新潟地區是日本全國人口最多的地區，總數超過一百萬，每平方公里的居民數量比今天的夏威夷還多。到了二十世紀礦山衰落，不過泡沫經濟將佐渡變成受歡迎的度假勝地，因為它符合日本人理想中的懷舊故鄉典型。但最終泡沫也消散了，佐渡島很快就開始經歷人口學家所說的「雙向人口失衡」：人們遷移到東京和其他大城市尋找機會與新意，留下來的人生育的孩子太少，無法在人口上平衡因衰老死亡的長輩。整座島上都可以看到廢棄的鄉間別墅，頂著獨特的紅褐色木材和黑色屋瓦，空洞地凝視著日落。而在相川縣，荒涼的感覺加倍令人毛骨悚然，因為它看起來更像是我們這個時代的場景：現代公寓在寂靜街道上若隱若現，彷彿發生核子事故後的空城。牆上一張亮藍色海報荒謬地寫著：「青春的力量！」

佐渡經常被描述為迷你日本。十多年來，日本全國人口也的確一直在緩慢下降，成為地理學家所說的「高齡社會」，有近三分之一的人口超過六十五歲，總人口每天還減少數百人。除非日本願意為移民打開國門，否則聯合國預測日本將在未來三十年內減少約兩千萬人口。世界大部分地區都在為人口過多而苦苦掙扎，日本卻擔心人口減少，遭人類遺忘的村莊則正在重新被山豬和猴子「野化」。

日本經濟並沒有萎縮，卻正在鋼索上搖搖欲墜。泡沫經濟破滅後的第一個十年被稱為「失落的十年」，在經濟崩潰時期進入勞動力市場的人被稱為「失落的一代」或「冰河期世代」。如今，後泡沫時代都已經過去三十年，許多日本人乾脆簡單地把這一切都稱為「失落的歲月」。

日本從未達到芬蘭墜入的經濟低谷，更沒有經歷俄羅斯在後蘇聯時期的悲慘境遇，然而歷史上沒有其他富裕國家的經濟經歷如此長時間地減緩。自泡沫經濟結束以來，日本的家庭消費率一直呈現零成長的水平線，一屆屆政府試圖讓人們再次消費卻徒勞無功。美國經濟學家傅利曼（Milton Friedman）甚至曾經寫道，政府可以乾脆空投現金來刺激經濟。日本政府也的確做過兩次類似的舉動，發放數千萬張價值兩百美元的購物券，然而一切都沒有奏效。

尾畑留美子坐在漆黑的小釀酒廠，消融在陰影裡。她接受佐渡島的經濟短期不會恢復成長的事實，並得出這樣的結論：佐渡島的清酒製造商已經從一百多家減少到屈指可數的幾家，因此她不希望尾畑酒廠的成功建立在犧牲當地其他酒廠之上。她發現許多企業的目標是積極擴張，但這對佐渡島來說沒有意義，因為過去為了增加稻米產量曾將農耕工業化，卻增加了潛在環境成本：大量使用殺蟲劑和化肥消滅了朱鷺，後來甚至必須從中國中部重新引入。這是一種長得像鶴的白色鳥類，翅膀下帶有一種獨特的淡粉橙色，日語稱為「朱鷺紅」。雖然以前朱鷺很普遍，但佐渡是日本最後一個可以找到這種鳥的地方。當地人現在仍會告訴我們，可以透過朱鷺造訪的頻率，來判斷一塊田使用了多少化學藥劑。

「當人們說經濟應該成長時，我很不自在。」尾畑說，「成長有兩種：一種是擴張，另一種是成熟。同樣的現象也發生在人體身上。隨著成長，身體會漸漸長大，但從某個時間點開始，你的目標會是以健康的模樣活夠長的時間。」

有趣的是，尾畑嶄新的業務方式反而帶來規模上的成長。

尾畑酒廠最近進行擴張，接管一間因學生不足而被迫關閉的海濱學校（這是日本文化的優良特質，他們歷來在風景優美的地方建造學校），並創建了一個教育中心。這不僅僅是為了製作清酒，也希望將來自世界各地的創意帶到佐渡。這裡釀造的清酒完全使用當地資源：當地太陽能板供應能源，釀酒用的稻米也是對環境友好的朱鷺米。尾畑清酒有一小部分在島上銷售，另一部分則在日本其他地區販賣，現在也出口到世界各地。尾畑不再認為佐渡的居民是歷史的棄兒，而是先驅。

「我認為日本的未來將來自農村。我說的不是技術或金錢，是思維方式。」

不依賴消費，自己創造餘裕的生活

在佐渡，即使是可愛或神聖的東西也正在減少（日本人的巧手為世界貢獻了很多美好、很多禪意）。剛開始看守寺廟的人和我聊到寺廟的屋頂正在坍塌，但他什麼都不會做。他們沒有錢修復寺廟，也沒有社群會團結起來完成這項任務。「無力回天」（仕方がない。譯註。織田信長在本能寺之變中知道大勢已去時的感嘆。是現在日本人面對人力不可掌控的災難時常見用詞），佐渡的人們這麼說，表示對此無能為力。

這樣的故事可能會引發一種深層的恐懼和悲傷，認為地球上的人類印記會自此開始緩慢褪色。然而佐渡島告訴我們，**當富裕且技術先進的國家減緩消費時，並不一定會落入貧困，更不用擔心重回石器時代**。人類上一個時代的努力在佐渡已然衰敗，但社會中卻不存在真正的匱乏感。住在那裡的人有汽車、智慧型手機和電視。雖然難以在此致富，但金錢仍在流通。許多泡沫時代的大型餐廳和飯店已經倒閉，取而代之的是附近的家庭餐館和小旅館。另一方面，大賣場和網路購物也直接造成當地商店永久歇業。經濟活動依然存在，只是規模較小。

佐渡島上主要有兩種人群。一種是長期居民，大多數由老年人組成，他們記得泡沫經濟和金礦年代，通常會因為曾經熟悉的熱鬧地方衰敗而悲傷；另一種則是年輕一代的移居者，為了佐渡島獨特的經歷而來。佐渡顛覆了世代相傳的刻板印象，在此老年人懷念進步，而年輕人珍惜舊物。

在日本，農村出生並在嘗試城市生活後決定返回農村的人，被稱為「迴轉者」（U-turners）；在城市長大並首次嘗試鄉村生活的人，則被稱為「直入者」（I-turners），因為他們從城市直線遷移到農村。世界末日的陰影鼓勵了這兩種趨勢：二〇一一年三月十一日，日本遭受猛烈的地震和海嘯襲擊，造成近兩萬人死亡，並在福島地區引發核電災難。剛抵達佐渡不久的人，決定留下毀壞或遭輻照的房屋離開，其他人則因這場災難不得不質疑自己的價值觀和生活方式。這場災難被稱為三一一大地震。

及川元江（おいかわもとえ，音譯）十多年前以「直入者」的身分移居該島。身為前牙科醫療人員，她厭倦在東京的生活，對自己在佐渡的前景也沒有任何幻想。自從她到達後，佐渡的人口減少了一萬。

及川站在她的農舍前，大片雪花從蔚藍天空僅存的幾朵白雲裡落下，這是佐渡典型的深冬景象。她穿著結實的工作褲，戴著羊毛無邊帽，身上仍保有一絲東京通勤者的氣息：她的襪子與藍色保暖外套完美搭配，粉紅色圍巾則為整體外型增添光彩。儘管一開始沒有什麼經驗，不過及川現在的身分是農民，一部分是因爲她想生產自己餐桌上的食物（她自製的醬油是美味鹹香的鮮味炸彈）。但她也擅長種植超越有機的高檔稻米和紅豆，並且多半都在網路上銷售再從島上運出。她告訴我：「我真的很想用合適的方法製造優質的東西，這樣才能克服心中的不確定與恐懼。這裡每個人都有些特殊的專案或技術。」

針對事物抱有堅定不移的偏好、精益求精的精神，日本人會說是「講究」（拘り）；西方人可能會稱其為一個人的熱情或是「職志」。日本有個口耳相傳的故事：一個人講究地想要生產最精巧的公事包，於是花了一年設計一種卡扣，只需要按相機快門的輕柔力道即可開關。

消費者也可以精益求精，讓自己變成某物的「愛用者」，也就是充滿熱情地使用產品。愛用者可能會尋找最優質的園藝鋤頭，定期打磨刀刃，並因為手柄巧妙磨損到貼合自己手形而覺得滿足。及川的客戶是其稻米的愛用者，講究地食用世界上最好的米飯；不過強烈依戀自己的豐田卡車或蘋果手機的人，也可以稱作是愛用者。愛用一項物品不是拒絕物質主義，而是一種內在轉變，與物質商品建立更深層次的關係。

人們仍然在佐渡島上購買基本用品，但這是一種簡化版的小型消費文化。這裡的冬天漫長而寒冷，也沒有讓咖啡館、商店和餐館充滿活力的商店街。「來到這裡的東京人不想要重複東京的生活方式。」及川說，「他們意識到很多東西自己並不需要。在東京會有更多收入，但必須花時間工作才能得到。在這裡收入沒有那麼多，但也不需要花那麼多錢。如果擁有的錢財會給予人一種身分，那你不可能在佐渡獲得那種身分。」

及川不是帶著財富來到島上的，她也不指望自己會變得富有。搬到佐渡後，她對「餘裕」（ゆとり）一詞想了很多。這個詞通常出現在「我們在日常生活中找不到餘裕」這樣的短語中。廣義來說，它指的是一種可以自由呼吸的空間。對某些人來說，這意味著財務上的緩衝；對另一些人來說，這表示多餘的時間、美好的生活環境、精神平靜、感到人生充滿可能、能自由地做自己想做的事。對於大多數人來說，則是以上皆是或部分皆對的組合。

及川表示當年在東京生活時，收入和能夠購買的物品都大有富餘。但她現在認為這樣定義「餘裕」這個概念太過狹隘。「我在東京事實上沒有餘裕。佐渡的生活方式並不忙碌，沒有時間壓力，我有時很忙但有時也很閒。我的生活、內心都保有更多空間。」

及川仍然偶爾會去大城市走走，不過次數越來越少。「現在東京的生活方式對我來說就像個陷阱：你出去走走，看到想要的東西就必須購買。東京有很多有趣的事情可以做，也有好玩的東西、好吃的食物，但這一切都建立在消費上。佐渡什麼都沒有，你必須自己想辦法創造。**快樂不是來自消費，而是來自創造**。」

小規模經濟體的長久未來

當我著手進行這個思想實驗時，並不確定結果會是什麼。停止購物的世界會以幾十種不同方式運作嗎？還是會在不同的地方、人、時代之間交疊重複某種一致的模式？

佐渡島給了答案。我在那裡聽到和看到的一切，都與其他地方相呼應，只是佐渡島上的事物早已脫離適應期，更像是個自成一格的系統。雖然它仍處於演化的早期，但已然初具規模。

這個系統的核心，是一種比消費資本主義更小更慢的經濟。這樣的社會裡，有償工作較少，因而導致三個主要結果：首先（也是最明顯的一點），多數人會賺得比較少，因此也買得比較少；第二點與第一點密切相關，人們會擁有更充裕的非商業時間，讓人想起安息日和極簡者的生活；第三點是，人們會為自己花更多時間。

在充滿鄉村特色和廉價土地的佐渡島上，人們通常必須自己種植一部分的食物。正如及川、倡導參與和創造性文化的人所證實的，這也意味著我們可以獲得更多樂趣。有位佐渡島的新住民來自福島核災區，他在一百八十年歷史的農舍裡搭建一個簡單的聚會空間，並驚訝地發現當地人穿著最好的衣服前來參加聚會。五年後，這個空間有時是餐廳，有時是茶館，有時還是劇院、麵包店、喜劇俱樂部或製麵工坊。這座島上的人們對於社會和文化生活有著無盡的渴望。

在這裡，人與物品的關係也和以往不同。人們擁有的往往不多，但這些物品卻用得更久。此處也有很多符合侘寂美學的東西：補丁的褲子、褪色的油漆、古舊的汽車。但這確實是一種消費得更少、消費得更好的經濟，人們擁有的每件物品都變得更加重要，也會珍惜這些物品的陪伴，更懂得充分欣賞短暫存在物品（如食物）的卓越品質。人們在島上製作、食用和擁有的東西真的很好，這不是享受無窮無盡新樂趣的經濟，而是一種可以品味多年的樂趣，有時甚至可以享受一輩子。

成長始終是主流經濟學的解決方案，而不是問題本身：維克多曾經調查《美國經濟評論》（*American Economic Review*）一個世紀以來發表的文章，發現竟然沒有任何一篇討論經濟成長的成本問題。地理學家也很快就發現不斷增長的人口會造成嚴重的問題，並將「去成長」的孿生兄弟「人口減少」（depopulation），視為挑戰而非災難。

自二〇〇四年以來定期訪問佐渡島的英國地理學家馬坦勒（Peter Matanle）認為，隨著人口停止成長，「人口減少紅利」會跟著出現。在佐渡島上，為孩子尋找托兒所或參加喜歡的大學課程並不困難。這裡也沒有住房危機，更沒有通勤痛苦。對移民的焦慮不但沒有增加，反而越來越開放。與現在地球任何角落不同的是，佐渡島上的自然世界每天都變得越來越豐富。正如尾畑留美子所說，佐渡的人口正在減少，朱鷺的數量卻在成長。

然而在其他方面，佐渡島與世界停止購物後的生活願景相去甚遠。人口減少與消費下降的影響可能相似，但並不完全相同：「去消費」不會有這樣的空虛感，社區本身也不會喪失功能。另外一個事實是，從各方面來看，日本政府從未接受、計畫或採取措施，來充分利用經濟停止成長所帶來的益處，而是反向追求由消費驅動的經濟擴張，讓佐渡這樣幾乎不可能有經濟成長的地方，一直處於假死狀態。最後的問題是：擁有詩意稻田和寧靜鄉間小路的佐渡島如此迷你，是否能讓東京這般五光十色的巨大人類聚居地得以借鑑？

也許可以。目前日本主要城市如大阪和東京，隨著移民從日本其他地區湧入，人口仍在增加。然而即使在東京，緩慢的經濟步伐也為日常生活蒙上陰影，澀谷廣場仍然具有代表性：巨大螢幕依舊閃爍，時尚青年繼續展示最新服飾風潮，遊客照常蜂擁而至，體驗數百人從各個方向一起穿越馬路的瘋狂都市感。不過四十年來，澀谷並沒有太大變化。與今天新式的多媒體建築相比，澀谷的螢幕外觀幾乎可說是復古，而當年所謂的「未來主義建築材料」也早已布滿水漬與風化的痕跡，看起來格外刺眼。也許澀谷依舊是世界對未來的憧憬。

二〇一〇年，日本文藝評論家加藤典洋發表文章描述新型的日本青年：非消費者（nonconsumer）。加藤寫道：「在一個極限越來越明顯的世界裡，日本的年輕人及之後的世代，很可能會向世界揭示出超越成長是什麼樣的感覺。」加藤甚至將無限成長的夢想稱為一種「人類發展的早期階段」。在東京，加藤所謂的非消費者無處不在。面對看似永不翻身的經濟衰退，許多人不自覺地簡化了生活，穿著二手衣服、住在狹小公寓裡或與父母同住、在網路上消費，而非在商店和夜總會裡揮霍。這些年輕人的棲息地是便利商店，他們在那裡食用如御飯糰這樣的便利商店食品（這種食品可說是一種特殊的日本料理發明）。街上看不到 Versace 或 Louis Vuitton。文化記者布魯雷（Tyler Brûlé）觀察到，日本正在轉變為世上第一個「後奢侈品經濟體」（post-luxury economy）。

社會譴責這些特殊的非消費者為「繭居族」，但他們並沒有被關在家裡，而是被關在經濟之外。他們代表的是當一種生活方式失敗（這種情況下是消費資本主義），卻又尚未找到替代方案時留下的空虛。不過，我聽說對東京未來的不同願景，可能並不座落在這座城市跳動的心臟裡，而是在遙遠的邊境上。

從市中心往北的區間車行駛了一個多小時才到達終點站小川町。出站後，我很輕易就找到八田聰子（はったさとこ，音譯），因為車站裡根本沒有其他人。八田穿著一件幾乎可說是從巴布狄倫（Bob Dylan）那裡借來的寬大羊皮領夾克，身上同時揉合非常真誠的友善及非常尖銳的聰慧。那天天氣晴朗而寒冷，她立刻帶我走進一家舒適的小酒館。那是個非常簡單的地方，牆面是木頭合板和石膏。「這家餐廳是小川町的象徵。」八田說。

小川町位於埼玉縣低矮的山丘之間，最初是個製造宣紙的城鎮。大東京生活圈像潮水般逐漸襲來，吞沒整個村莊。在鼎盛時期，小川町約有四萬人居住，居民曾擔心沒有足夠的學校可以讓所有孩子入學。但目前它已失去二〇%的人口，曾被評定為此處最有可能完全消失的三個社區之一。

不過這並沒有發生，因為人們開始從東京市中心移轉到這個邊緣的郊區。現在大多數不到中年的日本人，成年後就從未經歷蓬勃發展的經濟。正如東京早稻田大學發展研究教授中野佳裕對我說的：「那些被排除在經濟之外的人，注定會創造替代經濟。」

八田不是一口氣就搬到小川町。她先通勤到這裡從事有機農場的物流，現在幫助新居民安頓下來發展事業，近期的主要業務則是有機農業。一九七〇年代，一位具開創力的農民在這裡開始有機耕作，接著他的學徒們逐漸在這個區域散布開來。有段時間，幾乎所有農產品都運往東京，就像大多數小川町居民每天乘坐火車到市中心一樣。但隨著大東京生活圈的潮水退去，小川町開始將有機農業作為經濟基礎。八田帶我去的小酒館提供有機食品，一旁超市則為當地農民騰出貨架；路邊一家啤酒廠只使用方圓四公里內的原料；即使是地鐵站的外帶甜甜圈，也飽含有機豆腐生產過程中剩餘的水分。當今世上任何地方都可以找到類似的企業，但我從未見過它們如此和諧地融入一個再普通不過的都市郊區。

這不是某種經濟復甦的勝利故事，至少不是傳統意義上的完美結局。

八田表示，小川町仍在縮小，居民只希望生活過得去就好，沒有想過致富。值得注意的是，東京都內也正朝著與佐渡島相同的模式發展。越來越多經濟體的規模屬於較小、較地方性的型態，越來越少以個人現金參與。八田說，這裡多數居民都從事農業和「某事」，這可能是自由設計、諮詢、程式設計、藝術、兼職，或秉持「講究」精神的小型企業。這裡仍然有通勤者，建築、汽車、服裝、咖啡館裡的椅子也都承載了歲月的痕跡。新事物在此是種難得的樂趣，而不是日常生活中的錦上添花。這是一種不同的生活方式，但依然靜好。

當我問八田打算在小川町住多久，她回答我：「永遠。」

但搬到那裡的人知道他們即將過上什麼樣的生活嗎？「不。」八田笑著說。不過這些新居民都已經厭倦等待舊經濟發生變化，因此準備嘗試創造一種新經濟。我詢問八田，她會給這些人什麼重要的建議，說不定她的回答會激發世界各地想走上類似道路的人們。

她低下頭，陷入沉思。

「與其想獲得你沒有的東西，不如看看自己擁有的東西，」她最後說，「我經常這麼說。」

我們總有一天會以消費耗盡一切

佐渡島的行政規模被縮小為單一管轄區之後，高野宏一郎獲選為島上的第一任市長。他站在海濱飯店的寬敞大廳，透過巨大的窗戶觀望風中的松樹及其後一片平靜的海灣。在這個廣闊的空間裡，除了高野與飯店櫃檯人員，只有一台故障的小型機器人，當它聽到「嗨，機器人」這個詞時，會在數位螢幕上小心眼地回答：「嗨，壞蛋」。高野在休息室裡坐下，屋間裡的明亮白色家具比他還要搶眼。

高野於二〇一二年退休。他是個端莊，甚至可說有點肅穆的人物，因此若是指出他的燈芯絨褲子紋路已然磨平、運動外套袖口少個鈕扣等，感覺很不禮貌。但這一切肯定與此地狀況有關。這位前市長的衣服看起來很舊，就像佐渡看起來很古老一樣；人們一眼就可以看出他的衣服久經使用，如同佐渡島是個滄桑的老靈魂。

身為市長，高野曾就如何面對佐渡的危機發起公開討論。他問島民們希望經濟生活變成什麼樣貌？有些人呼籲經濟成長，但多數人認為這不再是重點。「抗拒真的沒用。」高野說。大家決定島上的經濟走向應該要使佐渡成為「安住之地」，所以得有健康的自然環境、優質的清酒釀造廠、不斷增長的朱鷺族群，以及對老年人的關懷和福利；佐渡也應該保持其文化傳統，修復最好的傳統建築。「我們的工作是確保住在這裡的人們感到幸福、建設當地社區，讓人們過上美好生活。」高野說。

放棄經濟成長很困難嗎？高野不認為背後有太多祕密。「事情不會在一夜之間就改變，更像是以十年為單位進行。因此除非是真的非常固執的人，否則應該都能夠適應。」

這些日子以來，高野又能盡情地展望未來，他認為佐渡島的故事只是二十世紀的故事，一個衝向現代又重回永恆的案例。四百年前，在佐渡的金礦時代尚未來臨之前，島上大約有五萬人，它曾經增加了一倍之多，現在又再次減少到接近五萬。「如果去掉中間那段金礦時期，事情並沒有太大變化。」

他說。

他現在對於日本人口減少的根源更感興趣，並認為人們誤解了這個問題：大家往往認為日本正追隨人民離開鄉村進入城市的模式，有大量農村人口流失。但大多數日本人已經生活在城市裡，所以其實是整個國家都在流失人口。

東京是出生率最低的區域之一，甚至低於佐渡島，因此如果沒有來自農村的移民，每個世代的人數只會比上一代更少。從人口統計學而言，這個世界上最大的城市最終將走向滅絕。因此，導致日本衰退的並非鄉村，而是城市，是巨大的、不眠的、貪婪的、醉人的都會生活，讓人們迷失其中。事情為什麼會這樣發展呢？高野深入思考了這個問題。

「當一種文化成熟後，也許人類就傾向自我毀滅、走向終結。也許我們天生如此。也說不定有某位神明決定減少我們的數量。」

高野的一番話可以看做某種末日餘生的囈語，但這似乎也與消費者困境息息相關。**我們不能停止購物，但我們卻必須停止購物。消費不僅扭曲氣候、砍伐森林、擾亂生活、讓人們習慣用過即丟，甚至還偷走夜空中的星光。而最糟糕的是，它讓我們不知道自己還能做什麼，也不相信事情可以有所不同**。無論我們走哪條路，它似乎都會變成死路一條。

「消費」這個漢字名詞是十九世紀在日本創造的，由「消滅」和「花費」兩個詞組成，語意上看來好像用一把火將自己燒成灰燼；英文也有相同含義，「消費」（to consume）的原意是完全耗盡之前存在的東西，不留下任何痕跡，就像被火焰吞噬殆盡。

如果我們想消費越多，也表示需要有更多機會、更多疲憊、更多體驗、消耗更多時間，而一切也將更有深度卻也更加膚淺，更充實卻也更加空虛。

我們將消費時間、空間、生命、死亡。我們會消費別人，也會消費自己。一切都將灰飛煙滅。

21

十五萬年之後

One hundred and fifty thousand years later……

此處已經看不見朱卡瓦西人的都因波斯村，只知道它隱藏在喀拉哈里沙漠某個平坦的灌木叢之後。五名婦女的身影在沙漠中像隻攤開的手掌，輕快且迅速地摸索著前進的方向。現在是灌木馬鈴薯（譯註：應指親緣相近的野生茄科植物，其塊莖可食，但不像人類育種的馬鈴薯有巨大塊莖）的盛產季，美味的野生塊莖可以烤食，生吃也甜美清爽，像某種氣味溫和的甘蔗。儘管下午至傍晚的幾這個小時比較涼爽，氣溫仍然徘徊在攝氏四十度以上，其中一人彎下腰，往沙地裡大力挖掘了幾分鐘。

我來到這裡是為了與狩獵採集者一起出發，以便親眼目睹五十五年前人類學家薩林斯描述的「低產能」生活方式。朱卡瓦西人往往只採集可以滿足當下需求的食物，即使可食用植物或堅果處於盛產期，也不會聚積超過一、兩天的糧食儲備。薩林斯想知道這種生活方式的「內在意義」，以及這對似乎擁有無限物欲、不斷逼迫自己達到生產力高峰的外地人來說，能夠有什麼啟示。我也想知道這個問題的答案，以及世界停止購物一百年、一千年、一萬年之後，這種內在意義可能會將人類引向何方。

再努力一點，不就可以有更多的食物？

即便透過納米比亞鋪設的高速公路網，要到朱卡瓦西人的都因波斯村也需要三個小時的車程。造訪當時，這種低於產能的生活概念確實已經遭到威脅。從與村莊同名的沙丘頂上瞭望，四處鋪展的喀拉哈里沙漠在午後熱浪中顯得模糊不清，看起來幾乎像是一片蔚藍又帶著溫和波浪的海洋。當然事實並非如此，這裡是一片乾涸而灼熱。氣候條件最好的時候已經難以生存，在雨季快結束卻幾個月滴水未落的情況下，生活就更糟了。

都因波斯村裡沒有販售食物的商店，可能也沒有錢。他們有政府配給的玉米麵粉，但餐桌上其他東西都來自灌木叢。距離婦女們上次進行採集已經兩天，所以她們打算等太陽開始下山就動身。「即使有商店和政府提供的食物，我仍然想吃叢林食物。」露西（!Uce／Lucy）告訴我。她戴著一頂針織帽、穿著淡粉色襯衫和亮粉色裙子，這些衣物都是二手的，但打理得乾淨整潔，彷彿穿得整齊可以消除沙漠生活的艱辛。

時間到了，婦女們迅速準備完成。她們只需拿起挖掘棒（這通常是一端被打平的金屬棒），然後繫上包巾作為肩包或嬰兒襁褓。出發三分鐘後，她們找到第一批食物。當時露西發現一圈不起眼的馬鈴薯藤蔓，從低矮的灌木叢中延伸出來。

採集是項需要經驗的工作。在我們離開村子前，露西指了一株植物給我看，並說那是種刺角瓜（gemsbok cucumber）的瓜藤，孩子們會將這種藤蔓當跳繩，而它會結出帶有尖刺的果實，裡面充滿清爽的果肉，但根部有毒；另一種喀拉哈里黃瓜藤看起來幾乎相同，但根部味道鮮美。露西可以在十五步之外就分辨出兩者。

不過狩獵活動中的鮮血、死亡和危險，始終主導著世界大眾對「狩獵採集」生活的想像。儘管一九六六年的一場會議中，認定狩獵採集者可能是更準確的術語，卻還是將一本徹底改變西方科學家看法的論文選集命名為《狩獵之人》（*Man the Hunter*）。人類學家波爾謝．李發現，當時朱卡瓦西的飲食有六〇%到八〇%由野生植物組成，並主要由女性採摘。

露西對這些分析不以為然。她告訴我，採集者和狩獵者一樣會在灌木叢中遇到獅子、花豹或大象。她向我展示自己前臂上的一個傷口。在挖掘塊莖時，她曾經被一條穴蝰咬傷，這種蛇的朱卡瓦西名字是「可以從兩側咬人的蛇」，因為牠可以旋轉毒牙從兩側伸出。幸運的是，穴蝰的毒液通常不會致命，只會造成腫脹與劇烈疼痛，然後在肌肉裡腐蝕出一塊壞死的組織。

婦女們在沙漠中搜尋了一個半小時。在發現不同食物的空檔，她們會討論今天的採集成果、相互開玩笑，或分析大象的新腳印。這些腳印非常巨大，但又如此輕柔，讓人覺得這些龐然大物似乎很容易偷偷溜到我們身後。露西在糾結的灌木叢下挖出另一條可以從兩側咬人的蛇，驚動了整個團隊。在我們頭頂上，一朵朵白雲飄在天空走道上，每一朵都帶著獨立遺世的氣氛；它們也帶著雨水，只是不會在此落下。

然後突然之間，採集之旅就這樣結束了，婦女們帶著我回到村莊。我不知道她們在景色千篇一律的沙漠中，究竟怎麼辨認出村莊的確切位置。她們收集了幾十顆灌木馬鈴薯、某種塊莖和一堆多汁的毒洋蔥（只有根部有毒）。這足以養活村子一、兩天。

我很疑惑婦女們決定只帶這麼一點點食物回家，同時也對我自己的反應很是驚訝。對我來說，這似乎遠遠超出了簡單生活的範疇，而是進入某種朝不保夕的危險狀態。為什麼她們不在外面待到日落，在灌木馬鈴薯產量充足時努力填滿倉庫，得到足夠食用一個月的食物？在這樣一片無情的土地上，既然有多餘的資源，怎麼可以不將生產力最大化？

幾十年來，研究狩獵採集生活的學者以各種方式解釋這些問題。得出的部分結論是：喀拉哈里沙漠是個出人意料的富足天堂，知識淵博的獵人或採集者總能在其中獲得食物，因此無需考慮未來。事實上，雖然此地確實肥沃，但能提供的資源也難以預測，尤其在乾旱季節更常遇到困難。因此朱卡瓦西人常在自己領土內四處移居，以分散各地的季節性食物資源。而當他們非得步行移動時，哪裡會想攜帶沉重的財產或食物？雖然他們也可以攜帶更多東西，或將補給品和財物存放在他們會返回的地方。

眾所周知，許多狩獵採集文化會避免過度採伐，例如在盛產季留下一些灌木馬鈴薯植株，給更多植物繁殖機會。或許「低於產能」是過去的一種經濟行為：謹慎使用資源，以維持未來的存續性。事實是，長時間工作會破壞朱卡瓦西人實踐美好生活。就像簡單生活者一樣，朱卡瓦西人也解決了凱因斯提出的經濟問題（甚至做得比簡單生活者更徹底）。因為他們的需求很少，即使在喀拉哈里沙漠的中心，也能相對輕鬆地滿足這些需求。用更少的錢生活，回報你的將是充足的閒暇。

人類學家舒茲曼指出，西方人早就想像有朝一日內心的物質欲望也會獲得滿足，自此過上悠閒的生活。但真正的問題並非能不能獲得滿足，而是能不能將其牢牢握在手中。二〇〇八年，政治學家古丁（Robert E. Goodin）和同事們發現，只要將工作時數減少到讓自己大約生活在貧困線以上，並將家務勞動保持在社會可接受的基本標準，富裕國家的人們就可以享受豐沛的空閒時間。然而多數人選擇努力工作，好買下第二套房子、翻修房屋、購買更多衣服、最新款式家具、最新的電子用品、出去旅行探索。當科技最終將人們從日常勞動中解放，享受空閒時光的夢想只能一再被推遲。

關於朱卡瓦西人生活的每項理論都可能說中了一些真相，卻沒有一點可以讓我明白這些婦女為什麼只尋覓一、兩天的食物。明明只要再努力一點，就可以帶回足夠吃上一星期的馬鈴薯。更重要的是，她們是在乾旱期間選擇這麼做。而新冠疫情期間，不穩定的經濟情況往往促使許多人囤積食物、生活物資，甚至是娛樂資源。

朱卡瓦西人非常、非常、非常重視分享，有鑑於這點和全球消費社會之間的明顯差異，這種「低於產能」的選擇似乎更加令人費解。

彼此緊密依存的社會

婦女們回到村中，把收集到的食物堆在一起，圍繞著火堆坐在毯子上。日頭漸漸落下，陰影漸漸拉長，火堆中有幾根小木柴劈啪燃燒著。隨著日落時分臨近，沙漠熱量迅速消散，到了午夜時分幾乎變得寒冷。此時火堆旁瀰漫一種幸福的氛圍。西方社會總認為所有住在小屋裡的非洲人都悲慘絕望，然而住在這裡的人們看起來非常健康，皮膚閃閃發光。患有白內障幾近失明的一位老人，用手杖敲擊欄杆，加入火堆邊的人群。他看起來依舊很健朗，坐下來時也會對鄰座說上兩句俏皮話。這裡的人會一起吃飯，共享一切資源。

停止購物的世界會變成財富分配更平均的世界嗎？縱觀歷史，很多人都這麼認為，這也是「你不簡單活，我活得不簡單」背後的假設。但在資本主義國家，這種情況很少發生。如果選擇簡單生活，你放棄的財富最終更可能落入立足點更優渥的人手中。

朱卡瓦西人在漫長的歷史中拒絕了貧富不均。很難解釋這樣的選擇，也許他們從悠久的生活經驗中，學到現代社會科學家透過研究證實的事情：**不平等會加速消費，而在資源有限的地方，過度消費只會迎來災難**。無論是什麼原因，他們和許多狩獵採集文化一樣，社會極端平等，不僅財富分配平等，個人權利和自由也一樣平等。

朱卡瓦西人的「分享」並不如一般想像的那樣溫暖，甚至連「財富再分配」也不能完全描述這樣的行為。在大多數國家中，財富會透過國家實施的稅收和勞動薪資法重新分配，或透過私人捐助者建立的慈善機構進行調整。在朱卡瓦西人的社會中，分享也包括了權利和責任，如果某人擁有你沒有的東西，你有權要求獲得一份。這種要求通常很直白，被人類學家稱之為「要求共享」（demand sharing）；如果你獲得一些東西，也有責任分享給他人。朱卡瓦西人遵循的分享原則是，無論擁有某物的過程與原因，如果有人與你貫徹同樣的分享信念，就應該與那些擁有更少的人分享。倫敦政治經濟學院人類學家勞斯（Megan Laws）研究朱卡瓦西人的共享生活，認為他們期望自己「依賴他人」。

朱卡瓦西人的分享行為對外人來說難以理解，卻相當引人注目。如果你遞根菸給他們（其抽菸文化根植已久，菸草只是最新形式），很可能有五人以上一起分享，但那根菸同時屬於從你這裡收到菸的人。同樣的道理，獵人會「擁有」他們從叢林帶回來的肉，但不可能不與眾人分享這些肉。當我問獵人，一隻跳兔（長得像袋鼠但體型只跟貓一樣的嚙齒類動物）能餵飽多少人，對方顯得很困惑。他回答說，即使每個人只得到一小部分，依然會把這隻跳兔分享給所有人，否則就會招來嘲笑和流言蜚語。

現金經濟的引入和城鎮生活中較弱的社會連結，導致當地的不平等加劇，並動搖分享的傳統。一位相對富裕的朱卡瓦西人，向我解釋自己如何駕馭這個新時代。

由於住在楚姆奎村，他沒有辦法與族人日復一日地分享物資，不過他會與一個由數十人組成的人際網絡分享物品，而要與每個人分享多少，則取決於他們之間的關係強度、他自己當時的財富狀況，以及對方當時的需求。他可能會給一人食品或金錢，只給另一人一根香菸。作為回報，他經常會得到一些自己不容易買到的東西，比如他人獵捕到的肉、新鮮的牛奶或叢林蔬菜。他說這種新的分享系統與任何由個人組成的系統一樣並不完美，其中有些人極其慷慨，另一些人則「左右游移」，擁有東西時就遠離你，資源匱乏之時才接近。但他覺得沒有必要將一切都分享出去，只要讓他人知道可以找自己幫忙，自己也對他人的情況有所理解就夠了。目前他已經買了一支手機、一台衛星電視和一輛汽車，並且沒有遭受公眾譴責。

在這裡的許多村莊中，每位居民擁有的物質財富幾乎沒有差別。朱卡瓦西人將自己描述為「互相幫助的人」，最好的則是那些只給予的人。至於說到外人，幾位朱卡瓦西人告訴我，他們已經認識夠多外來者，並知道我們大多數人都不擅長分享。

人們常說，簡單生活和貧窮的區別在於一個是出於選擇，另一個則不是。但我認為兩者的區別並不那麼直截了當。在朱卡瓦西人的情況中，很難（應該說是不可能）分析傳統生活的簡單性是因偏好而延續，還是因爲資源遭剝奪。朱卡瓦西人在納米比亞長期面臨種族歧視、種族隔離等不平等的待遇，使他們更容易消費不足而非過度消費。然而在朱卡瓦西文化中，長期永續的生活方式仍然至關重要，許多人仍然刻意不努力積累金錢和財產，並將需求限制在自然環境可以提供的公平分額上。因此外人經常覺得朱卡瓦西人儼然像是活化石，將過去古老的生活方式應用於一個已經格格不入的世界。如果朱卡瓦西人不停留在過去的思維中，肯定會放棄低產能的做法，屈服於現金經濟、朝九晚五的工作和商店中販賣的商品。他們會盡可能收集所有灌木馬鈴薯，並為安全感和改善生活等原因而長期保存。

這一切就好像朱卡瓦西人拒絕從剃刀邊緣上走下來。而事實證明，這可能正是真相。**共享和低產能的做法，都能在安全感和不穩定之間維持一種微妙的平衡。低產能讓人們只取用所需的東西，保持在剛好夠用的狀態。根據人類學家勞斯的研究，分享也可以防止任何人累積可用財富，或得到特殊的權力與地位。**在充裕時代，人們會擔心不安穩的生活可能到來；而在匱乏時期，分享則會使人們感覺更安全。借用秘魯亞馬遜地區烏拉里納人（Urarina。譯註。仍維持半遊牧、狩獵、簡單農耕生活的南美洲原住民）的一句話——每個人都將不斷意識到他們緊緊依靠著彼此。

過去十五萬年來，朱卡瓦西人顯然已經確定最重要的生存條件，從長遠來看就是——永遠不要忘記我們需要彼此。

理解消費文化之痛，放眼永續的生存方式

消費文化本應是不可抗拒的。早在一九八四年，漫畫家拉森（Gary Larson）就發表一則漫畫反映當時對狩獵採集文化的新看法。他描繪出一個卡通化的部落，人們的鼻子裡套著骨頭裝飾，從窗戶中望向遠方身著獵裝的研究人員划槳往小屋前進。其中一位部落住民大聲警告：「人類學家來了！人類學家來了！」其他人則忙著隱藏屋中的電燈、電話、電視和錄影機。

同年，美國人類學家威爾克（Richard Wilk）發表一篇論文，題為《印第安人為什麼穿愛迪達？》（*Why do the Indians Wear Adidas?*），如今這篇文章被視為經典邪說而受到喜愛及推崇。一九六〇年代的研究人員曾告訴世界大眾，狩獵採集者的生活方式其實比任何人想像的都要好，造成大眾對於類似朱卡瓦西人的群體有了許多浪漫的想像。大眾沒有改變對物質財富的追求，卻深信地球上仍然有一些文化沒有遭到消費主義腐敗力量的影響。有一段時間，該研究領域的入門教科書傳達的是狩獵採集者擁有「近乎完美的生活」，然而與此同時，真正的狩獵採集者正在購物。

威爾克告訴我：「很難描述我們接受的人類學教育與真正進入田野時看到的景象之間，存有多麼

巨大的差異。」一九七九年，他來到貝里斯參訪逵希文化（Q'eqchi'。譯註。逵希人是馬雅人的分支，主要分布在瓜地馬拉與貝里斯），進行碩士論文的實地考察。「到達的第一天我住在村子裡，看著騾子馱著可口可樂的箱子，向更偏遠的村莊走去。」

威爾克與亞諾德（Eric J. Arnould）共同撰寫的論文，收集來自全球各地類似的觀察結果：秘魯原住民攜帶的長方形岩石，漆成電晶體收音機的樣子；衣索比亞偏遠角落的版納人（Banna），排隊付費欣賞3D觀片機裡的迪士尼幻燈片；亞利桑那州的阿帕契原住民成年禮上，大規模重新分配碳酸飲料。對許多西方人來說，這些報導令人失望，表明伊甸園最終還是崩毀了。對於其他人而言，則再次確認消費文化本身就代表進步，人們是否完全成為消費者的唯一因素，是他們有多少機會獲得商品和服務，以及必須為此支付多少費用。

許多研究證實，世界文化萬花筒提供許多應對消費文化的方式，因此消費主義並非不可避免。有些文化消耗的資源很多，有些則消耗得很少；有些文化中存在集體消費，另一些則著重私人消費；有些人將物質主義置於社會核心，另一些則視物質為敝屣。不過多數人都意識到消費文化的力量越來越強大。「它在不穩定和矛盾的情況下、在社會混亂和個體流動頻繁的情況下，迅速茁壯成長。」威爾克說。我們很難忽視此一事實：當前的世界秩序正處於這種情形中，消費文化創造出一個刺激循環、自我茁壯的環境。

朱卡瓦西人並沒有停留在過去。相反地，他們看到了今天這個不穩定且混亂的世界，並秉持一貫的態度。也許我們現在更應該比過去多依賴他人一些。新冠疫情的流行讓我們看到，如果我們在生活順利時都決定放棄彼此協助，在應當共患難時就會更難重拾這份互助關係。儘管生活中面對許多挑戰，但朱卡瓦西人知道自己站在正確的基礎上。

隨著金色蛋黃般的太陽沒入地平線，都因波斯的火堆上正燉煮著一大鍋食物，而孩子們已經吃著烤甲蟲當開胃菜了。現在整個村子的人都圍坐在毛毯上高聲談笑，孤獨似乎在此無容身之地，因為幾乎所有人都與他人有所接觸：人們的腿相互交疊、雙手放在對方肩上、孩子坐在腿上、人與人背靠背。這種氣氛如此喜慶，以至於我開始懷疑自己是否參加了一場特殊的聚會，要慶祝什麼特別的事情。

身旁的年輕女子似乎被我的問題搞糊塗了。她抬頭觀看現場一圈，最後回答：「不，這就是我們吃晚餐的方式。」

也許她是對的，也許在世界停止購物十五萬年後，我們也會得出同樣的結論：生命中最重要的是彼此需要。

簡單生活會導向更簡單的生活，之後還會變得更加簡單，直到我們逐漸重新學習如何以這種永續的方式生存。即使人類可以發明各種方法讓資源得以無限使用，最終可能會發覺自己並不想把所有東西消耗殆盡。未來的人類會怎麼評價當今的消費時代？這僅僅是一次失誤？一種奇怪的異常狀態？還是人類漫長歷史中的一次偏移？

我們必須重新回到這條時間線上，許自己一個未來。

終章／開始行動

There's a better way to stop shopping

寫了一本關於消費的書之後，意想不到的結果是，我發現自己買得更多。

我買了一條有良心到近乎可笑的牛仔褲。它在威爾斯一家重新復業的牛仔褲工廠中製造，使用可能是世界上最環保牛仔布廠生產的耐用牛仔布，並用某種棕櫚樹製造的天然廢料染成灰色；我投資了一把價值五十美元的掃帚，估計使用壽命為二十年。它是由溫哥華的古董機器手工製造，店裡只有史威格姐妹（Mary and Sarah Schwieger）為製造掃帚提供動力。我想可以說這是一項去消費商品（「今天的經濟是建立在持續成長的基礎上，但我們的店不是。」瑪麗告訴我）；我買了二手衣服，還有一把安全刮鬍刀，我想這輩子再也不用買拋棄式的刮鬍刀了。

我這波購物狂潮是清晰思考後做的決定。我意識到消費行為變得如此複雜，背後又有各種議題角力，因此過去經常完全避免它。現在大量研究這個主題後，**我知道自己想要什麼樣的消費，也希望自己擁有的物品能善盡功能，讓我持續使用很長一段時間、能以符合個人價值觀的方式製造、能提供持久的滿足感。**

我也做了許多不購物的行為：我修改一件風衣以符合現在的潮流、換了鞋子的鞋跟、修好自己的烤麵包機、縫合衣服上裂開的接縫、更換衣服上丟失的鈕扣、修理舊手機而不是購買新手機。正如大蕭條時期的諺語所說，我把東西「用得一乾二淨、用到破皮穿孔、盡量修理，或者乾脆另想辦法」。在所有我想買但沒有買的東西中，我現在只記得一樣（新睡袋），這表示我們的物欲通常極其短暫。四面環顧，我最近購買的東西都沒有讓我後悔或擱置不用，我的選擇讓我無比輕鬆。

作為消費者，我現在關注的焦點更少，但一切的品質都變得更好：商品、旅行、活動、YouTube影片、花在社群媒體上的時間。藉由做出這些選擇，我獲得空間時間，可以拿來進行更多簡單的事情，如閱讀、散步、與人交談。我已經知道自己會滿足這種新生活，也確實覺得這些變化讓生活變得更好，也使物質主義削弱對我的控制力。但我還沒有學會停止長時間工作，也依然覺得在如此不穩定的時期靠更少的收入生活讓我很焦慮；我也還沒真正學會安靜地坐著思考，至少現在還沒有。

你也有充分的理由可以停止購物。消費主義很可能在經濟上傷害了你，用你不需要或不喜歡的東西打亂生活，浪費了你可以好好利用的時間和注意力，或者助長你深切關心的全球生態危機。也許你在簡單中看到機會去擁有更多計畫外的時間、自由、平靜或人際聯繫。消費可能曾讓你感到空洞，好似一連串瑣碎事務，似乎永遠不會帶來任何成果。總之，讓我們放慢腳步，停下來好好呼吸。你可能會像許多人一樣，發現**「少花錢」是過上幸福生活的祕訣**。

但能否容忍我再討論一件矛盾的事？

事實上，停止購物並不會讓我們更接近低消費社會。歷史清楚地告訴我們，有利於消費主義的力量成千上萬，從社會慣性到順從潮流的壓力，再到根據經濟成長百分點上下台的政府，或是規模龐大的廣告機器（其市場價值數兆美元，急著滿足投資人的口袋），都比敦促我們過上簡單生活的流行運動，產生了更大的影響力。

清教徒原本因爲厭惡歐洲腐敗的道德和物質主義而逃離歐洲大陸。他們在美國重新開始，過著樸實且虔誠的生活。然而一個世代之後，他們卻沉浸在炒地、追逐財富和炫耀性消費中。

早期的美國愛國者（也就是後來的美國開國元勳）曾將「簡單」作為美國高度理想的典範。他們認為推翻英國之後，肯定能過上這種理想生活。然而革命成功之後，他們卻對新國家陷入虛榮、自私和奢侈消費感到絕望。

美國文豪梭羅在十九世紀中葉提出「簡化再簡化」的主張，認為這種做法可以幫助我們免於將時間交給老闆和不喜歡的差事。然而在他的時代，即便這個想法廣受推崇卻很少有人遵循。梭羅本人也曾承認，他的話比他的行動更有說服力。「我說的是一回事，做的是一回事。」

歷史上發生一次次的返土歸田運動（Back-to-the-land movement），接著是一波波與自然重新連結的運動，而後居家整理變成一種時尚，人們擔心現代生活的節奏會令人神經緊張……這些風潮一次又一次地湧起，接著再被前所未有的消費熱潮迎頭蓋過。特立獨行的嬉皮世代老化成高消費的嬰兒潮退休人士；X 世代拒絕一九八〇年代的炫耀性消費，只是為了採用心理學家米勒（Geoffrey Miller）所謂的「精準炫耀」，公開展示擁有物品的工藝、品質、出處和道德良知，讓「消費定位」變得比過去更清晰也更複雜；千禧世代以購買更少物品轉為擁有更多「體驗」而聞名，並且經常增加自己的生態足跡。當新冠疫情阻擋著消費經濟，我們告訴自己一切都會自此改變時，歷史正在一旁掩嘴偷笑。

歷史學家施大衛將這種變化稱為「節拍器行為」（metronome behavior）。歷史的擺桿一直在「簡單即為時尚」或「沒人想要簡單」兩種時代間來回。他的研究得出一個結論：簡單的生活注定是少數人的道德，每個時代都會吸引一些人（有時吸引很多人）追隨，但絕不會把多數人都引來，因為少永遠不可能變成多。因此，藉由減少消費可以成為自己想要的人，但你不會改變世界。

這當然是個問題，因為購物正在摧毀我們賴以生存的星球。

我們一再失敗的簡單生活並沒有真正使情況絕望。**正由於個人選擇減少消費無法實現「去消費」的世界，因此我們必須嘗試其他方法。讓世界停止購物不只是個目標，而是必須完成的任務。**

邁入低消費社會，改變未來

塔克曼襯衫可能是世界上最永續經營的襯衫製造商。我詢問林德勒，如果可以用魔杖改變一件事，協助創造一種買得更好、消費更少的經濟，她會選擇改變什麼？她想了一會兒（事實上是想了一夜），並為她的回答並不神奇且相當技術性而道歉：她會讓價格反應消費經濟中的所有真相。「你必須給我一根超級大魔杖。」她說。

目前的商品價格反映出人們對商品和服務的需求，以及生產的材料、能源、製造、行銷、運輸成

本。**然而生產和消費的後果大多被排除在外**，如：汙染、土壤侵蝕、碳排放、棲息地喪失，再到所有這些對人類健康的影響，以及氣候巨變後野火、洪水和風暴造成難以置信的破壞；更不用說地球上每年有二十億噸垃圾的負擔，我們也使已經存活百萬年的古老物種滅絕，造成無法估量的道德傷害。

現在這些成本並非由生產者、投資者或消費者任何一方獨力承擔，而是由整個社會承擔。經濟學家稱其為「外部成本」，因為這些都是在供應鏈之外進行。然而就像經濟創造的財富，其外部成本永遠不會公平分享。回想一下孟加拉人，他們首當其沖遭受洪水、颶風、有毒空氣和水的侵襲。消費主義最野蠻又諷刺是，消費最少的人往往比消費最多的人遭受更大的消費傷害。

氣候變化是消費主義終極的外部成本。在它威脅到文明的未來之前，帳面上可是一點都看不到它的蹤影。英國經濟學家斯特恩（Nicholas Stern）稱這個現象為有史以來最嚴重、範圍最廣的市場失靈。現在，全球各國政府開始為氣候汙染定價，通常是對「碳排放」徵稅，讓工業和消費者支付的費用接近燃燒化石燃料的真實成本。

林德勒說，對其他自然資源採取類似的方法，將使塔克曼的襯衫更具成本競爭力：在課徵碳排放稅之後，也許以永續農法種植的有機棉花，其成本將與使用汙染性肥料和殺蟲劑種植的棉花相同，甚至更低。每件一次性襯衫背後都有其沉重的社會和生態足跡，這會讓一件經久耐用的襯衫突然間變得更便宜。

事實上，任何產品都是如此。森林蓄水、為成千上萬的物種提供家園、穩定氣候，並為居住或參觀的人們提供快樂和慰藉。如果砍伐樹木的權利金更高，它將用以建造更經久耐用的建築而不是用過即丟，房屋拆除後的木框也不會被焚燒或填埋。如果定價電子設備時，也計算因開採其中使用的稀土金屬而毀壞的土地和水路成本，人們將會選擇修理或翻新電子設備，而不是每兩年就更換。

如果你想要更少但更好的東西，當然可以透過購買獲得，現在也有越來越多企業生產優質商品。然而這種消費並不會改變背後的經濟系統，消費主義最終依舊與這些綠色企業（以及你這位綠色客戶）的目的相悖。我們或許可以藉由購物，進入高價耐用品的市場（如很少有人願意或能購買的有機食品和綠色消費），但我們無法透過購物進入一個停止購物的世界。

個人選擇減少消費所能達到的效果，都不足以支持任何一種去消費方案。我們可以暫停不間斷的收入和支出循環，稍微喘一口氣，卻需要整個社區，甚至整個國家一起努力，才能恢復非商業的時間；我可以成為不消費的人，但這會使我變成社會邊緣人，甚至遭到群體拋棄，因此難以堅持到底。個人減少的消費不會迫使政府立法要求廠商提供產品修復、解決收入不平等和財務不安全引起的過度消費，或不在聚焦於GDP成長；它也不會創造公民身分、參與者身分或任何其他社會角色，以取代現有的消費者身分。

我對里滕貝爾和肖夫的研究很感興趣，於是我也選擇生活在更有變化的自然溫度中。正如科學所預測的，我已經開始享受一天中的溫度變化及四季的冷熱循環，但我完全沒有改變社會和科技的趨勢，溫度控制的能源需求依然穩定成長。

幸運的是，已經有各種點子可以實現本書中出現的「去消費社會」。如：壽命標籤可以提高產品的耐用性；新的稅收制度和法規有利於可維修物品；工作共享計畫和更短的工作日或工作周，則可以讓人們在更慢、更小的經濟體中繼續就業；財富重新分配可以扭轉不平等，或防止不平等在低消費世界惡化；有保障的基本收入，使那些願意簡單生活、想減少工作時間或完全退出勞動力市場的人可以貫徹自己的選擇。在消費資本主義文化中，這種選擇經常被譴責為懶惰或缺乏野心，但在去消費的社會中則可能受到欽佩，因為這個選擇成功地讓生活更充足。

我以觀察者的身分開始這次思想實驗，想親眼看看一個停止購物的世界會走向何方（而不是被他人理論引導），但最後我得到相同的結論：**去成長和福利經濟運動（不採用GDP，而是以改善公民生活品質能力來衡量），重新定義出一套思想和生活方式，讓我們擺脫不停擴張且無情破壞一切的經濟模式。解決消費資本主義不需百家爭鳴，而是要觀點一致。**

你我依舊可以出於私人原因減少消費，但是個人可以扮演更多角色。一個停止購物的世界需要新產品和服務，需要新理論讓經濟運作，需要新方式讓我們在生活中創造意義，也需要新的經商模式、新習慣、新政策、新的抗議運動、新的基礎設施。正如科技記者德克爾所說：「我們必須重新思索一切。」

地球上幾乎每個人都熟悉這種變化的規模。我們生活在一個創新的時代，從汽車、電腦和智慧型手機等商品的引進，到太空旅遊和全球一日航運等服務的出現，再到全球各地都連上網路的系統性轉變。甚至在新冠疫情之前，生活各個領域的變化早已席捲你我。其中許多變化令人興奮，而向低消費社會的過渡，將會是一次深刻的轉變。

我們也生活在一個經濟鏈被切成破碎片段的時代，資本主義則繼續聲稱這是一種「權利」。製造業從較富裕的國家轉移到較貧窮的國家，留下遭遺棄的銹帶（rust-belt。譯註。對美國自一九八〇年代起工業衰退地區的非正式稱呼，主要由五大湖區城市群組成）；網路購物導致實體企業大規模倒閉，被稱為「零售末日」。目前仍不知道我們能否將以更成熟、更謹慎的態度，面對即將到來的其他變化，人工智慧和虛擬實境只是兩種有望引起重大社會改變的新興技術（掰掰卡車司機，哈囉自動駕駛汽車）。

這並不是面對事情的正確方式，卻是事情通常發生的方式。任何消費減緩，都可能帶來人類面臨過的嚴重經濟衰退，因此應該更加謹慎地關懷那些弱勢群體。**解決消費者困境是我們這個時代最緊迫的挑戰**，它引發所有其他重大問題。歷史上人類曾忍受多次徹底的變化，其背後的原因可能都不見得有這麼重要。

迄今為止有望拯救地球的那些技術呢？可再生能源呢？回收、節水、有機農業、自行車道、電動汽車、步行城市和其他所有提案呢？它們能減少資源消耗的潛力甚至比過去更為重要，但關鍵在於唯有不再受到消費文化的破壞和抵制，最終才有可能達到目的。技術可以降低消費需要減少的程度，而減少消費則能夠縮小技術需要跨越的差距，不僅能彼此爭取時間，也可以為人類爭取時間。

本書一開始提出一個問題：**我們可以解決「消費者困境」嗎？答案是可以的**。**只要讓追求無盡擴張的經濟緩下腳步，就可以放眼在更長遠、歷史中更常見的平緩成長上**。**智慧和創意則可以幫助我們調整與適應**。

另一個比較個人化的問題：「我們真的想要減少消費嗎？」則比較難回答。許多證據都顯示，人們確實在低消費的社會中較幸福、壓力較小、工作較少（或者有意義的工作增加），也有較多時間可以花在重要的人事物上；身邊的物品也會比較美觀或比較耐用，甚至既美觀又耐用，可以成為承載回憶的船隻。

或許低消費社會中最好的事情是，我們可以體驗到地球起死回生的過程，看到清澈的泉水、蔚藍的天空、更多森林、更多夜鶯、更多鯨魚。停止購物的這一天，許多人會發現這才是他們想要的世界，但也會有人視其為惡托邦（dystopia。譯註。又稱反烏托邦，一種不得人心、令人恐懼、反人類的社會）。

讓我們以一個比較合理的目標開始：在富裕國家內減少五％的消費。這會讓我們回到幾年前的生活方式，而幾乎難以察覺其中的差異。但一切會就此踏上改變的道路，從物欲到經濟生活在社會中的角色，最終到地球氣候的未來。

這可能會是我們習慣的世界即將終結，但絕不會是世界的終結。

謝辭

Acknowledgements

首先，我要感謝編寫本書時採訪過的每一個人，感謝他們與我分享自己的見解和經驗，並願意與這本富有想像力的非小說作品攜手共進。無論您的大名是否出現在這幾頁，請相信各位的貢獻是無價的，我非常感謝大家願意參與這場人類對話。

本書遵循非虛構的思想實驗，和重新想像現實這兩項傳統寫作而成。有兩本經典作品對我深有啟發：魏斯曼（Alan Weisman）的《沒有我們的世界》（*The World Without Us*），以及莫里斯（William Morris）的《烏有鄉消息》（*News from Nowhere*）。

成書過程中，有許多人竭盡心力幫助我獲得資源及安排旅程。在此感謝：Levi Strauss & Co. 的 Amber McCasland 與 Phil Zabriskie；厄瓜多的 Juan Andrés Portilla；芬蘭的 Vera Schoultz、Anu Partanen、Anna Alanko 與 Saska Saarikoski；英國的 Jenny Poulter、Jamie Burdett，以及 Jonathan Wise、Lucy Clayton、James Parr 替我在倫敦組織了一場精彩的晚間對談；

西雅圖作家 Emma Marris 提供我有用的聯絡資訊；地理學家 Peter Matanle 充滿洞見的研究將我帶到日本，而 Tetsuo Ikeda、Yoshihiro Nakano、Andrew Sutter 與 Yasuyuki Sato 極為慷慨地接待我；在納米比亞，James Suzman 與 Megan Laws 給了我重要的指引。我也非常感謝美國勞工統計局、美國經濟分析局、哥倫比亞大學圖書館以及溫哥華公立圖書館辛勤的員工們，圖書館一直是低消費社會的楷模。

創作過程中，我與許多人一起緊密共事：令人讚嘆的 Joanne Will 幫助我打下了本書的基礎；Maho Harada 是我在日本的口譯、筆譯，也替我敲定許多安排，最重要的是，我很感謝與她之間的友誼；在納米比亞，Oma Leon Tsamkxao 和 Steve ǀKunta 是我的指路明燈。Tuomo Neuvonen 和 ǀAi!ae Fridrick ǀKunta 為我翻譯；我還要感謝 Tilman Lewis、Aline Bouwman 和 Deirdre Molina 對本書最終編輯的精巧協助。

身邊的朋友們也竭盡全力幫助我，而我似乎從未找到任何適當的回報方式。非常感謝 Jennifer Jacquet、Lara Honrado、Joanna Wong、Yoshi Sugiyama、Vanessa Timmer、Paul Shoebridge、Michael Simons、Ronald Wright 和 Ruben Anderson。我還要向郵件通訊錄中的讀者表達深切感謝，感謝他們長久以來的支持和實用的建議（可以透過我個人網頁上的聯繫方式，寄送電子郵件給我以加入我的通訊錄）。

在出版過程中，Jim Rutman 提供重要的初步回饋，此後他和他的同事們全力幫助我實現這個專案；Matt Weiland 是我在出版業中遇到最好的人之一；我也感謝 Emma Janaskie 的及時支持。我的編輯們使這本書變得更好，並將它引導到更接近我最初的願景，這是迄今為止我寫的任何其他書都難以企及的；謝謝你們，Anne Collins、Sara Birmingham與Stuart Williams。本書的一些中期成果曾發表於《紐約客》和《大西洋月刊》上；我特別感謝Jeremy Keehn和Michelle Nijhuis的出色編輯指導。我同時也非常感謝Vancouver FCC的所有成員。

我致上對Alisa的終生感激，感謝妳一切的一切。

最後，我向可能遺忘的人表示歉意和感謝。我在謝辭中提到的所有人，他們對本書中最好的部分做出貢獻；本書中任何不足之處，包括任何錯誤，都應由我獨力承擔。

我很感激在本書創作的關鍵階段，獲得Access Copyright Foundation的資助，該基金會是一個代表作家和其他創作者的非營利性版權許可組織。

參考書目

以下按章節列出啟發或影響思考與寫作的主要資料來源。如果對任何特定事實來源有疑問，請直接透過網站與我聯繫：jbmackinnon.com

在此，要特別提到對很多章節內容有貢獻的兩本書：川特曼的《爆買帝國：從需要到渴望，消費主義席捲全球600年文明史消費史》、皮凱提的《二十一世紀資本論》。

我對美國個人消費的統計數據，基本上來自美國經濟分析局（United States Bureau of Economic Analysis, BEA）和美國勞工統計局（US Bureau of Labor Statistics, BLS）的數據；全球範圍內的類似數據，則通常來自聯合國（如聯合國經濟和社會事務部）或世界銀行。我也經常從《紐約時報》和《衛報》的報導中獲得資訊。

序／難以自拔

除了以下列出的書籍、報告和研究之外，本章囊括的各種事實來自全球生態足跡網絡、聯合國糧食及農業組織、國際能源署、氣候和能源機構碳簡報（Carbon Brief）、白宮檔案館、中國國家統計局和世界經濟論壇。

1. Elhacham, Emily, Liad Ben-Uri, Jonathan Grozovski, Yinon M. Bar-On, and Ron Milo. "Global human-made mass

exceeds all living biomass." *Nature* 588 (2020): 422-444.

2. Ellen MacArthur Foundation. *A New Textiles Economy: Redesigning Fashion's Future*. Ellen MacArthur Foundation, 2017.
3. Kaza, Silpa, Lisa Yao, Perinaz Bhada-Tata, and Frank Van Woerden. *What a Waste 2.0: A Global Snapshot of Solid Waste Management to 2050*. World Bank, 2018.
4. Laws, Megan. "All Things Being Equal: Uncertainty, Ambivalence and Trust in a Namibian Conservancy." PhD diss., The London School of Economics and Political Science, 2019.
5. Lee, Richard Borshay, and Irven DeVore. *Man the Hunter*. Transaction, 1968.
6. MacKinnon, J.B. "Can We Stop Global Warming and Still Grow?" *New Yorker*, March 27, 2017.
7. Mueller, Paul D. "Adam Smith's Views on Consumption and Happiness." *Adam Smith Review* 8 (2014): 277–89.
8. Oberle, Bruno, Stefan Bringezu, Steve Hatfield-Dodds, Stefanie Hellweg, Heinz Schandl, et al. *Global Resources Outlook 2019: Natural Resources for the Future We Want*. UN Environment Program International Resource Panel, 2019.
9. Remy, Nathalie, Eveline Speelman, and Steven Swartz. *Style That's Sustainable: A New Fast-Fashion Formula*. McKinsey & Company, 2016.
10. Rose, A., and S. B. Blomberg. "Total Economic Impacts of a Terrorist Attack: Insights from 9/11." *Peace Economics, Peace Science, and Public Policy* 16, no. 1 (2010): 2.
11. Shi, David E. *The Simple Life*. New York: Oxford University Press, 1985.
12. Suzman, James. *Affluence without Abundance*. New York: Bloomsbury, 2017.（中譯本：《原始富足：布希曼族的生存之道，以及他們能教給我們什麼？》2020 年 6 月，八旗文化，台北）
13. Zalasiewicz, Jan, Mark Williams, Colin N. Waters, Anthony D. Barnosky, John Palmesino, et al. "Scale and Diversity

of the Physical Technosphere: A Geological Perspective." *Anthropocene Review* 4, no. 1 (2017): 9–22.

01 / 取捨之間

除了下列資料來源外，尚有從 Levi Strauss & Co、ＢＥＡ、美國全國經濟研究（National Bureau of Economic Research, NBER）得到的資訊與數據。

1. Dittmar, Helga, Rod Bond, Megan Hurst, and Tim Kasser. "The Relationship between Materialism and Personal Well-being: A Meta- analysis." *Journal of Personality and Social Psychology* 107, no. 5 (2014): 879-924.
2. Jacobs, Meg. "America's Never-Ending Oil Consumption." *The Atlantic*, May 15, 2016.
3. Jacobs, Meg. *Panic at the Pump: The Energy Crisis and the Transformation of American Politics in the 1970s.* New York: Hill and Wang, 2016.
4. Lee, Michael S.W., and Christie Seo Youn Ahn. "Anti-consumption, Materialism, and Consumer Well-being." *Journal of Consumer Affairs* 50, no. 1 (2016): 18–47.
5. Miller, Daniel. *The Comfort of Things.* Cambridge: Polity, 2008.
6. Miller, Daniel. *Consumption and Its Consequences.* Cambridge: Polity, 2012.
7. Museum of Modern Art. *Fashion Is Kale* (symposium), New York. Filmed October 19, 2017.
8. Putt del Pino, S., E. Metzger, D. Drew, and K. Moss. "The Elephant in the Boardroom: Why Unchecked Consumption Is Not an Option in Tomorrow's Markets." Washington, DC: World Resources Institute, 2017.

9. Trentmann, Frank. *Empire of Things*. London: Allen Lane, 2017.（中譯本：《爆買帝國：從需要到渴望，消費主義席捲全球６００年文明史消費史》，2019年8月，野人出版，新北）
10. Wilk, Richard R. "Consumer Cultures Past, Present, and Future." *In Sustainable Consumption: Multi-disciplinary Perspectives*, edited by Alistair Ulph and Dale Southerton, 315–36. Oxford: Oxford University Press, 2014.

02／公平原則

本章其他資料來源包括包括厄瓜多政府、美國經濟政策研究所（Economic Policy Institute）、聯合國開發計畫署、美國人口普查局、世界銀行、世界觀察組織、世界幸福指數報告（World Happiness Report）和快樂星球指數（Happy Planet Index）。

1. Jacobs, Meg. *Pocketbook Politics: Economic Citizenship in Twentieth-Century America*. Princeton: Princeton University Press, 2005.
2. Steinbeck, John. *Log from the Sea of Cortez*. New York: Viking, 1941.
3. Trentmann. *Empire of Things*.
4. York University Ecological Footprint Initiative and Global Footprint Network. National Footprint and Biocapacity Accounts, 2021 edition.

03 / 時光倒流

本章資料也得益於美國最高法院的紀錄。

1. Cohen, Lizabeth. “From Town Center to Shopping Center: The Reconfiguration of Community Marketplaces in Postwar America.” *American Historical Review* 101, no. 4 (1996): 1050–81.
2. Laband, David N., and Deborah Hendry. *Blue Laws: The History, Economics, and Politics of Sunday-Closing Laws.* Lexington, MA: Lexington Books, 1987.
3. MacKinnon, J.B. “America’s Last Ban on Sunday Shopping.” *New Yorker,* February 7, 2015. Mass-Observation and R. Searle. Meet Yourself on Sunday. London: Naldrett, 1949.
4. Shi. *The Simple Life.*
5. Shulevitz, Judith. *The Sabbath World: Glimpses of a Different Order of Time.* Random House Incorporated, 2011.
6. Trentmann. *Empire of Things.*

04 / 逆轉暖化

特別感謝加拿大協和大學氣候變遷和永續發展研究主席 Damon Matthews 和比利時皇家太空航空研究所的 Tris-sevgeni “Jenny” Stavrakou。其他資訊來源包括《紐約時報》、國際能源署、NASA科學可視化工作室、全球碳計畫、碳簡報，和空氣汙染技術公司 IQAir。

1. IEA. *World Energy Outlook*. Paris: IEA (multiple years).

2. Jackson, Robert B., Josep G. Canadell, Corinne Le Quéré, Robbie M. Andrew, Jan Ivar Korsbakken, et al. "Reaching Peak Emissions." *Nature Climate Change* 6, no. 1 (2016): 7–10.

3. Knight, Kyle W., and Juliet B. Schor. "Economic Growth and Climate Change: A Cross-National Analysis of Territorial and Consumption-Based Carbon Emissions in High-Income Countries." *Sustainability* 6, no. 6 (2014): 3722–31.

4. Masson-Delmotte, V., P. Zhai, H.-O. Pörtner, D. Roberts, J. Skea, et al., eds. *Global Warming of 1.5°C: An IPCC Special Report on the Impacts of Global Warming of 1.5°C above Pre-industrial Levels and Related Global Greenhouse Gas Emission Pathways, in the Context of Strengthening the Global Response to the Threat of Climate Change, Sustainable Development, and Efforts to Eradicate Poverty*. IPCC, 2019.

5. Meadows, D.H., D.L. Meadows, J. Randers, and W.W. Behrens III. *The Limits to Growth: A Report for the Club of Rome's Project on the Predicament of Mankind*. New York: Universe Books, 1972.（中譯本：《成長的極限：三十週年最新增訂版》，2007年1月，臉譜出版，台北）

6. Mian, Atif, and Amir Sufi. *House of Debt*. Chicago: University of Chicago Press, 2014.（中譯本：《窮人為什麼變得更窮？：洞悉金融運作陷阱，掌握經濟關鍵解方》，2015年11月，商業周刊，台北）

7. Ward, James D., Paul C. Sutton, Adrian D. Werner, Robert Costanza, Steve H. Mohr, and Craig T. Simmons. "Is Decoupling G.D.P. Growth from Environmental Impact Possible?" *PloS One* 11, no. 10 (2016): e0164733.

8. Wiedmann, Thomas O., Heinz Schandl, Manfred Lenzen, Daniel Moran, Sangwon Suh, et al. "The Material Footprint of Nations." *Proceedings of the National Academy of Sciences* 112, no. 20 (2015): 6271–76.

9. York, Richard. "De-carbonization in Former Soviet Republics, 1992–2000: The Ecological Consequences of De-mod-

ernization." *Social Problems* 55, no. 3 (2008): 370–90.

05 / 夜幕再臨

本章其他資料來源包括包括ＮＡＳＡ、國際暗天協會（International Dark-Sky Association）、甘迺迪太空中心、以及一九六二年二月二十一日至二十四日的《紐約時報》。Rygard Energy 分析師 Thomas Liles 和昆蟲學家 John Wallace 也提供許多有價值的資訊。

1. Bundervoet, T., et al. "Bright Lights, Big Cities, Measuring National and Subnational Economic Growth in Africa from Outer Space, with an Application to Kenya and Rwanda." Policy Research Working Paper WPS7461, World Bank Group, 2015.
2. Davies, Thomas W., and Tim Smyth. "Why Artificial Light at Night Should Be a Focus for Global Change Research in the Twenty-first Century." *Global Change Biology* 24, no. 3 (2018): 872–82.
3. Elvidge, Christopher D., Feng-Chi Hsu, Kimberly E. Baugh, and Tilottama Ghosh. "National Trends in Satellite-Observed Lighting." *Global Urban Monitoring and Assessment through Earth Observation* 23 (2014): 97–118.
4. Falchi, Fabio, Pierantonio Cinzano, Dan Duriscoe, Christopher C. M. Kyba, Christopher D. Elvidge, et al. "The New World Atlas of Artificial Night Sky Brightness." *Science Advances* 2, no. 6 (2016): e1600377.
5. Glenn, John H., Jr. "Description of the MA-6 Astronomical, Meteorological, and Terrestrial Observations." *Results of the First U.S. Manned Orbital Space Flight February 20, 1962.* NASA: 1962.

6. Green, Judith, Chloe Perkins, Rebecca Steinbach, and Phil Edwards. "Reduced Street Lighting at Night and Health: A Rapid Appraisal of Public Views in England And Wales." *Health & Place* 34 (2015): 171–80.
7. Henderson, J. Vernon, Adam Storeygard, and David N. Weil. "Measuring Economic Growth from Outer Space." *American Economic Review* 102, no. 2 (2012): 994–1028.
8. Hough, Walter. "The Development of Illumination." *American Anthropologist* 3, no.2 (1901): 342–52.
9. Kyba, Christopher C.M., and Franz Hölker. "Do Artificially Illuminated Skies Affect Biodiversity in Nocturnal Landscapes?" *Landscape Ecology* 28 (2013): 1637–40.
10. Kyba, Christopher C.M., Theres Kuester, Alejandro Sónchez De Miguel, Kimberly Baugh, Andreas Jechow, et al. "Artificially Lit Surface of Earth at Night Increasing in Radiance and Extent." *Science Advances* 3, no. 11 (2017): e1701528.
11. Shaw, Robert. "Night as Fragmenting Frontier: Understanding the Night That Remains in an Era of 24/7." *Geography Compass* 9, no. 11 (2015): 637–47.
12. Steinbach, Rebecca, Chloe Perkins, Lisa Tompson, Shane Johnson, Ben Armstrong, et al. "The Effect of Reduced Street Lighting on Road Casualties and Crime in England and Wales: Controlled Interrupted Time Series Analysis." *Journal of Epidemiology and Community Health* 69, no. 11 (2015): 1118–24.
13. Trentmann. *Empire of Things.*

06／停止成長

本章參考的另一項資料來源是甘迺迪圖書館（JFK Library）。以下是對經濟成長提出重要問題的優質書單。

1. Blyth, Mark. *Great Transformations: Economic Ideas and Institutional Change in the Twentieth Century.* Cambridge: Cambridge University Press, 2002.
2. Kallis, Giorgos, Susan Paulson, Giacomo D' Alisa, and Federico Demaria. *The Case for Degrowth.* Oxford: Polity, 2020.
3. Jackson, Tim. *Prosperity without Growth: Foundations for the Economy of Tomorrow,* 2nd ed. Routledge, 2017.（中譯本：《誰說經濟一定要成長？：獻給地球的經濟學》2011 年 3 月，早安財經，台北）
4. Hickel, Jason. *Less Is More: How Degrowth Will Save the World.* London: Penguin Random House, 2020.（中譯本：《少即是多：棄成長如何拯救世界》2022 年 2 月，三采文化，台北）
5. Pilling, David. *The Growth Delusion.* Tim Duggan Books: New York, 2018.（中譯本：《你的幸福不是這個指數：透視經濟成長數據的迷思》2019 年 7 月，聯經出版，台北）
6. Raworth, Kate. *Doughnut Economics: Seven Ways to Think Like a Twenty-first-Century Economist.* White River Junction, VT: Chelsea Green Publishing, 2017.（中譯本：《甜甜圈經濟學：破除成長迷思的 7 個經濟新思考》2020 年 6 月，今周刊出版，台北）
7. Victor, Peter. *Managing without Growth: Slower by Design, Not Disaster,* 2nd ed. Cheltenham, UK: Edward Elgar, 2019.

07 / 返璞歸真

本章非常依賴赫爾辛基大學學者的專業知識和研究，包括消費者社會研究中心的Päivi Timonen：成癮、控制和治療研究中心的Anna Alanko：歷史學家Juha Siltala：媒體研究員Anu Kantola：赫爾辛基城市與區域研究所的Matti Kortteinen。還要感謝記者Saska Saarikovski和芬蘭家政組織Martat。本章另一個資料來源是世界衛生組織。

1. Barro, Robert J., and José F. Ursúa. Macroeconomic Crises since 1870. No. w13940. National Bureau of Economic Research, 2008.
2. Barro, Robert J., and José F. Ursúa. "Rare Macroeconomic Disasters." *Annual Review of Economics* 4, no. 1 (2012): 83–109.
3. Fligstein, Neil, Orestes P. Hastings, and Adam Goldstein. "Keeping Up with the Joneses: How Households Fared in the Era of High Income Inequality and the Housing Price Bubble, 1999–2007." *Socius* 3 (2017).
4. Hennigan, Karen M., Linda Heath, J. D. Wharton, Marlyn L. Del Rosario, Thomas D. Cook, Bobby J. Calder. "Impact of the Introduction of Television on Crime in the United States: Empirical Findings and Theoretical Implications." *Journal of Personality and Social Psychology* 42, no. 3 (1982): 461-477.
5. Jonung, Lars, and Thomas Hagberg. *How Costly Was the Crisis of the 1990s?: A Comparative Analysis of the Deepest Crises in Finland and Sweden over the Last 130 Years.* No. 224. Directorate General Economic and Financial Affairs, European Commission, 2005.
6. Riihelä, Marja, Risto Sullström, and Matti Tuomala. *What Lies behind the Unprecedented Increase in Income Inequality in Finland during the 1990s.* Working Paper 2, Tampere Economic Working Papers Net Series. University of Tampere, 2001.

7. Salokangas, Raimo. "Why Recessions Lower the Impacts on Mental Health." *Duodecim* 111, no. 16 (1995): 1576.
8. Schor, Juliet. "Do Americans Keep Up with the Joneses?: The Impact of Consumption Aspirations on Savings Behaviour." (Courtesy of the author.) May 1997.
9. Schor, Juliet B. *The Overspent American.* New York: Basic Books: 1998.
10. Solnit, Rebecca. *A Paradise Built in Hell.* New York: Viking Penguin: 2009.
11. Veblen, Thorstein B. *The Theory of the Leisure Class.* Oxford: Oxford University Press, 2009 [first published 1899].（中譯本：《有閒階級論》，2007年10月，左岸文化，台北）

08 / 廣告變身

本章其他資料來源包括廣告公司 Glimpse Collective（weglimpse.co），Levi's 企業歷史學家 Tracey Panek，Patagonia, Inc，以及紐約市民計畫（New Citizenship Project）的 Jon Alexander。

1. Kotler, Philip, and Sidney J. Levy. "Demarketing, Yes, Demarketing." *Harvard Business Review* 49, no. 6 (1971): 75–77.
2. MacKinnon, J.B. "Patagonia's Anti-Growth Strategy." *New Yorker,* May 21, 2015.
3. Okazaki, Shintaro, and Barbara Mueller. "The Impact of the Lost Decade on Advertising in Japan: A Grounded Theory Approach." *International Journal of Advertising* 30, no. 2 (2011): 205–32.
4. Picard, Robert G. "Effects of Recessions on Advertising Expenditures: An Exploratory Study of Economic Downturns in Nine Developed Nations." *Journal of Media Economics* 14, no. 1 (2001): 1–14.

5. Ridgeway, Rick. "The Elephant in the Room." Patagonia.com. Fall 2013.
6. Sekhon, Tejvir S., and Catherine A. Armstrong Soule. "Conspicuous Anti-consumption: When Green Demarketing Brands Restore Symbolic Benefits to Anti-consumers." *Psychology & Marketing* 37, no. 2 (2020): 278–90.
7. Trentmann. *Empire of Things.*

09 / 迅速適應

特別感謝非營利組織中外對話（China Dialogue）的 Sam Geall。本章其他資料來源包括自世界銀行和中國對話。

1. Brown, Kirk Warren, Tim Kasser, Richard M. Ryan, and James Konow. "Materialism, Spending, and Affect: An Event-Sampling Study of Marketplace Behavior and Its Affective Costs." *Journal of Happiness Studies* 17, no. 6 (2016): 2277–92.
2. Dittmar et al. "The Relationship between Materialism and Personal Well-being."
3. Geall, Sam, and Adrian Ely. "Narratives and Pathways towards an Ecological Civilization in Contemporary China." *China Quarterly*, 236 (2018): 1175–96.
4. Kasser, Tim. "Materialistic Values and Goals." *Annual Review of Psychology* 67 (2016): 489–514.
5. Kasser, Tim, Katherine L. Rosenblum, Arnold J. Sameroff, Edward L. Deci, Christopher P. Niemiec, et al. "Changes in Materialism, Changes in Psychological Well-being: Evidence from Three Longitudinal Studies and an Intervention Experiment." *Motivation and Emotion* 38, no. 1 (2014): 1–22.

6. Keynes, John Maynard. "Economic Possibilities for Our Grandchildren." 1930.
7. Lekes, Natasha, Nora H. Hope, Lucie Gouveia, Richard Koestner, and Frederick L. Philippe. "Influencing Value Priorities and Increasing Well-being: The Effects of Reflecting on Intrinsic Values." *Journal of Positive Psychology* 7, no. 3 (2012): 249–61.
8. Offer, Avner. The Challenge of Affluence. Oxford: Oxford University Press, 2006. Nasr, Nada. "The Beauty and the Beast of Consumption: A Review of the Consequences of Consumption." *Journal of Consumer Marketing* 36, no. 7 (2019): 911–25
9. Wang, Haining, Zhiming Cheng, and Russell Smyth. "Wealth, Happiness and Happiness Inequality in China." *In Wealth(s) and Subjective Well-being,* edited by Gaël Brule and Christian Suter, 445–61. Springer, 2019.

10／人心思變

1. Burawoy, Michael, and Kathryn Hendley. "Between Perestroika and Privatisation: Divided Strategies and Political Crisis in a Soviet Enterprise." *Soviet Studies* 44, no. 3 (1992): 371–402.
2. Burawoy, Michael, Pavel Krotov, and Tatyana Lytkina. "Involution and Destitution in Capitalist Russia." *Ethnography* 1, no. 1 (2000): 43–65.
3. Eichengreen, Barry. *Hall of Mirrors: The Great Depression, the Great Recession, and the Uses—and Misuses—of History.* Oxford: Oxford University Press, 2015.

4. Gessen, Masha. "The Dying Russians." *New York Review of Books,* September 2, 2014.
5. Greasley, David, Jakob B. Madsen, and Les Oxley. "Income Uncertainty and Consumer Spending during the Great Depression." *Explorations in Economic History* 38, no. 2 (2001): 225–51.
6. Kindleberger, Charles P., and Robert Z. Aliber. *Manias, Panics, and Crashes,* 6th ed. Palgrave MacMillan, 2011.（中譯本：《瘋狂、恐慌與崩盤：一部投資人必讀的金融崩潰史》，2020年7月，樂金文化，台北）
7. Oberle et al. Global Resources Outlook 2019.
8. Southworth, Caleb. "The Dacha Debate: Household Agriculture and Labor Markets in Post-Socialist Russia." *Rural Sociology* 71, no. 3 (2006): 451–78.
9. Romer, Christina D. "The Nation in Depression." *Journal of Economic Perspectives* 7, no. 2 (1993): 19–39.
10. Terkel, Studs. *Hard Times: An Oral History of the Great Depression.* Pantheon: New York, 1986 [first published 1970].
11. York. "De-carbonization in Former Soviet Republics."

11 / **惜福愛物**

感謝永續消費研究和行動倡議（Sustainable Consumption Research and Action Initiative）成員不吝為本章內容提供許多指引。

1. Cooper, Tim, ed. *Longer Lasting Products: Alternatives to the Throwaway Society.* CRC Press, 2016.
2. Cooper, Tim, Naomi Braithwaite, Mariale Moreno, Giuseppe Salvia. *Product Lifetimes and the Environment: Draft Conference*

Proceedings. Nottingham: Nottingham Trent University, 2015.
3. Dupuis, Russell D., and Michael R. Krames. "History, Development, and Applications of High-Brightness Visible Light-Emitting Diodes." *Journal of Lightwave Technology* 26, no. 9 (2008): 1154–71.
4. Karana, Elvin, Owain Pedgley, and Valentina Rognoli, eds. *Materials Experience.* Butterworth-Heineman, 2014.
5. Krajewski, Markus. "The Great Lightbulb Conspiracy." *Spectrum,* IEEE 51, no. 10 (2014): 56–61.
6. Jackson, John Brickerhoff. *The Necessity for Ruins.* Amherst, MA: University of Massachusetts Press, 1980.
7. MacKinnon, J.B. "The LED Quandary: Why There's No Such Thing as 'Built to Last.'" *New Yorker,* July 14, 2016.
8. MacKinnon, J.B. "Trying to Solve the LED Quandary." *New Yorker,* Oct. 5, 2016.
9. Mostafavi, Moshen, and David Leatherbarrow. *On Weathering.* Cambridge, MA: MIT Press: 1993.
10. Trentmann. *Empire of Things.*
11. Weiser, Harald, and Tröger, Nina. "The Use-Time and Obsolescence of Durable Goods in the Age of Acceleration." BEUC/ European Consumer Organization, 2015.

12 / 放慢時尚

本章資料的另一來源是工人權利聯盟（Worker Rights Consortium）。

1. Ashmore, Sonia. "Handcraft as Luxury in Bangladesh: Weaving Jamdani in the Twenty-first Century." *International Journal of Fashion Studies* 5, no. 2 (2018): 389–97.

2. Berg, A., M. Heyn, E. Hunter, F. Rölkens, P. Simon, and H. Yankelevich. *Measuring the Fashion World.* McKinsey & Company, 2018.

3. de Wit, Marc, Jelmer Hoogzaad, Shyaam Ramkumar, Harald Friedl, and Annerieke Douma. *The Circularity Gap Report.* Circle Economy, 2018.

4. Ellen MacArthur Foundation, *A New Textiles Economy.*

5. Leitheiser, Erin, Syeda Nusaiba Hossain, Shuvro Sen, Gulfam Tasnim, Jeremy Moon, et al. "Early Impacts of Coronavirus on Bangladesh Apparel Supply Chains." RISC Briefing, Danida—Ministry of Foreign Affairs of Denmark, 2020.

6. Majima, Shinobu. "Fashion and the Mass Consumer Society in Britain, c. 1950–2001." PhD diss., University of Oxford, 2006.

7. Putt del Pino et al. "The Elephant in the Boardroom."

8. Remy, Speelman, and Swartz. *Style That's Sustainable.*

9. ThredUp. *Resale Report.* ThredUp, 2019.

10. Trentmann. *Empire of Things.*

11. US Bureau of Labor Statistics. *100 Years of US Consumer Spending: Data for the Nation, New York City, and Boston.* US Department of Labour, 2006.

13／百年老店

本章其他資料來源包括虎屋檔案館、以諾協會（The Henokiens）、歐洲工商管理學院的溫德爾家族企業國際研究中心、公平手機、《低科技》雜誌。

1. Anthony, Scott D., S. Patrick Viguerie, Evan I. Schwartz, and John Van Landeghem. *2018 Corporate Longevity Forecast: Creative Destruction Is Accelerating*. Innosight, 2018.
2. Daepp, Madeleine I. G., Marcus J. Hamilton, Geoffrey B. West, and LuHs M. A. Bettencourt. "The Mortality of Companies." Journal of The Royal Society Interface 12, no. 106 (2015).
3. Pilling, David. *Bending Adversity: Japan and the Art of Survival*. New York: Penguin, 2014.（中譯本：《底氣：逆境求生的藝術，從日本看見自己》，2020年8月（第二版），遠足文化，新北）
4. Mulgan, Geoff. *Good and Bad Innovation: What Kind of Theory and Practice Do We Need to Distinguish Them?* London: Nesta, 2016.
5. Wang, Yangbo, and Haoyong Zhou. *Are Family Firms Better Performers during the Financial Crisis?* SSRN Working Papers Series, 2012.

14／身分轉換

本章其他資料來源包括城市參與基金會、日日分享、新市民專案（New Citizenship Project）、大倫敦政府，以及國際發展重新定義組織（Redefining Progress）。

1. Britton, Tessy. *Hand Made.* 2010.
2. Open Works. *Designed to Scale.* n.d.
3. Participatory City Foundation. *Made to Measure: Year One Report.* Participatory City Foundation, n.d.
4. Participatory City Foundation. *Y2: Tools to Act.* Participatory City Foundation, n.d.

15 / 關掉冷氣

本章其他資料來源包括 DEMAND Centre 及《低科技》雜誌。

1. Ackermann, Marsha. *Cool Comfort: America's Romance with Air-conditioning.* Washington and London: Smithsonian Institution Press, 2002.
2. C40 Cities, Arup, and University of Leeds. *The Future of Urban Consumption in a 1.5 C World.* 2019.
3. Cabanac, Michel. "Physiological Role of Pleasure." *Science* 173, no. 4002 (1971): 1103–7.
4. Cooper, Gail. *Air Conditioning America.* London: The Johns Hopkins University Press, 1998.
5. de Wit et al. *The Circularity Gap Report* (2018).
6. de Wit, Marc, Jacco Verstraeten-Jochemsen, Jelmer Hoogzaad, and Ben Kubbinga. *The Circularity Gap Report 2019.* Circle Economy, 2019.
7. Heschong, Lisa. *Thermal Delight in Architecture.* Cambridge, MA: MIT Press, 1979.
8. Hui, Allison, Theodore Schatzki, and Elizabeth Shove, eds. *The Nexus of Practices: Connections, Constellations, Practitioners.* Tay-

lor & Francis, 2016. Oberle et al. Global Resources Outlook 2019.

9. Shove, Elizabeth. *Comfort, Cleanliness and Convenience: The Social Organization of Normality*. Oxford: Berg, 2003.
10. Trentmann. *Empire of Things*.
11. van Marken Lichtenbelt, Wouter, Mark Hanssen, Hannah Pallubinsky, Boris Kingma, and Lisje Schellen. "Healthy Excursions Outside the Thermal Comfort Zone." *Building Research & Information* 45, no. 7 (2017): 819–27.
12. van Vliet, Bas, Heather Chappells, and Elizabeth Shove. *Infrastructures of Consumption*. Earthscan, 2005.

16 / 金錢陷阱

1. Bataille, Georges. *The Accursed Share, Vol. 1: Consumption*. Zone Books: New York, 1988 [first published 1949].
2. Dьtschke, Elisabeth, Manuel Frondel, Joachim Schleich, and Colin Vance. "Moral Licensing—Another Source of Rebound?" *Frontiers in Energy Research* 6, no. 38 (2018).
3. Hood, Clifton. *In Pursuit of Privilege*. New York: Columbia University Press, 2017.
4. Fouquet, Roger, and Peter J.G. Pearson. "Seven Centuries of Energy Services: The Price and Use of Light in the United Kingdom (1300–2000)." *The Energy Journal* 27, no. 1 (2006).
5. Fouquet, Roger. "Historical Energy Transitions: Speed, Prices, and System Transformation." *Energy Research & Social Science* 22 (2016): 7–12.
6. Inoue, Nozomu, and Shigeru Matsumoto. "An Examination of Losses in Energy Savings after the Japanese Top Run-

ner Program." *Energy Policy* 124 (2019): 312–19.
7. Jevons, William Stanley. *The Coal Question*. 1865.
8. Kallis, Giorgos. *Limits*. Stanford, CA: Stanford University Press, 2019.
9. Kropfeld, Maren Ingrid, Marcelo Vinhal Nepomuceno, and Danilo C. Dantas. "The Ecological Impact of Anticonsumption Lifestyles and Environmental Concern." *Journal of Public Policy & Marketing* 37, no. 2 (2018): 245–59.
10. Makov, Tamar, and David Font Vivanco. "Does the Circular Economy Grow the Pie?: The Case of Rebound Effects from Smartphone Reuse." *Frontiers in Energy Research* 6 (2018).
11. Mueller. "Adam Smith's Views on Consumption and Happiness." Murray, Cameron K."What If Consumers Decided to All 'Go Green'?: Environmental Rebound Effects from Consumption Decisions." *Energy Policy* 54 (2013): 240–56.
12. Smith, Adam. *The Wealth of Nations*. 1776.（中譯本：《國富論》，2000年8月，先覺出版，台北）
13. Stepp, John Richard, Eric C. Jones, Mitchell Pavao-Zuckerman, David Casagrande, and Rebecca K. Zarger. "Remarkable Properties of Human Ecosystems." *Conservation Ecology* 7, no. 3 (2003).
14. Trentmann. *Empire of Things*.
15. Welch, Evelyn. *Shopping in the Renaissance*. New Haven and London: Yale University Press, 2005.

17 / 拯救鯨魚

本章其他資料來源包括國際自然保護聯盟（International Union for Conservation of Nature, IUCN）、瀕危野生動植物

種國際貿易公約，國際愛護動物基金會（International Fund for Animal Welfare），薩摩亞保護協會（Samoa Conservation Society），以及薩摩亞大學的薩摩亞文化研究中心。

1. Drury, Rebecca. "Hungry for Success: Urban Consumer Demand for Wild Animal Products in Vietnam." *Conservation and Society* 9, no. 3 (2011): 247–57.
2. Duffy, Rosaleen. *Nature Crime*. New Haven and London: Yale University Press, 2010.
3. Filous, Alexander, Alan M. Friedlander, Haruko Koike, Marc Lammers, Adam Wong, et al. "Displacement Effects of Heavy Human Use on Coral Reef Predators within the Molokini Marine Life Conservation District." *Marine Pollution Bulletin* 121, no. 1–2 (2017): 274–81.
4. Kraus, Scott D., and Rosalind M. Rolland (eds.). *The Urban Whale*. Cambridge, MA: Harvard University Press, 2007.
5. MacKinnon, J.B. "It's Tough Being a Right Whale These Days." *The Atlantic,* July 30, 2018.
6. MacKinnon, J.B. "The Rich Meals That Keep Wild Animals on the Menu." *The Atlantic,* March 19, 2020.
7. Parry, Luke, Jos Barlow, and Heloisa Pereira. "Wildlife Harvest and Consumption in Amazonia's Urbanized Wilderness." *Conservation Letters* 7, no. 6 (2014): 565–74.
8. Pirotta, Vanessa, Alana Grech, Ian D. Jonsen, William F. Laurance, and Robert G. Harcourt. "Consequences of Global Shipping Traffic for Marine Giants." *Frontiers in Ecology and the Environment* 17, no. 1 (2019): 39–47.
9. Serra, Gianluca, Greg Sherley, S. Afele Faillagi, S. Talie Foliga, Moeumu Uili, et al. "Traditional Ecological Knowledge of the Critically Endangered Tooth-Billed Pigeon Didunculus strigirostris, Endemic to Samoa." *Bird Conservation International* 28, no. 4 (2018): 620–42.
10. Stirnemann, R.L., I.A. Stirnemann, D. Abbot, D. Biggs, and R. Heinsohn. "Interactive Impacts of By-catch Take and

Elite Consumption of Illegal Wildlife.” *Biodiversity and Conservation* 27, no. 4 (2018): 931–46.
11. Truong, V. Dao, Nam V.H. Dang, and C. Michael Hall. “The Marketplace Management of Illegal Elixirs: Illicit Consumption of Rhino Horn.” *Consumption Markets & Culture* 19, no. 4 (2016): 353–69.
12. Quintus, Seth, and Jeffrey T. Clark. “Ritualizing Hierarchy: Power Strategies and Pigeon Catching in Ancient Samoa.” *Journal of Anthropological Research* 75, no. 1 (2019): 48–68.
13. York, Richard. “Why Petroleum Did Not Save the Whales.” *Socius* 3 (2017).

18 / 簡單生活

本章其他資料來源包括美國勞工統計局，以及奧克蘭大學的國際反消費研究中心（International Centre for Anti-consumption Research）。

1. Belk, Russell W. “Worldly Possessions: Issues and Criticisms.” *ACR North American Advances* 10 (1983): 514–19.
2. Brown, Kirk Warren, and Tim Kasser. “Are Psychological and Ecological Well-Being Compatible?: The Role of Values, Mindfulness, and Lifestyle.” *Social Indicators Research* 74, no. 2 (2005): 349–68.
3. Gregg, Richard B. “The Value of Voluntary Simplicity.” *Pendle Hill Essays* 3 (1936).
4. Lee and Ahn. “Anti-consumption, Materialism, and Consumer Well-being.” Miller, Geoffrey. *Spent*. New York: Viking, 2009.
5. Oral, Cansu, and Joy-Yana Thurner. “The Impact of Anti-consumption on Consumer Well-being.” *International Journal*

of Consumer Studies 43, no. 3 (2019): 277–88.
6. *Psychology & Marketing* 37, no. 2 (2020). Special Issue on Anti-consumption.
7. Schor, Juliet B. "Voluntary Downshifting in the 1990s." In *Power, Employment, and Accumulation: Social Structures in Economic Theory and Practice,* edited by Jim Stanford, Lance Taylor, Ellen Houston, and Brant Houston, 66–79. M.E. Sharpe, 2001.
8. Seegebarth, Barbara, Mathias Peyer, Ingo Balderjahn, and Klaus-Peter Wiedmann. "The Sustainability Roots of Anticonsumption Lifestyles and Initial Insights Regarding Their Effects on Consumers' Well-being." *Journal of Consumer Affairs* 50, no. 1 (2016): 68–99.
9. Zavestoski, Stephen. "The Social–psychological Bases of Anti- consumption Attitudes." *Psychology & Marketing* 19, no. 2 (2002): 149–65.

以下是關於一九九〇年代「自願極簡」運動的簡短書單：

1. Andres, Cecile. *The Circle of Simplicity.* New York: HarperCollins, 1997.
2. Dominquez, Joe, and Vicki Robin. *Your Money or Your Life.* New York: Viking, 1992.（中譯本：《富足人生：要錢還是要命》，2002年5月，新自然主義，台北）
3. Elgin, Duane. *Voluntary Simplicity.* Quill, 1998.（中譯本：《簡樸》，2008年7月，立緒，新北）
4. Luhrs, Janet. *The Simple Living Guide.* New York: Harmony, 1997. Schor, Juliet B. The Overspent American. New York: Basic Books, 1998.

19 / 網路購物

特別感謝 PrecisionOS 執行長 Danny Goel，以及 Vancouver VR/AR Association 的主席 Dan Burgar。關於「數位浪潮」的許多細節得益自《紐約時報》與《衛報》的報導。

1. Belk, Russell W., and Rosa Llamas. *The Routledge Companion to Digital Consumption.* New York: Routledge, 2013.
2. Devine, Kyle. *Decomposed: The Political Ecology of Music.* Cambridge, MA: MIT Press, 2019.
3. Galvin, Ray. "The ICT/Electronics Question: Structural Change and the Rebound Effect." *Ecological Economics* 120 (2015): 23–31.
4. Lehdonvirta, Vili. *Virtual Consumption.* Series A-11. Turku, Finland: Turku School of Economics, 2009.
5. Lehdonvirta, Vili, and Edward Castronova. *Virtual Economies: Design and Analysis.* Cambridge, MA: MIT Press, 2014.
6. Pike, Kenneth R., and C. Tyler DesRoches. "Virtual Consumption, Sustainability and Human Well-Being." *Environmental Values* 29, no. 3 (2020): 361–78.
7. Preist, Chris, Daniel Schien, and Paul Shabajee. "Evaluating Sustainable Interaction Design of Digital Services: The Case of YouTube." *In Proceedings of the 2019 CHI Conference on Human Factors in Computing Systems,* 1–12. 2019.
8. Widdicks, Kelly. "Understanding and Mitigating the Impact of Internet Demand in Everyday Life." PhD diss., Lancaster University, 2020.
9. Widdicks, Kelly, and Daniel Pargman. "Breaking the Cornucopian Paradigm: Towards Moderate Internet Use in Everyday Life." *In Proceedings of the Fifth Workshop on Computing within Limits,* 1–8. 2019.
10. World Economic Forum, Global Web Index, and Visual Capitalist. "This Is How COVID-19 Has Changed Media

Habits in Each Generation." 2020.

20 / 人口縮減

感謝去成長學者 Andrew Sutter、Yoshihiro Nakano 為本章提供重要的指引與研究成果。

1. Kishida, Ittaka. "Preparing for a Zero-growth Economy." *Forum Report 008: Reexamining Japan in Global Context Forum.* Tokyo, Japan, May 26, 2015.
2. Matanle, Peter. "Towards an Asia-Pacific 'Depopulation Dividend' in the Twenty-first Century: Regional Growth and Shrinkage in Japan and New Zealand." *Asia-Pacific Journal: Japan Focus* 15, no. 6 (2017).
3. Matanle, Peter, and Yasuyuki Sato. "Coming Soon to a City Near You!: Learning to Live 'Beyond Growth' in Japan's Shrinking Regions." *Social Science Japan Journal* 13, no. 2 (2010): 187–210.
4. Pilling. *Bending Adversity.*
5. Salsberg, Brian, Clay Chandler, and Heang Chhor, eds. *Reimagining Japan: The Quest for a Future That Works.* San Francisco: McKinsey & Co., 2011.

21 / 十五萬年之後

針對不平等議題，位於華盛頓特區的政策研究院（Institute for Policy Studies）有極為豐富的藏書，請參見：Inequality.org

1. Dittmar et al. “The Relationship between Materialism and Personal Well-being.”
2. Goodin, Robert E., James Mahmud Rice, Antti Parpo, and Lina Eriksson. *Discretionary Time: A New Measure of Freedom.* Cambridge: Cambridge University Press, 2008.
3. Kaplan, David. “The Darker Side of the ‘Original Affluent Society.’” *Journal of Anthropological Research* 56, no. 3 (2000): 301–24.
4. Laws. “All Things Being Equal.”
5. Oishi, Shigehiro, Kostadin Kushlev, and Ulrich Schimmack. “Progressive Taxation, Income Inequality, and Happiness.” *American Psychologist* 73, no. 2 (2018): 157.
6. Partanen, Anu. *The Nordic Theory of Everything.* New York: HarperCollins, 2016.（中譯本：《北歐萬有理論：北歐人本 vs. 美國夢，美好生活的終極探求》，2017 年 10 月，奇光出版，台北）
7. Payne, Keith. *The Broken Ladder: How Inequality Affects the Way We Think, Live, and Die.* New York: Penguin Random House, 2017.
8. Suzman. *Affluence without Abundance.*
9. Wilk, Richard R., and Eric J. Arnould. “Why Do the Indians Wear Adidas?: Or, Culture Contact and the Relations of Consumption.” *Journal of Business Anthropology* 5, no. 1 (2016): 6–36.

10. Wilkinson, Richard, and Kate Packett. *The Inner Level: How More Equal Societies Reduce Stress, Restore Sanity and Improve Everyone's Well-being*. New York: Penguin, 2019.（中譯本：《收入不平等：為何他人過得越好，我們越焦慮？》，2019年7月，時報出版，台北）

終章／開始行動

1. Cohen, Maurie J. *The Future of Consumer Society*. Oxford: Oxford University Press, 2017.
2. Cohen, Maurie J., Halina Szejnwald Brown, and Philip J. Vergragt. *Social Change and the Coming of Post-consumer Society*. Milton Park, UK: Routledge, 2017.
3. Kallis et al. *The Case for Degrowth*.
4. Pilling. *The Growth Delusion*.
5. Raworth. *Doughnut Economics*.
6. Roscoe, Philip. *I Spend Therefore I Am*. Toronto: Random House Canada, 2014.
7. Shi. *The Simple Life*.

國家圖書館出版品預行編目 (CIP) 資料

機智購物生活：如果我們不再過度消費，會發生什麼事？一場走遍全球，改寫政經、生態與心理的永續消費反思／詹姆斯・麥金諾（J. B. MacKinnon）著；Geraldine Lee 譯 . -- 初版 . -- 臺北市：今周刊出版社股份有限公司，2022.07

368 面；14.8X21 公分 . -- (Future 系列 ; 12)

譯自：The day the world stops shopping : how ending consumerism saves the environment and ourselves

ISBN 978-626-7014-59-2(平裝)

1.CST: 經濟學 2.CST: 消費 3.CST: 人類生態學 4.CST: 環境倫理學

551.85 111007967

Future系列 012

機智購物生活

如果我們不再過度消費，會發生什麼事？
一場走遍全球，改寫政經、生態與心理的永續消費反思

作　　者　詹姆斯．麥金諾（J. B. MacKinnon）
譯　　者　Geraldine Lee
主　　編　蔡緯蓉
副總編輯　許訓彰
校　　對　蔡宜庭
封面設計　張　巖
內文排版　陳姿仔

行銷經理　胡弘一
企畫主任　朱安棋
行銷企畫　林律涵

發 行 人　梁永煌
社　　長　謝春滿
副 總 監　陳姵蒨

出 版 者　今周刊出版社股份有限公司
地　　址　台北市中山區南京東路一段 96 號 8 樓
電　　話　886-2-2581-6196
傳　　真　886-2-2531-6438
讀者專線　886-2-2581-6196 轉 1
劃撥帳號　19865054
戶　　名　今周刊出版社股份有限公司
網　　址　http://www.businesstoday.com.tw

總 經 銷　大和書報股份有限公司
製版印刷　緯峰印刷股份有限公司
初版一刷　2022 年 7 月
定　　價　450 元

THE DAY THE WORLD STOPS SHOPPING :
How Ending Consumerism Saves the Environment and Ourselves

Future

Future